中华武术通史

第一卷◎商周至隋唐

总主编　马学智　崔乐泉
主　编　张　震

「十四五」时期国家重点图书出版专项规划项目
第八届中华优秀出版物奖图书奖

国家出版基金项目
NATIONAL PUBLICATION FOUNDATION

北京体育大学出版社

策划编辑：赵月华　孙宇辉
责任编辑：孙宇辉　姜艳艳
责任校对：田　露
封面设计：王齐云
版式设计：北京华泰联合图文设计制作中心
封面题字：柴天鳞

图书在版编目（CIP）数据

中华武术通史. 第一卷, 商周至隋唐 / 张震主编
. -- 北京：北京体育大学出版社, 2021.12（2023.9重印）
ISBN 978-7-5644-3501-1

Ⅰ. ①中… Ⅱ. ①张… Ⅲ. ①武术－体育运动史－中国－商周时代－隋唐时代 Ⅳ. ①G852.09

中国版本图书馆CIP数据核字(2021)第256320号

中华武术通史　第一卷　商周至隋唐　　张　震　主编
ZHONGHUA WUSHU TONGSHI DIYIJUAN SHANGZHOU ZHI SUITANG

出版发行：北京体育大学出版社
地　　址：北京海淀区农大南路 1 号院 2 号楼 2 层办公 B-212
邮　　编：100084
网　　址：http：//cbs.bsu.edu.cn
发 行 部：010-62989320
邮 购 部：北京体育大学出版社读者服务部 010-62989432
印　　刷：三河市龙大印装有限公司
开　　本：710mm × 1000mm　　1/16
成品尺寸：155mm × 235mm
印　　张：20.25
字　　数：236 千字
版　　次：2021 年 12 月第 1 版
印　　次：2023 年 9 月第 2 次印刷
定　　价：128.00 元

《中华武术通史》丛书编委会

序

武术是中华优秀传统文化的重要组成部分，它文化底蕴深厚，历史传承悠久，至今仍然广泛流行，发挥着重要的体育、社会和文化功能。

党的十八大以来，党和国家的建设事业取得了历史性变革和伟大成就，国际国内形势也发生巨大变化。党的十九大报告正式提出中国发展新的历史方位——中国特色社会主义进入了新时代。2019 年 8 月，国务院《体育强国建设纲要》发布，其中明确指出，要实施中华武术“走出去”战略，要推进传统体育项目文化的挖掘和整理，开展体育文物、档案、文献等普查、收集、整理、保存和研究利用工作。自从 1919 年郭希汾的《中国体育史》系统介绍中国武术以来，历经一个多世纪的学术积累与发展，国内外武术史研究已经取得较为丰硕的学术成果，然则仍显不足。

进入 21 世纪以来，中国社会发展取得巨大成就，中国对世界的影响越来越全面而深入，世界对中国的关注也越来越广泛而深刻。国家发展形势与世界格局发生巨大变化，同时给体育界、文化界、思想界、理论界提出新任务、新课题、新挑战，武术史研究也迎来新局面，进入新领域。如何整体把握中华文明发展演变的历程及其对世界文明的影响与贡献，如何理解中华武术与中华文明的关系，中华武术的总体历史演进脉络如何，武术各门类与流派的起源与发展如何，中华武术的思想内涵与文化价值及演进特点与规律如何，武术在社会生活中与政治、经济、军事、民族关系等是如何互动的，武术在中华传统文化中的地位与影响如何，中华武术的时代精神是什么？这些问题的研究与解决，必将为中华武术在当代社会的弘扬与推广提供坚实的历史支撑与理论基础，对于提升文化软实力，增强中华民族凝聚力，增加中华优秀传统文化在国际社会的吸引力，促进中华文明与世界文化的交流互鉴发挥重要的文化功能与社会作用。

《中华武术通史》系统阐述了武术发展的历史进程及文化成因，把武术历史与文化有机融合，使其更具系统性、条理性、科学性。该丛书的出版丰富了我国体育史的内容，使其更具完整性。该丛书的出版能让世人更加全面、深刻地了解中华民族优秀传统体育的光辉历史及发展脉络，提升中华民族的凝聚力、增强文化自信和加强民族团结，使中华民族优秀传统文化进一步发扬光大，使武术成为世界文明史上一颗灿烂的明珠。

今年是中国共产党成立一百周年，谨以此书向党献礼，这也是我们武术人一种无上的光荣！

是为序。

国家体育总局武术研究院

专家委员会主任

张山

2021 年 5 月

总　论

武术是中华文明与文化发展的重要组成部分，是源远流长的东方传统体育体系中最具特色的文化形态之一。在中华武术日益走向世界的今天，对其在不同历史时期的演进历程进行研究，从弘扬中华传统文化的角度而言，有着更直接的现实意义。

对中华武术的系统研究始于民国初年。1919 年由上海商务印书馆出版、郭希汾（1893—1984）编著的《中国体育史》，第一次对中国武术史做了较为系统的梳理。该书共分十编，其中“角力”“拳术”“击剑”“弓术”等四编属武术史的内容，反映出武术历史已经成为中华古代体育体系中的主要组成部分。尤其是在角力、拳术、器械诸编中再分种属、流派加以论述的体例，对后来中国武术史研究产生了深远影响。

继郭希汾的《中国体育史》之后，20 世纪 30 年代相关武术史专著开始出现。如 1932 年杭州集益合作书局出版的由李影尘编著的《国术史》，成为近代中国第一部武术专门史。该书分列概论、记述、支派、传考、摔角[1]、剑考、剑术、器械、图考

〔1〕摔角：同“摔跤”。

等九章，分别梳理了内家拳、外家拳、潭腿[1]、查拳、短打、太极、形意等的渊源。此书虽然记述极其粗略，但在中国武术专门史的研究方面，有着开创之功。

与上述武术专门史的著述同时，一些武术理论与技术综合性的书籍，开始对武术史的研究有所涉及。如1936年武术教育家吴图南（1884—1989）的《国术概论》一书，就在第四章《国术史略》中系统地论述了太极、形意、八卦、少林、通臂等主要拳种的历史渊源和传播脉络，尤其是该书挖掘的清末以来诸拳种流派演变的史实，翔实可信，有着较高的参考价值。

20世纪30年代出现的两位功底深厚、治学严谨的武术史家唐豪与徐震，将早期中国武术史的研究推向了一个新的发展阶段。

唐豪（1897—1959），字范生，中国近代著名武术史学家、体育史学家。曾任中央国术馆编审处处长，20世纪50年代到国家体委从事体育史料编撰工作。先后出版有《少林武当考》《少林拳术秘诀考证》《行健斋随笔》《中国武艺图籍考》等多种武术史研究著述，并参与《中国体育史参考资料》第一至八辑的编写。徐震（1898—1967），字哲东，青年时即酷爱武术，文武兼长，曾任西北民族学院中文系教授。他以科学的态度对武术源流史实进行了诸多研究。先后出版有《国技论略》《太极拳考信录》《太极拳谱理董辨伪合编》《少林宗法图说考证》等多部著作。

唐豪和徐震对武术史研究的重大贡献，一是通过对大量史料的分析与严谨考证，就《易筋经》的来源问题进行了分析，对少

---

〔1〕潭腿：同“弹腿”。

林拳、太极拳源流提出了较为可信的科学结论[1]。二是他们对待武术史研究严谨的科学方法与态度，为后来武术史研究奠定了基础。为取得可信资料，唐豪曾多次到登封少林寺、温县陈家沟等地实地考察，徐震亦多次深入民间挖掘武术谱籍。这种通过实地调研获得第一手资料的实证性研究方法，为后来武术史研究树立了典范。三是为了规范武术史的研究，唐、徐二人对武术文献学、目录学的建立做出了努力。1940年由上海市国术协进会出版的唐豪编著的《中国武艺图籍考》，将中国武艺分为诸艺、角力、手搏、擒拿、射、弹、弩、枪、棍、戈、戟、刀、剑、斧、干盾、狼筅、镗钯、器制、仪节等，在分类详列有关典籍著述史料的同时，亦介绍了作者的年代以及相关武艺的性质、意义，进行了真伪辨识和价值评判等。同类著述还有《中国民族体育图籍考》和《行健斋随笔》等；而徐震的《太极拳考信录》和《太极拳谱理董辨伪合编》等著述，亦通过对浩繁的太极拳文献的系统整理，就相关文献学和目录学的建立做了尝试性分析。

20世纪五六十年代，学界就着手对中国武术史进行研究，如在当时国家体委组织的体育史资料搜集整理中，就涉及诸多武术史的史料和研究。不过真正系统的研究和史料整理，则出现在20世纪80年代。70年代末由日本松田隆智编写的《图说中国武术史》，经吕彦、阎海译成中文，于1984年以《中国武术史略》之名由四川科学技术出版社出版。此书在搜集中国武术史料的基础上，分项介绍了中国武术拳种的历史。该书虽然尚未形成一个完整的中国武术史系统，且缺乏对武术发展规律的整体把握，但

〔1〕旷文楠：《中华武术历史研究的回顾与展望》，《成都体育学院学报》1995年第3期。

对一个外国作者而言，其严肃的治学态度和取得的成绩也是难能可贵的。1985年，成都体育学院习云太[1]先生编著的《中国武术史》出版，该书第一部分按朝代概述了从远古到现代武术发展的历程，第二部分则以拳种、器械为体系叙述其简要历史与特色。两个部分、两种体系互为补充，较为全面地反映了中华武术发展历史轨迹。在同一时期，随着全国各地掀起修史、撰志热潮，尤其是随着全国武术挖掘整理工作的进行，一些省市（区域性）的武术史志相继出版，如《广东武术史》《湖北武术史》《沧州武术志》等。众多武术史料的挖掘与整理、出版，填补了我国武术史研究的空白，对武术史研究具有深远的影响。

随着中国武术史研究的整体推进，20世纪90年代，以通史性质编撰的武术史研究成果纷纷问世。1993年，由张纯本、崔乐泉合著的以古代武术为研究主体的《中国武术史》在台北文津出版社出版。该书最大特点是运用诸多文献和考古学史料，按照历史年代分述各朝代武术发展的历史。1994年，由林伯源[2]编著的《中国武术史》在北京体育大学出版社出版。该书在体系上以朝代为序，先后论述了武术发展的历史，相对于习云太的《中国武术史》，对民国时期和抗日战争时期武术的发展情况做了更详尽的描述，对明清两代的武术论述也更为深入。1997年，人民体育出版社出版的由国家体委武术研究院组织众多武术史专家编纂的《中国武术史》，仍然采用朝代为序的通史编写方式，上自中国武术的发源，下至20世纪90年代初。这一时期出现了多

---

〔1〕 习云太：又名“习云泰”。
〔2〕 林伯源：又名“林伯原”。

部武术通史著述，在吸收多学科研究成果的基础上，极大地丰富了武术史研究的内涵，标志着中国武术史研究达到了较高的水平。

进入 21 世纪，在通史性中国武术研究方式畅行的基础上，区域武术史及武术专题史的研究方兴未艾。代表性著述主要有蔡宝忠的《中国武术史专论》、周伟良的《中国武术史》、余水清的《中国武术史概要》、于志钧的《中国传统武术史》、郭志禹的《中国武术史简编》、邱丕相的《中国武术史》等。此外上海体育学院郭志禹教授带领他的博士生分别对中州、巴蜀、吴越、齐鲁、燕赵、陇右、荆楚、岭南、关东、秦晋、闽台、漠南、青藏、西域等地域武术展开深入的研究，先后出版了《中州武术文化研究》《岭南武术文化研究》《滇黔武术文化研究》《关东武术文化研究》等书籍。而其他区域武术史研究成果也陆续问世，如《河北武术文化》《浙江武术文化研究》《大连武术简史》《晚清民国时期的广东武术》等。总体上说，这些论著具有较大的理论及实践价值，它们的出版为进一步认识博大精深的中国武术起到了积极的作用，也表明中国武术研究在向精细化方向发展。

总之，21 世纪以来的武术史研究，已经向更宽广、更深入的领域拓展，尤其是相关武术通史、区域武术史、专题武术史等多体例研究成果的出现，进一步拓展了中华武术历史发展的研究范围。

国运盛，体育兴。随着时代的进步和中国当代体育事业的不断发展，人们对悠久的中国武术历史文化也开始给予了更多的关注。而遵循历史唯物主义的原则，应用通史的形式，整理和传播具体的中华武术历史文化知识，则理所当然地成为一项时代的重要工程，也成为武术历史文化工作者责无旁贷的任务。基于上述考虑，在北京体育大学校领导的大力支持下，通过多方论证筹备，2019 年 12 月《中华武术通史》项目的编撰工作正式启动。

《中华武术通史》按照中国古代武术史、中国近现代武术史和中国当代武术史三个大的历史阶段进行划分，以古代两卷、近现代一卷和当代两卷的形式，分别对不同时代中华武术的发展历程进行了研究和梳理。

《中华武术通史》第一卷，以史前文化时期的武术前形态至隋唐五代多元王朝体系中的武术创造为历史区间，叙述了武术第一次从捕食和军事战争中分离出来，人文化成为集德性、审美、礼仪、教育功用为一体的人本精神载体的历史进程，呈现出为日后武术的成熟与发展奠定前提与基础的武术“元历史”阶段的文化形态。

《中华武术通史》第二卷，对宋、元、明、清时期的武术发展做了全面分析。尤其是对宋元民族交流与融合时期武术体系的形成与发展、明代趋于成熟的武术套路与武术拳种流派以及清代完善的武术技术体系及理论体系，做了有针对性的研究。

《中华武术通史》第三卷，全面阐释了清末的社会变革对民国时期武术的影响；在尚武精神和军国民主义教育思潮影响下，民国初年武术的再次勃兴；民国中期武术运动的蓬勃发展；全面抗战到中华人民共和国成立前夕武术运动的开展情况等。

《中华武术通史》第四卷，以 1949 年 10 月 1 日中华人民共和国成立至 1982 年第一次全国武术工作会议召开之间 30 余年的武术发展为研究对象。内容涉及了诸如“国术”易名为“武术”、中国武术协会成立以及党的十一届三中全会后武术迎来新的发展机遇等。1982年第一次全国武术工作会议的召开，拉开了武术发展的新序幕。

《中华武术通史》第五卷，以1990年第11届亚运会和2008年北京奥运会为节点，分别围绕武术管理、竞技武术、传统武术、学校武术、武术科研和武术国际化六个方面横向铺开，纵向贯通，深层次、多维度、全方位叙述了1983年以后中国武术的发展历程。

《中华武术通史》由北京体育大学中国武术学院院长马学智教授和中国体育博物馆崔乐泉研究员担任总主编，第一卷由华东师范大学张震副教授担任主编；第二卷由杭州师范大学李吉远教授担任主编；第三卷由北京体育大学李印东教授担任主编；第四卷由天津体育学院杨祥全教授、北京体育大学李英奎教授担任主编；第五卷由北京体育大学武冬教授担任主编。初稿完成后由马学智教授和崔乐泉教授通读全书并提出修改建议。《中华武术通史》各卷分之可独立成书，合之为一有机整体。参加撰写的学者40余人，其中大多为国内各院校的体育史、武术史、民族传统体育学科研人员。同时我们还邀请国内有关科研机构的专家参与本书的编写工作。

作为一个集体性的项目，本书涵盖了中国武术上下数千年发展的历史，以及武术在长期发展过程中与政治、经济、文化等的交融与影响，因此我们力求在现有的文献资料、考古资料和研究成果的基础之上，于撰写中突出历史性、科学性、全面性和客观性，同时更要有创新性。鉴于《中华武术通史》尤其是当代中国武术史编写的复杂性和难度，我们自项目启动伊始，先后邀请史学理论与史学史研究权威、北京师范大学资深教授瞿林东先生及武术界耆宿张山先生、门惠丰先生等担任总顾问，多次召开座谈会，就提纲的拟定及编写的具体原则征求意见和建议，并召开数次由各卷主编和具体编写人员参与的研讨会，从源头上保证丛书的编写质量。书稿基本完成后，还得到上海体育学院邱丕相教授和苏州大学罗时铭教授的悉心指导。尽管如此，对于这样一部由几十人参与，涉及年代如此之长久、地域如此之广阔、内容如此之广泛、问题如此之复杂的庞大著作，其中的不足和缺陷在所难免，我们诚挚地希望得到读者的批评与指正。

《中华武术通史》在编写出版过程中，得到了国家体育总局武术运动管理中心和武术研究院有关领导、专家的关心、鼓励和悉心的指导；中国体育博物馆、华东师范大学、杭州师范大学、天津体育学院等相关院校、体育科研机构给予了无私的帮助和大力的支持。

作为国内知名体育专业出版机构，北京体育大学出版社承担了《中华武术通史》的编辑出版工作。在赵月华副社长带领下，出版社成立了《中华武术通史》项目组，闫翔社长、郭晓勇总编辑亲自承担审读工作，并给予项目极大支持。孙宇辉、赵海宁、田露、姜艳艳、吴珂、韩培付、吕哲等老师，以认真负责的精神和饱满的热情，组织统稿会、审读书稿、提出修改意见和建议，做了大量的编审校工作，正是他们的辛勤努力使得本通史能够顺利出版。就在即将完成全部编辑工作之时，经北京体育大学出版社申报，《中华武术通史》被列为2021年度国家出版基金资助项目，这不仅是北京体育大学出版社首次获得国家出版基金项目资助，也是体育类专业出版社近年来首次入选该项目。

在《中华武术通史》付梓之际，我们向所有关心、指导、支持和帮助过我们的同志，向全国各相关单位的朋友表示衷心的感谢！

马学智　崔乐泉

2021 年 5 月 12 日

目　录 Contents

绪　论

从未有哪种搏斗技击技术被如此明确地冠以“中华”之名称，尊其为具有国格的文化主体，换言之，武术是属“中华”的文化主体，那么即是说中华之文化特质是使得武术之为武术的根本。中华是“中国”与“华夏”的合称，“中国”意味“中央之国”“至中之国”，何尊铭文载曰：“宅兹中国”，这是关于“中国”这个名称最早的可见记录。“中国”最初是个政治地理学概念，以黄河流域的中原地区为政权中心，周边为被统治地区，因其在地理意义上居四方之中，故称为“中”；而“国”在古文中指的是天子所居的都城，国之外皆为野。铭文关于“中国”的记载，其内容就是周成王继承周武王遗志营建国都“成周”（今洛阳）的大事件。但“中国”并没有止于地理概念，而是逐步发展演变为文化概念。周代开始，“中国”正式成为一种礼仪文化中心的所指，这也使得中国与华夏演化为相通的概念。《春秋左传正义》曰：“中国而谓之华夏者，夏，大也，言有礼仪之大，有文章之华也。”[1] 由此，中华之文明的符号与象征就与周礼之身体秩序与身体所着的衣服佩饰紧密联系在一起，也正是自此时代起，在这块土地上，受此文明浸染的一切形下之器就具备了中华文化

---

〔1〕（晋）杜预注，孔颖达等正义《春秋左传正义》，上海古籍出版社，1990，第212页。

之道的精神意蕴。

武术之所以谓之“中华武术”，正是由于她承载了中华文明之精神，具备和表征了中华文化之特质。因此，中华武术并非一个地理意义上的概念，而是一个文化概念。换言之，无论形式多么精妙和战斗力多么强悍的搏击术，其本身并不一定是属“中华”的，因为任何国家和土地上的人都能够根据本能创造防身自卫和夺取他人生存资源的此类技术，唯有中华武术把搏击术人文化成为内含儒、释、道之道德，表现为具有中国宗教和审美仪式特征的演练表达。无论是审美意象、展现样貌还是对抗形式都处处体现为中华文明及其意识形态，这是其他国家搏击术所不具备的，所谓本质即“一事物所具有的区别于其他事物的根本属性”〔1〕，武术区别于其他搏击术的本质属性就取决于其所承载的文明形态，即唯有冠以中华文明形态这一限定语的搏击术——技击，才能够被称为武术。

以人类生存发展的视角看，搏斗是本能，它自然会在文明演进的过程中，口口相传，积累发展为复杂技术，而随着城市国家和政权的诞生，个体搏斗就转化为国家赖以存在的基础——战争技术，《左传》因而说“国之大事，在祀与戎”，把战争与巫觋通天彻地的祭祀活动并列。然而，武术并不等同于战争，武术史与战争史、军事史虽然有紧密联系和共同的历史进程，但并非是完全重叠的历史，尤其到了明清时代，武术更是从战争中分离出来，自成体系。无可厚非，在文明的早期，武术与战争几乎是紧密难分的，但二者的偏重和表达丰富程度也存在区别：①武术更

〔1〕李清伟主编《法理学》，上海人民出版社，2013，第 38 页。

偏重于个体的战士之技击，而战争则强调整体的大规模作战技术，尤其强调阵法、阵列和多军种配合；②战场最主要使用的是弓弩和火器，并非技击，包含很多非武术的成分；③战争史和军事史侧重于研究战争整体因素，包括国家政治、经济、后勤补给、人事安排等宏观因素，以及队形、阵列、指挥等中观因素，而武术所研究的是技击所使用的兵器、技术和场景等；④武术技击的表现形式不仅仅是用兵器格斗，还有武舞，以及用以训练、娱乐的二人或多人徒手搏击——角抵、角抵戏、相扑、手搏。更为重要的是，在武术演练活动中所用之武器与战场兵器不同，甚至是使用玉石或其他非金属物制成的礼器，用作巫师使用的祭器。换言之，武术并不仅仅是有明确对象在场的技击，还包含了对象不在场的技击意象之艺术表达形式。以此为界，就能避免武术史沦为战争史、军事史的分支，成为蕴含自身特质独立的专门史。

根据目前学界武术研究者所达成的共识，武术本身是一个动态概念，是在历史层累和积淀过程中不断生成和演化着的实在。在古典文献中，武与术连用情况很少，主要以“文武术”的形式出现，将二者真正连用为词，最早的公认文献为南朝颜延之《皇太子释奠会作诗一首》中的“偃闭武术，阐扬文令”〔1〕〔2〕，指的是停止穷兵黩武的军事行动，以文明之道教化之。也即是说，古文的武术与我们当今认知中的武术含义不尽相同，其更多的指的是军事技术。与现代武术意义相通的则包含了角力、手搏、相扑、摔跤、打拳、击剑、刺枪、使棒等总体活动，名称从商周的“斗”，

---

〔1〕（南朝梁）萧统选辑《文选》，（唐）李善注释，世界书局影印，1935，第275页。
〔2〕（南朝梁）萧统：《文选》，浙江大学出版社，2017，第1156页。

春秋的“拳勇”“技击”，到汉代的“武艺”，到明清的“拳棒”，再到清末民国的“国术”，中间发生了很多变化，真正使用“武术”这一概念是近代的事。实际上，我们当今意义上的“武术”一词并非汉语词汇，而是源自日语，日本人在汉语基础上创造了“武术”“武术师”等词汇，并通过逆向文化传播的方式，流转回中国，[1] 在那个时代留日归国的知识精英塑造下，武术逐步成为我们现在熟知的概念。1905 年，《四川官报》在“外国新闻”的报道中就正式开始使用“武术”一词，文中写道：“武术大会——日本近开设全国武术大会于西京，诸武术家雾合云集各逞技能，会终后，特拔超群之武术家二百五十余名会谨如左，一期将来武术之发达，二拟创设学堂以养成武术教习，三令各学堂概加武术课为正科程。”[2] 不难看出，此时的武术已经与我们当今的武术观念非常相似。至 1908 年，《东方杂志》第 6 期的一篇题为《论今日国民宜崇旧有之武术》[3] 的文章，开始正式把我国历史上的格斗术统称为武术。《韩非子 · 定法》中说“循名责实”，名实相符自古以来都是人文事物赖以存在的根本。文化实体与物理实体不同，譬如岩石，有没有命名都不应影响它的存续，但像武术这样的文化事物，命名却是其实存的大事件，如果没有命名，角力、摔跤、剑术等都不过是各自孤立的搏击术，并不会被认为是同类型事物——武术而存在于世。所以，名与实并不存在时间上的前后。然而，这并不意味着中华武术诞生于民国时期，因为

〔1〕钟吉娅：《汉语外源词——基于语料的研究》，博士学位论文，华东师范大学，2003，第 130 页。

〔2〕佚名：《外国新闻 · 武术大会》，载《四川官报》1905 年 7 月上旬，第 43 页。

〔3〕佚名：《社说：论今日国民宜崇旧有之武术》，载《东方杂志》1908 年第 6 期。

任何命名的实践行动，都是基于历史的层累演化过程而产生的，我们以现代人的理解去认知和解释古代分散孤立的搏斗行为，使之归于武术这一范畴，既是由于我们站在历史的下游接受了历史实存已经给予我们的理解，同时也是由于我们赋予了古代武术以新的意义而产生的结果。这就构成了狄尔泰（Wilhelm Dilthey）与伽达默尔（Hans-Georg Gadamer）所谓的历史的“诠释学循环”（Hermeneutic circle）。我们对于中华武术的理解和其存在正是在这一诠释学循环中构成着的。因此，中华武术通史的原点与中华文化的滥觞是共时的，中国人把搏击之术加以人文化的那一时间段也即是中华武术发轫的时间节点。

作为中华文明的有机组成部分，武术人文化成最重要的标志是原始时期单纯实用化的搏击术逐渐演化为用于祭祀和表达审美情绪的武舞、用于日常训练和娱乐的武艺、用于身体教育和礼仪教化的武礼。隶属史前文化群的龙山文化、良渚文化、偃师二里头文化，出土文物中都发现了各类形制的玉制兵器，这些兵器显然并非用于战场搏杀，而是用于祭祀活动中翩翩起武（舞），抑或是用于礼仪场所表达身份权威。徒手搏击在兵器尤其是金属兵器诞生后就几无实际军事作战意义，唯用于身体素质训练，因而很快脱离军队演变为上到贵族、下到平民的娱乐方式。周代礼乐文明的滥觞，使得原本属于殷商贵族的搏击训练、田猎活动和武舞的特权被推广到整个效忠周天子的贵族教育系统，形成了以礼乐为价值核心的中华武术精神。春秋战国时期礼乐制度的逐渐解体与频繁的诸侯战争，使得武术技艺开始向平民阶层下沉，文士与武士也发生了分化与专业化，民间教授武术与学习武术而“货与帝王家”的人登上历史舞台，诸子百家的思想文化洗礼不仅催生了最早的武侠文化和武德精神，也推动了武术理论化的进程，这是中华武术文化彻底成型的滥觞之处。

周秦之变革，打破了封邦建国的旧秩序，中国建立了大一统的集权皇帝制度。在这一制度创造的秩序下，充满自由精神的武侠活动从秦汉开始就受到各朝代政府越来越严厉的打击，到唐代已发生严重质变——由游侠到豪侠，再到闾里恶少，再到盗贼的精神衰变。随着帝制国家集权程度的不断加深，平民的武术传播活动遭受严格限制，禁止民间习武的制度越来越严苛，这使得以“强技击”为核心内容的民间武术逐渐衰弱，并脱离军队技艺而自成体系，从而自然催生和产出了更加多元的其他民间武术形式，角抵、手搏、相扑之术以及包含武舞内容的百戏在民间生长开来，舞剑、舞刀等艺术化的兵械形式变得更加丰富。从汉代开始，西北和东北游牧民族相继崛起，中原王朝在与之战与和的历程中逐渐接受和融合了少数民族的搏击技术、风格和文化样式，推动了军事武术器械与技术的发展与演进，丰富了民间武术的表现形式。

从先秦到唐代，中华文明发生了两次重大变革：商周之变与周秦之变。两次政治制度和社会形态的变革对武术文化的塑造、武术形态的创生、武术理论思想的构建、武术器械的创新、武术技艺的进步与变革、习武群体的形成与演化均产生了深刻与广泛的影响。因此，这一段绵长的武术史内容非常丰富，至今仍在影响着中华武术。

本卷在写作基本理念和方法学的运用上，与其他版本的“武术史”有所不同，是在严格限定武术的内涵的前提下进行的史料裒辑与写作，即把所有与技击缺乏直接关系的弓弩等远射、投射型武器及战车、导引术、养生术视作武术的外延，不做呈现与讨论，犹如“高抬腿”虽然也可以作为赛跑训练的方法，但本身却不属于赛跑一样。

在历史文献资料的裒辑和运用上，本书相对而言更加广泛，参考了近些年考古发现的甲骨文和简书，如：《殷商甲骨文集成》《商周青铜器铭文暨图像集成》《王家台秦简》《睡虎地秦简》《秦迁陵县武库兵器簿》《岳麓书院藏秦简》《里耶秦简》《武库永始四年兵车器集簿》《居延汉简》等关于武术兵器的历史记载；汲取了考古墓葬中发现的棺椁图、画像石图等材料中有关武术的内容；参考了《初学记》《名剑记》《艺文类聚》等综合性类书中关于武术的叙事；除正史史料外，也参照了《吴越春秋》《酉阳杂俎》《唐传奇》等文学作品中透露出的一些历史信息。

本书匡正了过去一些版本武术史中关键性材料的偏误，譬如：历史记载中第一次出现“武术”一词的“偃闭武术，阐扬文令”之出处，目前可见的武术史或武术思想史都写作《皇太子释奠会作》和《皇太子释奠会作诗》，均不完整，完整的题目应当是《皇太子释奠会作诗一首》[1]；又如很多版本武术史谈到剑的产生，都援引《史记·黄帝本纪》“黄帝采首山之铜铸剑，以天文古字铭之”，但出现了两处错误：①《史记》只有《五帝本纪》，不存在《黄帝本纪》；②《史记·五帝本纪》没有该文，原文出自《名剑记》转述的《广黄帝本行纪》，载曰“轩辕帝采首山之铜铸剑，以天文古字题铭其上”[2]，而细查《广黄帝本行纪》，《名剑记》转述的也与原文不符，《广黄帝本行纪》原文为“（帝）

〔1〕（南朝梁）萧统选辑《文选》，（唐）李善注释，世界书局影印，1935，第275页。
〔2〕（明）李承勋撰《名剑记》，两浙督学周南李际期宛委山堂，清顺治三年本，第1页。

乃采首山之铜，铸鼎象物，……帝所铸剑镜鼎器，皆以天文古字题铭其上”[1]。

在方法学视域上，本书注重从童书业、杨宽、顾颉刚、梁启超、雷海宗、钱穆、吕思勉、丁山、牟宗三、冯友兰等历史学家和哲学家的思想中汲取营养，从更大的历史观和历史哲学视域阐释由中华文明之初到大唐盛世的武术之历史，因而本书带有明显的历史哲学和阐释学视角。此外，本书在一定程度上借鉴了“古史辨”的逻辑，在阐释先秦武术思想文化时，凡是史料缺失或不足的，均没有加以附会，譬如《道德经》与武术在先秦的文献中没有发现关联，就未加列出。

---

〔1〕（唐）王瓘述等：《广黄帝本行记·轩辕黄帝传·韩仙传》，中华书局，1991，第6页。

第一章

史前文化时期的武术前形态

从中华的意涵——“中国有礼仪之大，故称夏；有服章之美，谓之华”的文化发生论出发，“中华文化特性”即具有礼仪华章的文明形态，其中就深刻蕴含着本民族的宗教与道德的雏形。虽然这一文化形态在文字实证材料层面上出现的时间较晚，但在商代晚期文字诞生之前，中华礼仪华章文化就以神话叙事的形式口口相传，春秋战国时期形成的文献《易经》《诗经》《尚书》《春秋三传》《吕氏春秋》《韩非子》等的部分内容就已然开始对氏族部落时期的文明形式进行各种叙事化描述。其中，对于武术的相关叙事主要集中于记述中原部族对周围少数民族的战争，对军事活动和祭祀中使用的兵器、表达技击意象的武舞均给予颇具神话色彩的描摹。这些叙事性记载与考古发现互证，能够模糊地构显出中华武术的前形态。

史前文化是指文字产生以前的历史时期和人类文化形态。一般而言，中国的史前时期，大体包括新石器时代到金石并用的青铜器早期。很多版本的武术史通常会从旧石器时代的“中国”写起，把旧石器时代元谋人、蓝田人、马坝人、周口店人等直立人制造的石斧、石球、石镞等作为中华武术器械的起始形态，但这里面临三个问题：其一，人类基因组测序已经证明，目前生活在华夏大地上的中华民族与其他所有国家的人一样都是东非智人的后裔，曾经生活在目前地理中国意义上的本土古猿人都被我们的智人祖先取代了，制造这些石制武器的人与我们在血缘上几无关系，真正与我们有血缘关系的智人迁入中国这片土地时，已经发明制作出更为精密和功能高度分化的陶、骨、石器，更为重要的是，距今7000年的龙虬文化开始制作玉石礼器；其二，中华武术的定语“中华”表明武术史是与“中华”文化不可割裂的伴生整体，在文明尚未通过文化显现出来之前，世界各个地区的人及其创造的捕猎武器都没有本质区分，呈现不出任何独有的特质，也就谈不上中华之武术；其三，人文事物的“发生”永远是一个过程，从来就没有什么绝对的开端，起源是无限往回延伸的，因为一些最原始的阶段本身，也总是以多少属于机体发生的一些阶段为其先导的[1]，如果企图追寻一个客观的发生证据，只可能陷入无限倒退。中华武术的发生学是文化发生学，而非客观的地理发生学，中华大地是文化地理学意义上的“视域”，而非考古学意义上的客观地理之“地域”。

第一节 部族战争中武术兵刃的发源

晋人王嘉《拾遗记》写道：“伏羲造干戈以饰武，此干戈之始也。”[2]祖先以干戈之兵饰武功，意在说明兵器为武术之祖，无论是早期先进的技击术，还是现代的武术套路，都是由手持兵

〔1〕崔乐泉:《中国原始时代体育文化研究——原始体育形态的考古学分析》，博士学位论文，上海体育学院，1995。

〔2〕（晋）王嘉撰《拾遗记》，（南朝梁）肖绮录，齐治平校注，中华书局，1981，第1页。

器的军事搏杀技艺托生而来，徒手搏斗反倒是作为军事训练的附属产物而产生的。因此，兵器人文化的形态和与之相应的技术体系最具中华文明之独特表征。兵器的产生虽源自原始先民捕猎用的工具，但在长期的部族战争中才真正演化为与人格斗的器械，像戈、戟这类包含勾、割、刺综合用途的器具，在人与人的搏杀战场上才能够演化出来。上古时代的“中国”诸部族之间发生了极为频繁、规模巨大、形势复杂的战争，《兵迹》援引《易经》之辞曰“民物相攫而有武矣”[1]，《易经》“谦卦”有“不富以其邻，利用侵伐，无不利”，《象传》解释说“利用侵伐，征不服也”[2]，南宋神话史集《路史》也描述说：“自剥林木而来，何日而无战？大旱之难，七十战而后济；黄帝之难，五十二战而后济；少昊之战，四十八战而又济。”[3] 共工与蚩尤、黄帝与蚩尤、炎帝与黄帝、尧舜与三苗等这些记录于后世各类文献中带有神话色彩的叙事，均是对史前时代战争的描摹。

战争更加刺激了人们创造新武器的需求。从西周晚期到清代的考证类文献中均有涉及史前文化的武器描述，《事物纪原》载：“《吕氏春秋》曰：‘蚩尤作五兵，戈、殳、戟、酋矛、夷矛也。’”[4]《管子·地数》有：“葛庐之山发而出水，金从之，蚩尤受而制之，以为剑铠矛戟；雍狐之山发而出水，金从之，蚩尤受而制之，以为雍狐之戟芮戈，是岁相兼者诸侯二十。”[5]《孙膑兵法》

---

〔1〕姜国柱：《中国军事思想简史》，新世界出版社，2006，第 378 页。
〔2〕（宋）程颐，程颢：《周易程氏传》，王孝鱼点校，中华书局，2013，第 89 页。
〔3〕（南宋）罗泌：《路史》，中华书局，1985，第 24 页。
〔4〕（宋）高承撰《事物纪原》，李果订，中华书局，1989，第 479 页。
〔5〕（战国）管子：《管子》，（唐）房玄龄注，（明）刘绩补注，刘晓艺校点，上海古籍出版社，2015，第 442 页。

载："黄帝作剑，以阵象之。"[1]《世本》载："蚩尤以金作兵器。然则兵盖始于炎帝，而铸金为刃即自蚩尤始矣。"[2]《太白阴经》曰："黄帝之时，以玉为兵；蚩尤之时，铄金为兵，割革为甲；始制五兵。"[3]《名剑记》曰："轩辕帝采首山之铜铸剑，以天文古字题铭其上。"[4]如果仅从考古人类学的发现推测，黄帝战蚩尤时期大概处于新石器时代晚期，那一时段（距今约7000～4000年）的龙虬文化、仰韶文化、龙山文化、良渚文化等除了使用页岩切削制成的石戈、石矛外，也已经出现了少量金属兵器，其中龙山文化获取了早期冶铜的技术能力[5]。在偃师二里头考古发掘中还发现了冶铜的残壁、矿渣痕迹，其主要制品是红铜，质地坚硬，可用于制造铜制兵器。

1975年，在甘肃永登蒋家坪马厂类型遗址发掘中发现铜马刀1把；1977年，在甘肃东乡县林家马家窑类型遗址中又发现时间更早的铜刀。此外，齐家文化遗址也出土了许多的铜制兵器，总数量达20余件，有铜刀4件、铜锥12件、铜凿1件、条形器1件，在远古时，铜刀、铜锥、铜凿、条形器均可作为兵器之用；属龙山文化晚期的唐山大城山遗址出土的铜兵器的更是有斧、镰、凿、刀、首、矛、锥、锤等200余件。因而文献中的"以金作兵器""铸金为刃""铄金为兵""采首山之铜铸剑"与考古发现

---

〔1〕（战国）孙膑：《孙膑兵法》，转引自冯国超主编《孙膑兵法》，吉林人民出版社，2005，第45页。
〔2〕（清）茆泮林辑《世本》，载季羡林、张岱年主编《四库家藏》，山东画报出版社，2004，第51页。
〔3〕（唐）李筌：《神机制敌太白阴经》，商务印书馆，1937，第97页。
〔4〕（明）李承勋撰《名剑记》，两浙督学周南李际期宛委山堂，清顺治三年本，第1页。
〔5〕李京华：《冶金考古》，文物出版社，2007，第161页。

有所照应。《国语》说："美金以铸剑戟，试诸狗马；恶金以铸钮、夷、斤、斸，试诸壤土。"[1] 可以推想，这一阶段铸造的金属兵器非常珍贵，是只有少数部族首领才能够使用的"先进科技"和"杀伤性武器"，在中国上古时代武术器械的发明与创造中占有举足轻重的地位。

第二节　文明早期的礼制化武术兵器

最具中华文化特质的兵器并非早期的金属制器，而是玉石兵器，因为用于杀戮的金属兵器为一切民族所普遍拥有。袁康的《越绝书》载："楚王曰：'夫铁剑耳，固能有精神若此乎？'风湖子对曰：'……至黄帝之时，以玉为兵，……夫玉亦神物也，又遇圣主使然，死而龙臧。'"[2] 可见玉器甚至比当时极难以冶炼的铁器都要受人尊崇。唐代李筌《神机制敌太白阴经》有"神农以石为兵，黄帝以玉为兵"的记载，这与《山海经·西次三经》的一则传说相吻合，其中提到黄帝所在的峚山（具体位置尚无定论）"其中多白玉，是有玉膏"，"黄帝乃取峚山之玉荣，而投之钟山之阳。瑾瑜之玉为良，坚粟精密，浊泽而有光"[3]。可以推测，玉石兵器在商代以前已经出现。相关的考古发现印证了这些后世文献记载的传说。距今约 7000 年的内蒙古赵宝沟遗址就发掘出少量玉制兵器，譬如玉钺、玉斧。无独有偶，比赵宝沟

---

〔1〕（春秋）左丘明撰《国语》，（三国吴）韦昭注，上海古籍出版社，2014，第 158 ～ 159 页。
〔2〕（东汉）袁康、吴平辑录《越绝书》，上海古籍出版社，1985，第 80 页。
〔3〕（晋）郭璞：《山海经》，转引自王招明、王暅译注《山海经图赞译注》，岳麓书社，2016，第 47 ～ 48 页。

文化晚一些（距今约4500～4000年）的庙底沟遗址、龙山文化遗址中发现了数量更多的玉制兵器，其中，石峁村的城市遗迹中出土了玉牙璋、多孔玉刀（图1–1）、玉钺（图1–2）、玉斧（图1–3）、玉璋等形制更为丰富的玉制兵器。

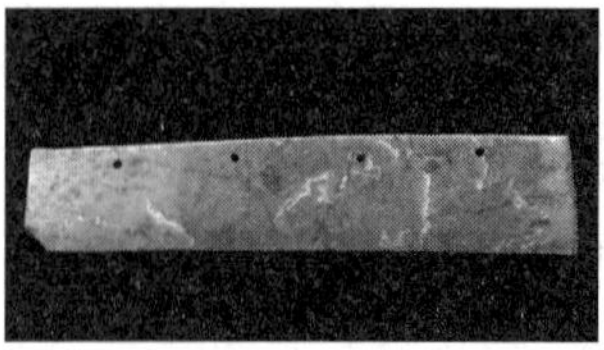

图1-1　多孔玉刀[1]

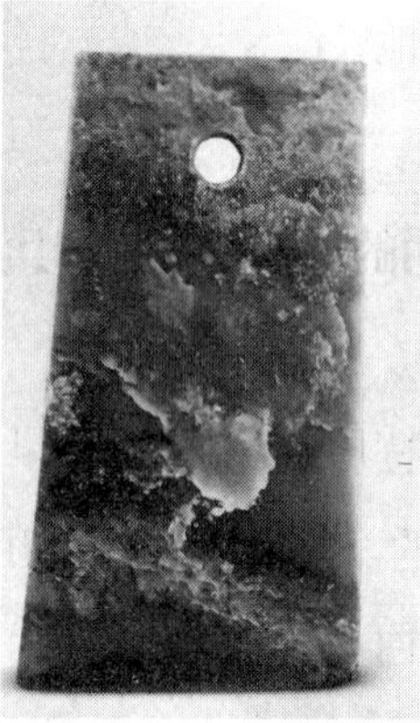

图1-2　玉钺

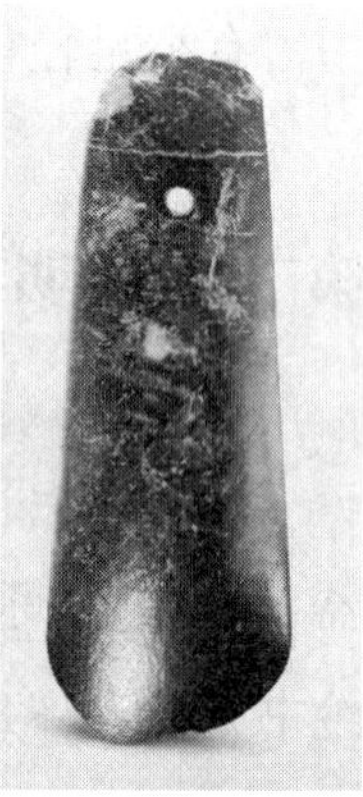

图1-3　玉斧

玉兵器的质地极脆，容易折断，而且发掘出土的玉兵器大都刃口浑圆，没有开刃。因而，虽然不少玉兵器有使用过的痕迹，但痕迹很可能源于制作兵器时的切削打磨，并非用于战争而产生的劈砍痕迹，因而更可能是早期巫师祭祀所用的仪式性礼器，常用于战前占卜、激励士气、宣告战争的正义性等，其中玉钺最具代表性，象征了作为军事首领的王权。《诗经·商颂·长发》载："武王载旆，有虔秉钺，如火烈烈，则莫我敢曷。"[2]《史记·殷本纪》载商纣王"赐（周文王）弓矢斧钺，使得征伐，为西伯"[3]。

〔1〕神木市石峁文化研究会：《石峁玉器》，文物出版社，2018，第58、22、197页。
〔2〕（春秋）孔丘编订《诗经》，北京出版社，2009，第321页。
〔3〕（西汉）司马迁：《史记》，岳麓书社，2002，第15页。

《尚书·牧誓》载："王左杖黄钺，右秉白髦以麾。"[1]据考古研究，钺并不作为战场上搏杀的武器，主要作用是指挥者用以率领军队，从目前出土的钺身痕迹来看，均无格斗痕迹，就是一种纯粹礼器[2]。当搏杀所使用的兵器不再以杀死敌人为直接目的，而是与礼仪与宗教结合在一起时，它的第一次人文化进程便开启了。玉兵器作为军事仪式用品，不仅具有以武力之能沟通人神、祭祀天地的功能，更象征了权力和权威。良渚文化甚至还发展出了带有图腾雕刻和直接与饰品结合的玉兵，其中"神人纹玉钺"上就雕刻有太阳神鸟的图腾纹饰，而玉钺冠饰（图 1–4）、玉钺（图 1–5）更是把兵器与礼器完全结合在一起，玉钺也因此获得相对统一的最高礼器意义和统治权力的象征性[3]。

图 1–4　玉钺冠饰
（藏于中国台北"故宫博物院"）

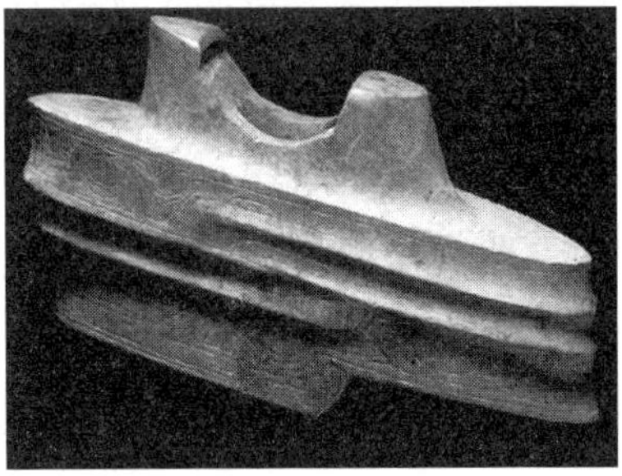

图 1–5　玉钺
（藏于中国台北"故宫博物院"）

由此可见，此时，《周易》"制器尚象"的礼乐文化思维在上古武术的胚胎中端倪初见。这意味着，捕猎和军事作战的搏杀技术此刻已然具备了丰富的文化内涵，人文化成为一种技艺

〔1〕陈戍国撰《尚书校注》，岳麓书社，2004，第 90 页。
〔2〕许鹏飞：《钺代表的军权意义的起源与发展》，《考古》2018 年第 1 期。
〔3〕叶舒宪：《良渚文化葬玉制度"钺不单行"说——四重证据法求解华夏文化基因》，《民族艺术》2020 年第 5 期。

（skill/ art），而不再只是与其他民族一样属于未经自觉的技术（technique）。人们不仅使用兵器搏斗，还能够把礼器制作成兵器的形态，在军队及祭祀的舞蹈中持械而舞，用内含搏击意象的表演行为，威慑敌人、象征权威、表达情感，而玉制兵器的发明既为文化内涵丰富的商周金属兵器提供了启示，也为武舞的成熟提供了重要条件。

第三节　上古军事文化诞育的武舞形态

中华早期文化的重要存在形式和载体为巫觋，历史呈现出以巫为史的面貌，从出土文物和文献资料看这是一种萨满式文化。与西方早期文明相比，萨满式文化的特征体现在人们制造器皿的重要作用是政治与宗教活动，领导者权威的获得不仅依靠武力，更重要的是源自一种自称能够与天地沟通的能力，它的核心是通过天人关系的连通，构建人与人之间的关系。因此，原始时代的武术文化表达与巫术、祭祀有着极为紧密的联系，这也就不难理解，为何中华上古文明会制造不具实际作战价值的玉兵器，其作用很可能就是在巫祭活动中手持玉兵器，通过舞蹈的形式表演强大的搏击意象，而这对当时作为弱势文明的少数民族极具心理征服作用。《淮南子·齐俗训》所载的“当舜之时，有苗不服，于是舜修政偃兵，执干戚而舞之”[1]与《韩非子·五蠹》所载的“当

〔1〕（西汉）刘安：《淮南子·齐俗训》，转引自陈广忠译注《淮南子译注》，上海古籍出版社，2016，第 273 页。

舜之时，有苗不服，……执干戚舞，有苗乃服”[1]就是舜征讨南方部族时运用巫舞活动收服对方的叙事。

对于国家而言，祀与戎是一对不可割裂的整体，祭祀活动常伴有巫舞的仪式表达，而战争活动中必有巫舞的祭祀行为。武与舞相通，二者在中华文明的婴儿期为相伴生的文化整体。《尚书·大禹谟》载“舞干羽于两阶”，孔颖达解释说：“《明堂位》云：朱干玉戚，以舞大武。戚，斧也。是武舞执斧执楯。”[2]因此，干戚舞就是手持盾牌（干）和大斧（戚）跟着节律展示“猛志”的搏击意象。这种操练，除了展示武力震慑力，还具备模拟实际搏斗场景的军事训练作用，可以说是最早期的“武术套路”萌芽。

我国目前仍有很多少数民族保留有此类武舞的仪式与训练模式，譬如独龙族的狩猎舞，景颇族的龙洞戈、盾牌舞，羌族的铠甲舞，傣族的单刀舞和棍舞，布朗族的刀舞等。这些舞蹈均为手持不同类型的武器（多为戈、刀、剑和盾），聚成集体，手舞足蹈。最直接的考古证据是在云南沧源地区原始崖壁和广西壮族自治区花山岩壁上的图像记载，其中就描绘有许多手持兵器和盾牌武舞的人物形象（图 1–6、图 1–7）。当时的人们相信，在战前举行此种仪式，能够与上帝[3]相通，保佑其赢得战争，因而兼具搏斗意识与神灵附体式的宗教狂迷，这使得武术套路化表演这一形式具备明显的萨满仪式形态。现存的纳西族东巴刀舞就体现

---

〔1〕（战国）韩非：《韩非子》，（清）王先慎集解，姜俊俊校点，上海古籍出版社，2016，第 697 页。

〔2〕陈成国撰《尚书校注》，岳麓书社，2004，第 16 页。

〔3〕“上帝”一词最早可见诸甲骨文，在《诗经》《楚辞》《尚书》等先秦文献中已成为成熟的概念，代指意志之“天”，意为“天之最尊者”，如《诗经·大雅·荡》载：“荡荡上帝，下民之辟。疾威上帝，其命多辟。天生烝民，其命匪谌。靡不有初，鲜克有终。”

出技击意象表达与带有巫术性质的原始宗教仪式相融合的特征。从文化传承角度回溯，后世文献所载的“文舞执羽旄，武舞执干戚”（《周礼·春官》）、“修政偃兵，执干戚而舞之”（《淮南子·齐俗训》），说明中华文明武与文从肇始处就具有调和性与整体性，强调文武张弛，因而周人把文王之道与武王之术结合而论，很可能深受早期文明的深刻影响。

图 1-6　云南沧源地区原始崖壁

图 1-7　广西壮族自治区花山岩壁

在世界范围内，许多原始部族都有萨满教的舞蹈祭祀形式，例如新西兰和澳大利亚的毛利族就一直传承着一种战舞——HAKA（哈卡），它主要分为两种形式：一种是战争式战舞，即在开战之前所演示，祈求战争之神庇护，显示己方之力量和无畏，恫吓敌方，两方对垒还可以对跳战舞；另外一种是仪式性战舞，一般在葬礼或有关死亡的场合上出现，不用武器，没有默认动作。因而，实际上其他原始民族也都有各自民族的战舞，但像中华文化这样手持玉兵器和文武兼备的武舞文化，是世界其他民族所不具备的特有武术文化形态，并深远影响着商周乃至以后各个朝代，为武术套路的形成埋下了文化伏笔。

第二章

商周之际武术的发轫

自商代奴隶制政权建立至周代封邦建国的礼乐文明形成，是武术被文字记载和人文化成的重要时代。周取代商之后，更是建立起了系统的礼乐制度，使得习武之事与祭祀更为深度地嵌合于一体，把商代用武之前的卜辞进一步制度化。此时的武术随着中华文明的滥觞而发展，脱离了一般意义上的捕食手段与军事工具，成为带有祭祀、审美和教育等复合属性的人文活动。尤其是商周之变后，周人将武术构建为全体贵族的身体教育方式，使其成为最具人文精神的“礼”的载体。

第一节　征伐战争中的军事武术

军事活动虽然不必然产生武术，但武术技艺形成的源头、基础和发展的动力都与人类的战争活动有着密切关联。譬如商周车战形式的出现，就造就了“戈”这类兵器及其相关武术技艺的形成与发展。“戈”从早期的銎内戈，到有胡戈，到后期有上下阑的长胡戈，再到勾戈，都是基于由步战向车战、再到大规模车战的需要，也因为需要步兵、骑兵和车兵配合的攻防需要，产生了相应的戟、矛等兵器和相关技艺。所以，战争形态、技术方式的发展对兵器以及技艺的变化革新有着决定性的推动作用。

《盐铁论·大论》载："虞、夏以文，殷、周以武，异时各有所施。"〔1〕殷商是一个征伐战争特别剧烈的时代，历代商王都热衷于开疆拓土，中丁、河亶甲、阳甲、武丁、廪辛、庚丁、武乙、太丁、帝乙、帝辛时代都有大规模的对外征服战争发生，也正是由于对外战争的频繁，帝辛无暇守备本土导致被周人所灭。而周代虽然战争频率较低，但是战争规模实际上要比商代大得多，仅周王室的军队就有周六师、殷八师和虎贲三大军，由于技术进步，战车的体量也比商代大许多。战车通常由 4 匹马拉动，每车载甲士 3 名，同时配有 7 名车下甲士和 15 名步卒，加上车上甲士，一辆战车共计配有 25 人，由此可以大致估算出周代每次发生战争的总体规模。在此背景下，军事活动推动了军事技术及金属冶炼技术的进步，也在很大程度上塑造了新的兵种与相应武术技术，更是发展出了独具中华特质的配合车战冲击式搏斗的用戈和用戟的技艺，也为后来十八般武艺及衍生技术的产生与发展提供了重要的前提条件。

商周的王族同样也是军事贵族，王作为最高的军事统帅掌握最高军事权与动员权。从商代开始，军队就由王直接统领的中央军与地方的方国军构成，中央军主要是由常备守卫军组成，这些部队的骨干由世家子弟构成，被称为"小臣某"。由于他们都是以血缘关系拟合的家族职业军人，因而被称作"族军"，分为王

〔1〕林平和：《盐铁论析论与校补》，文史哲出版社，1984，第 368 页。

族、多子族、三族、五族[1]，西周与之相似，族军仍旧是作战的中坚力量，《殷周金文集成》载有“以乃族干吾王身”[2]。地方军队或者是与王族有着血缘政治关系的分封诸侯，或者是臣服于商王的方伯、诸侯，这些贵族也以“族”为构成单位，属于地方“族军”，其特征是“兵民合一”，也即是说，早在商代就产生了类似于“军户”形式的入则为民、出则为兵的军事组织。因而从商代开始，基层民众的习武活动就已经开始，只不过这些“民”属于非自由人或奴隶。在兵民合一的制度下，族军的军人平时务农或从事其他生产活动，国家需要作战力量时从事军事活动。很多族墓的考古发现也表明，商周的服兵役者同时也是农业生产者，他们聚族而居，平时务农，农闲时候利用田猎活动进行武术训练，随时等待王的征召，商王武丁时被称作“登人”“共人”。据此推测，商周时代已经开始采取“任户计民”的制度，与后世历代中原王朝“编户齐民”的府兵制非常相似，是预备军役制度发展完善过程中的重要举措。这就使得习武活动在商周两代深入基层，军事武术同时也即是民间武术。据考证，汉字“众”原意指的就是兵民一体的下层军士，有些军士属于自由人，有些属于奴隶。《尚书》中的“众”含义比较明确，《尚书·汤誓》载：“今尔有众，汝曰：我后不恤我众，舍我穑事而割正夏。”[3]宋人林之奇在《尚书全解》中提出“众”指的是“亳邑之民”“夏邑之民”[4]，即参与誓师的伐纣的军士，是商族及其同盟的族

[1] 罗琨：《商代战争与军制》，中国社会科学出版社，2010，第394页。
[2] 中国社会科学院考古研究所编《殷周金文集成（第五册）》，中华书局，2007，第2841页。
[3] 陈戍国撰《尚书校注》，岳麓书社，2004，第38页。
[4] （明）张居正：《张居正直解〈尚书〉》，中国言实出版社，2017，第132、160页。

军。商代晚期，执行战斗任务的部队被称为“戍某”“戍用某行”。“戍”在《说文解字》中的解释是“守边也，从人持戈”，指的就是持戈的习武人，其组织是以族为单位的编制，在武丁时代就已经存在，担任戍的族军就是地方的兵士。可见，在商周之际，习武的群体中从王族、贵族到平民再到非自由民都有。

除此之外，女性群体在这一时期也参与到习武活动中，作为多子族的族军，其中就有不少女将，譬如武丁时卜辞中出现的“方征于蚁”的子嫋[1]。殷商的妇好墓出土的墓葬品中就有铜戈、铜镞和与征战擒敌有关的卜辞记载，身份为商代王室贵族女性。王陵中还出土了很多配备武器的女性殉葬者，随葬品中有不少铜戈、玉戈，属于守卫王宫的“多妇”，商代卜辞中记载有“登妇好三千”[2]，其中很可能就存在一支在妇好领导下练武术的女性卫队。商王武丁在位期间，通过一连串战争将商朝的国土扩大了数倍，而为武丁王带兵东征西讨的大将就是他的王后妇好。据妇好墓出土的甲骨文记载，有一年夏天，北方边境发生战争，双方相持不下，妇好自告奋勇，要求率兵前往，武丁犹豫不决，占卜后才决定派妇好起兵，最终大胜。虽然殷商时期女性地位较高，但女性作为武士的案例并不常见，在平民族军的墓葬中就没有发现女性战士的遗骸，这说明女性习武者在商周时代仅限于贵族和依附贵族的武装。

〔1〕中国社会科学院考古研究所：《甲骨文合集》，中华书局，1982，第137页。
〔2〕郑振香：《安阳小屯村北的两座殷代墓》，《考古学报》1981年第4期。

第二节　人文化的武术兵器

兵器是武术的基础，拳术本身也是从各类兵器术演化而来的，茅元仪在《武备志·军资乘》中说："器械备，则国家便有所倚恃，有所恃则神全，有所倚则力张"[1]，而商周时期正是武术器械人文化成的重要时期，一方面是其质地开始全面向铜兵演化；另一方面是上面纹式的图腾化和精细化，这既通过武器标定了民族归属与认同，也体现了先民的审美旨趣；最后一个方面，玉制兵器的做工质地也更加纯美精致，并配有铜柄，呈现出与其他礼器交相辉映之态。马衡在《中国之铜器时代》中提出：

吾人所见之商末之器，其制作之艺术极精，如《考古图》所录亶甲墓旁所出之足迹罍，虽周代重器亦无以过之。此种工艺，岂一朝一夕之功所克臻此。况古代文明之进步，其速率盖不如今日。……始入青铜时代之时，至迟亦当在商初，虽其时或为石器铜器交替之时，但不得不谓之铜器时代。故言中国之铜器时代，必数商周二代，其时期约历千五百年。[2]

商代迎来了中华兵器史上的一次大变革，人工制模和金属冶炼技术造就了新的武术样态。与《管子》《吕氏春秋》等关于"五兵"产生的先秦文献记载相似，从目前的考古发现来看，铜制戈、

〔1〕（明）茅元仪：《武备志》，明天启元年刻，（清）莲溪草堂修补本，影印本，华东师范大学图书馆藏。
〔2〕马衡：《中国之铜器时代》，载《考古学论丛》，东京东亚考古学会，东方考古协会，1928。

矛、殳、短剑（匕首）、刀和斧钺均已成型，根据冶炼技术和战场实践的进步不断演化出不同的分支。我国古兵器学者周纬认为，“商周之际，文化艺术均有可观，铜兵制造已甚精美。非但铜锡合金已臻美善，抑且雕镂镶嵌，手工精巧绝伦”[1]。也即是说，中华民族不仅制造铜制兵器，还对其进行了深加工和精细化处理。

戈是商代直至战国最为常用的兵器，其适用于横击，又可用于勾杀，唯不善直刺。无论从“武、我、争”（、、）等很多字形中包含的“戈”，还是戈的技击方式看，都表明其主要是作为当时步兵的短兵使用，除了冲击敌军外，还用于勾伤马腿；车战时，武士也会带戈，可能是利用战车动能高效冲杀步兵或战车无法机动时的近身搏击。此外，戈还可用于私人搏杀（图 2–1），如《左传》所载富父终南以戈摏侨如之喉、狼瞫以戈斩秦囚、子南以戈击子晳、长鱼矫以戈杀驹伯等都是如此。商人的征伐战争中，戈作为主兵器被广泛使用，殷墟中出土的戈能够达到整体兵器数量的五分之四以上，其形态为直援、曲内、无阑，援中起脊，上下锋利，《礼记 · 曲礼》载：“进戈者，前其镈，后其刃。”[2]宋人陈祥道所著《礼书》称：“五兵之所以便于用者，戈而已。其柲短而易持，其胡援广而易入，可以斩、可以击、可以钩，则戈之用可知矣。”[3]戈的晚期形态为勾，属于勾兵，商代出土的勾兵颇多，或者说晚期的商戈就是勾。从戈的形制与相应的技击技术看，本身就具有勾杀的作用，适用于步兵自卫或勾马腿，因此勾与戈只存在演化程度与时间的不同。从石器时代的“无穿

〔1〕周纬：《中国兵器史》，中国友谊出版公司，2015，第 33 页。
〔2〕（元）陈澔注《礼记》，金晓东校点，上海古籍出版社，2016，第 22 页。
〔3〕（宋）陈祥道撰《礼书》，北京图书馆出版社，2006，第 97 页。

无胡”的石戈，到殷商“无穿无胡”的铜戈，到商周之际“单穿带胡”的铜戈，再到春秋“双穿、三穿带胡”的戈，戈经历了长期的演变。从技术角度看，直内无胡戈常以尖锐的前锋啄击，援上下刃也辅有推揺与劈砍、勾割的作用，除了攻击人之外，也被用于勾伤拉战车的马腿；至商代中期，无胡戈援上刃有限的推揺功能被强化，但形态仍以直内无胡为主，援上刃推揺功能有限；商代晚期的直内有胡戈，前锋呈现钝圆的舌形，其啄击功能降低，但上扬的援下刃和新产生的胡刃则发挥攻击作用，劈砍与勾割的作用加强；西周早中期，直内有胡戈再次发生了新的改进与创新，前锋收束为尖刀形态，既有利于啄击，更可劈砍，有的戈还在援下刃口增设了孑刺，以增加勾割时的力度，尤其是在战车动能的辅助下更甚于回马枪的威力。

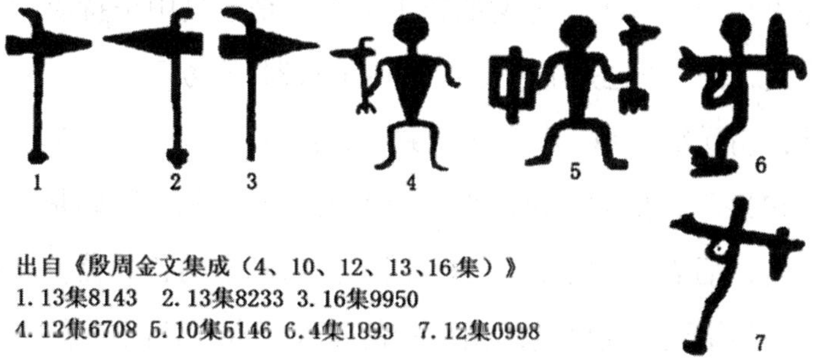

图 2-1　金文中所见不同器型的戈[1]

戈形态的演变与古代车战的兴起与发展有着密切关系，如果从现有的文献看，《吕氏春秋》就记载了“殷汤良车七十乘”伐

〔1〕中国社会科学院考古研究所编《殷周金文集成》（4、10、12、13、16 集），中华书局，2007。

夏桀的事件，似乎商周之际就已经出现了车战。但如果从殷墟马葬的考古证据出发，商代晚期才开始有比较成熟的车战形式，而车战就是以马拉车冲击敌阵的战争，因而马可以代指战车，还有以马为名的官职，如“马亚”“多马”“马小臣”“戍马”等。为了应对冲击力量极强的车战，戈这种带有勾击格斗方式的兵器得以在战场广泛使用，其技艺极具中华特色。与之相比，虽然同时期的迈锡尼文明、克里特文明以及更早一些的古埃及文明也开始使用战车，但受到其系驾方式（西方是颈带式系驾法，导致马在奔跑时容易窒息，因而载重量太小，战车上最多承载1～2人）和驾驶方式的限制，没有产生车战士兵带戈冲杀步兵和用戈攻击马匹这样的战法，而是使用弓箭射击。而中华文化圈的周边文明之武术或者受此影响，或者从未出现过戈。虽然用戈的武术技艺已经湮灭在历史当中，但戈的技击术无疑是最具中华特质的。

除戈之外，矛也是非常重要的搏杀兵器。《考工记·庐人》说：“凡兵，句兵欲无弹，刺兵欲无蜎。是故句兵椑，刺兵抟。”〔1〕所谓“句兵”，指的就是用作勾杀的戈，而“刺兵”即是矛，前者善横击，后者善刺杀，功能不同。作为刺杀的长兵器，矛锋刃在前，冲刺杀伤。完整的矛由青铜的矛头、木或竹制成矛柄（柲）和套于柄末端的青铜镦三部分组成。商代的矛经历了三个阶段的变化与发展，商中期青铜矛的共同特征是窄叶，不收锋，由侧刃直接前聚成锋，因而显得非常尖利；商晚期前的青铜矛基本上仍不收锋，唯叶部非常宽；商末和西周发展出一些新的器型——皿式和班式，其叶基也较宽大，侧刃内弧，叶前段、中段比原有形

〔1〕闻人军译注《考工记译注》，上海古籍出版社，2008，第107页。

式窄得多，前锋皆收成圭首形。矛的出土量较大，仅江西新干大洋洲商代遗址就出土了35件铜矛，占总出土兵器的近16%。其中，作战用与礼仪护卫用的矛均有。如双系六棱短骹青铜矛（图2–2），该铜矛为截面六边形，骹短而向前渐收，两脊凸出，骹脊上镂空出一列鱼形几何纹，几何纹的中间嵌有数颗绿松石（部分脱落），锐利中透着冷峻的美，据推测为仪仗和护卫用的矛；又如短骹长叶形青铜矛（图2–3），也呈现为柳叶状，叶边刃微弧，后刃圆弧。骹与叶几乎等长，截面菱形，正中隆脊，叶后有血槽，没有花纹装饰，应当主要用于战场搏斗。

图2–2　双系六棱短骹青铜矛
（藏于江西新干大洋洲商代青铜博物馆）

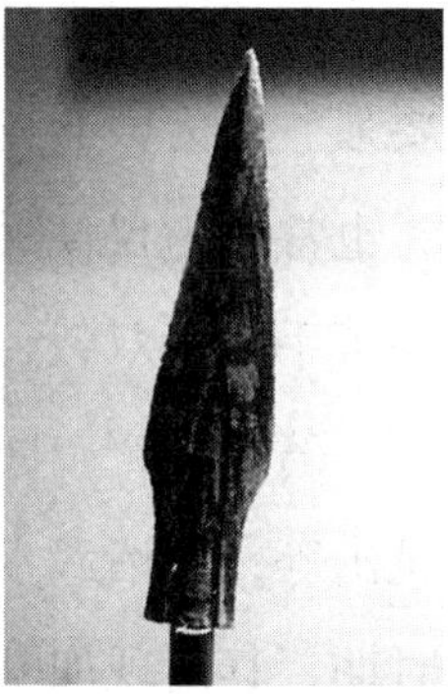

图2–3　短骹长叶形青铜矛
（藏于江西新干大洋洲商代青铜博物馆）

从各地出土的不同形制矛的数量判断，它是使用最为普遍的一种兵器；从军团作战的技术层面分析，矛与戈常相互配合使用，这可以让刺与勾在作战中互补，更能充分发挥矛收出迅急、远近相顾的刺杀威力，因此二者的地位在兵器中非常重要。这也是因为矛与戈所需的金属材料较少，形制相对简单，冶炼与制作难度较小，大规模使用的效率更高。此外，根据南北方不同的地理环境，各地出土的矛形制细节有所差异，如尺寸、长短不等，叶体形状有所差异，血槽形式的变化、双系位置的安排迥异，骹銎截面的多样，花纹装饰不同地区有所差异等，呈现出非常丰富多元的样式。如《孙膑兵法·势备》所言：“汤、武作长兵，以权象之。”[1]武术兵器的权力象征是从商周时代就已经滥觞了。

经过演变，商周之际出现了新的兵器形式：带矛头的戟，也被称作孑，或鏔、镘、釟、匽、棘等。《说文解字》载：“戟，有枝兵也。”其最早的形式就是用木柲连装的戈、矛混合体，于1937年出土于河北藁城台西遗址的商代墓葬内。较为成熟的戟则出现在周初，在木椁墓出土青铜兵器中就有勾“戟”9支。戟既具有勾啄的功用，也具备刺击的功能，搏击效果和杀伤力比戈和矛都要强。因为戟的特殊形态和颇有气势的外形，除了在战场上使用，也常作为仪仗兵器。秦汉之后，戟的形态和功用更加多元，出现了手戟、双戟、方天画戟等，技术有斜、刺、勾、片、探、挂掳、磕、冲铲、回砍、横刺、斜勒、横砍、截割、平勾、翻刺、挑击等，是诸武术兵械中最为丰富的。商周之际是戟肇兴的重要时期，其出现加剧了车战的残酷和血腥。

“殳”又称“杸”，其字形在商周时代就已经诞生，商代字形为“”，周代字形为“”。《诗经》就有：“伯兮朅兮，邦之桀兮。伯也执殳，为王前驱”[2]这类关于殳的记载。迄今为止，最早的出土证据为殷墟的一批青铜棍，据研究者推测有可能就是殳[3]，其长度达到120厘米，从上到下都是笔直的，两头形状不一，上头为刺刀形状，周围一圈花瓣状的长刺，下端是

〔1〕李树浪导读注释《〈孙子兵法〉〈孙膑兵法〉》，岳麓书社，2019，第134页。
〔2〕（春秋）孔丘编订《诗经》，北京出版社，2009，第67页。
〔3〕芦金峰：《殷商五兵略考——以青铜兵器为例》，《军事历史研究》2012年第3期。

一个青铜球刺，属于用法单一的打击兵器，通过表面凸齿来增强杀伤效果。陕西宝鸡的扶风出土了西周的殳，形态为球形多齿锤，中间有圆銎贯通，与殷墟出土的殳形态相似。商周时代的殳出土量较少，且其真正用途并不是非常明了，中国古兵器学者周纬认为："（商周殳）交为击兵，打麦拍稻，或砍树劈薪，均可。……殳虽具有击兵之效能，但实近于农具。"[1]真正大规模用于武术的殳在春秋战国时期的车战中方才成型。

除了矛、戟这类长兵，近身格斗的短兵也有相应的军队配置。受冶炼技术的限制，主要为短剑与短刀。南北朝陶弘景《古今刀剑录》曾记载夏启"铸一铜剑"、殷太甲有"定光剑"、武丁有"照胆剑"、周简王有"骏剑"。但从严格意义上讲，殷商到西周这一时期并没有现代意义上的剑，根据形制只存在单面开刃的刀和双面开刃的匕首，剑长大部分在25厘米以下，出土的商代最长青铜剑为江西新干大洋洲商代遗址的宽刃青铜剑，长度为35.7厘米（图2-4）。不难猜测，此时的剑术多以战阵解体后混战的近距离突刺为主。虽然突刺的杀伤力更大，致死率高，但由于此时剑的长度更接近于匕首，在战场上的应用场景较少，主要是随身携带的近身卫器。因此，此时的剑术与春秋至秦汉的剑术技艺关联不大，更可能以击、刺、挑、剪为主。2005年，在殷墟以西安钢3号墓车马坑中出土了一把青铜短剑，充分印证了商代就出现了剑的事实。从结构上看，这柄出土的青铜短剑属于有格剑，其剑柄较直，末端镂空，剑身与柄相接处上下出阑，剑柄饰数条

[1] 周纬：《中国兵器史》，中国友谊出版公司，2015，第66页。

重环纹[1]。就目前所掌握的材料来看，商代晚期出土的青铜短剑已达23柄（见表2–1[2]），包括2柄环首短剑、2柄羊首短剑、15柄铃首剑、4柄柳叶形短剑。这些剑出土于内蒙古、湖北、河北、山东、山西、河南、陕西、四川等地。

表 2–1 商代青铜短剑

类型	出土地	规格 / 厘米	剑身 : 柄	数量
环首剑	内蒙古朱开沟	剑长 25.4，柄 10	1.5:1	1
	湖北盘龙城	剑长 29.8	2:01	1
兽首剑（羊首）	河北青龙抄道沟	剑长 30.2，柄 11.6	2:01	1
	山东前掌大遗址	剑长 36.6	2.6:1	1
铃首剑	山西柳林高红	剑长 23.5，身长 12.5	1:01	11
	安阳殷墟	剑长 30 ～ 35，身长 12	1.2:1	1
	山西保德林遮峪	剑长 32，身长 20	2:01	1
	山东沂水	剑长 29.4	2:01	1
	陕西延川去头村	形制不明		1
柳叶形剑（蜀剑）	四川广汉三星堆	剑长 24、剑长 28	2:01	2
	四川成都十二桥	剑长 20.2、剑长 20.9	2:01	2
合计				23

〔1〕中国社会科学院考古研究所：《商王朝文物存萃》，科学出版社，2013，第 89 页。
〔2〕李可亭、张学勇：《商丘古都文化研究》，河南人民出版社，2016，第 427 ～ 438 页。

图 2-4　商代宽刃青铜剑（藏于江西新干大洋洲商代青铜博物馆）

相比而言，劈砍用的单开刃刀在近身格斗中的便捷性更好，也容易做得相对较长，大约在 30 ～ 70 厘米，其中低于 60 厘米的用作近身砍杀的兵器，大于 60 厘米的主要用于礼仪，饰有蝉纹、夔纹、卷云纹等。譬如江西省博物馆典藏的商蝉纹青铜刀，该刀通长 67.9 厘米，平背、短柄、翘首、薄刃、脊部加厚，刀身和上侧近脊处的两面均装饰有由 11 只蝉组成的带状蝉纹，间隙饰以细卷云纹（图 2–5）。从刀的精美程度、出土数量尤其是出土墓葬的规格看，商代的大刀仅出土于大、中型贵族墓中，遗址和小型墓中均未见，可知它是标志器主社会地位和等级特权的礼器。从各地出土和博物馆馆藏的同时代刀相似的花纹与形制可知，蝉纹刀在这一时期使用较为普遍。

图 2–5　商蝉纹青铜刀（藏于江西省博物馆）

钺是殷商早期就已经产生的武术器械，属于长柄劈砍兵器，基本技法有剁、搂、抹、云、斫、撩，其首宽阔扁平，近似于横置梯形，以长方形的“内”插入柄中。钺起源于新石器时代的石斧，后逐步加大、加宽和加厚演变为石钺，直到商出现了青铜钺，形制主要有銎式、有阑式、无阑式。斧与钺有着非常密切的联系，钺正是从作为生产工具的斧演化而来的，《广雅》说：“钺，斧也”，《左传·昭公十五年》载：“戚钺秬鬯”，《疏》曰：“钺大而斧小。”[1] 搏杀用的小型青铜钺不是战场上主要应用型兵器，商周后就开始走向没落，唐代有短暂的复兴，宋之后其形制发生了很大的变化，虽然位列“十八般兵器”，但实际使用的习武人越来越少，直到完全成为礼器和明器。各地考古出土的大型钺虽然数量很少，但引人注目，殷商的大型青铜钺的长度通常在 30 厘米以上（江西新干大洋洲商代遗址出土的最大的青铜钺高 36.5 厘米、刃宽 36.3 厘米、厚 1.0 厘米、重 11.4 千克），均出土于属殷商上层贵族的高级墓葬当中（如山东青州出土的商望族亚醜墓的亚醜钺）。相对于戈和矛，钺的出土数量很少，表面也见不到格斗留下的痕迹，这间接说明其在商周时期就不运用于实际作战。

据研究，商周时期的钺主要作为仪仗之器，是彰显军事统帅权威和王权的象征物，这使得钺具有“主征伐”和“刑罚器具”的用途，如《尚书·牧誓》有“王左杖黄钺”[2]，《史记·殷本纪》有“汤自把钺，以伐昆吾，遂伐桀”[3]，《国语·鲁语》

---

〔1〕张力伟等主编《康熙字典通解（下）》，时代文艺出版社，1997，第 2463 页。
〔2〕陈戍国撰《尚书校注》，岳麓书社，2004，第 90 页。
〔3〕（西汉）司马迁：《史记》，岳麓书社，2002，第 12 页。

载："大刑用甲兵，其次用斧钺（韦昭注"斧钺，军戮"[1]）。"在西方古代文明中也有类似钺的仪仗兵器彰显权威和用于刑罚，譬如象征罗马最高长官权力的束棒。因而，商周的钺上都有非常精美的花纹，如貔貅、夔龙、玄鸟、饕餮（图 2–6）等。还有部分大型钺整体呈现人面形态，山东苏埠屯出土的人面钺比较典型，它中部镂出大口，口中排列双行利齿，共 22 枚（残失 6 枚），口周圈有鱼形几何纹，两侧饰有镂空云纹，纹中宽凹线中嵌满红铜，是我国现存最早的采用错金工艺的武器（图 2–7）。可以想象，这些大型的青铜钺在各种仪式中营造出的庄严、肃穆的氛围，起到了"明贵贱，辨等列"的权力符号之重要作用。

图 2–6　妇好墓出土兽面钺
（藏于中国国家博物馆）

图 2–7　亚醜钺
（藏于山东博物馆）

在商周文明的塑造下，兵器不仅仅用于战场搏杀，更为重要的作用是用于礼仪和祭祀活动，无论从大而非直接实战的器制，还是上面雕刻的图腾纹饰都可以看出，其作为礼器的表征，如安

〔1〕（春秋）左丘明撰《国语》，（三国吴）韦昭注，上海古籍出版社，2015，第 107 页。

阳殷墟贞人墓地出土的兵器戈、戣、镞、刀、锛都是与礼器同置的。《诗经·商颂·玄鸟》有："天命玄鸟，降而生商。"[1]因而很多殷商出土的兵器上就有玄鸟的图案，可见，作为"武"的"兵"本身就是国之大器、民族精神的象征，也就是说，技击不仅用于杀伐的工具化表达，而自商周开始已经成为凝聚民族、创造民族集体意识的文化意象活动，持有这些"礼—兵—器"的武者和舞者正是民族文化整体的身体载体。总而言之，商周时代礼乐化的武术兵器滥觞，开启了中华武术的精神物化之门。

第三节　武术礼器与武舞祭仪

中华礼乐文明的特质衍生出了"武礼一体"的武术形态，也使得从商周之际肇始，武术器械都兼有浓厚的仪式性特质和作用，与祭祀活动息息相关，因为对于商王而言，控制众多的民族和广阔的领土，必须要以军事和神祇共同的力量才能够达成[2]。这使得源自文明早期的玉石制兵器继续延续下来，演变成具备兵器形态的彻底的礼器，这与其他文明一旦走出石器时代就彻底抛弃石制兵器发展轨迹大相径庭，这也使得中华武术从文明早期开始就独树一帜。与商周时代金属兵器的种类相比，各类墓葬出土的玉制兵器主要有玉钺、玉斧、玉戈和玉刀，种类比金属兵器少，但制作更精细，形制更丰富，其最主要的作用就是象征权力和沟

〔1〕（春秋）孔丘编订《诗经》，北京出版社，2009，第320页。
〔2〕郭静云：《夏商周：从神话到史实》，上海古籍出版社，2013，第185页。

通天地神明。在文明早期，祭祀是沟通神灵，战争则是夺取政权和长治久安的必要手段。商周之前，与神灵沟通主要由巫觋把持，王只拥有政治和战争权力，但随着商周文化的建立，王权将祭祀的职责也纳入进来，为取得名正言顺的集权统治，就使得玉制礼器大量被制造为兵器的形态，表明王权的内涵包含了集祭祀、政治和军事为一体的最高权力。因此，商周统治者除了倾其国力铸造金属兵器外，还大量制造玉制武器。用玉兵表征权力的现象到周代更为普遍，这与周人礼乐文化中对玉的重视关系密切。

玉钺是最具权力象征和祭祀意义的玉制兵器，因其形制更大，体量敦实厚重，从外形样貌上表现出比其他兵器更加令人敬畏的意象。经过新石器时代的发展，玉钺与青铜钺共同作为最为重要的礼器在商周时代被广泛应用，在重大的祭祀、军事集合等场合下使用，宣示军事统治权、战争指挥权或王权，《史记·殷本纪》记载，商王帝辛封周文王为西伯，赐他“弓矢斧钺，使得征伐”[1]。《史记·鲁周公世家》载：“周公把大钺，召公把小钺，以夹武王。”[2]通过持钺的大小区分阶层和权力身份。西周时期的“虢季子白”青铜盘内壁铸铭文“赐用钺，用征蛮方”，说明钺还表征了当时中华文明的正统性和合法性。与青铜钺相比，玉钺的体积要小得多，更多用于贴身佩戴和宫殿装饰。至周代，玉钺出现了镂空雕的器形（图 2-8），钺的完全礼器化已然成为那个时代的特征，钺的变形——戚更是成为“武舞”最为重要的

〔1〕（西汉）司马迁：《史记》，岳麓书社，2002，第 15 页。
〔2〕（西汉）司马迁：《史记》，岳麓书社，2002，第 203 页。

礼仪“道具”，《祭统》所载的“朱干、玉戚，以舞《大武》”[1]就是使用玉钺做武舞的写照。在殷商卜辞中，执戚而舞的内容出现频次较高，如：“叀戚奏”（《甲骨文合集》31027[2]，以下均简称《合集》）、“戚庸用”（《小屯南地甲骨》01501[3]，以下均简称《屯南》）、“兹戚用”（《屯南》03572）、“甲辰卜，奭叀戚”（《屯南》00783）等，都反映了在祭祀活动中戚的使用，证明钺的变形戚在商周的确是一种非常重要的武术礼仪祭祀之器，也说明武术的礼仪性价值、宗教内涵在中华文明之初就已经确立。

与钺作为王权象征不同，玉戈属于王的仪仗队和祭祀人员所使用的玉制兵器。商代早期出土的玉戈援部、刃部略呈弧度，后端直，钻有与柲相连接的孔，多数无中脊，仅有钝脊，除了弦纹外大多没有纹饰，长度在 15 ～ 20 厘米（图 2–9）。

图 2-8　镂空玉钺[4]

图 2-9　玉戈[5]

〔1〕（元）马端临撰《文献通考》，载季羡林、张岱年主编《四库家藏》，山东画报出版社，2004，第 275 页。
〔2〕中国社会科学院考古研究所：《甲骨文合集》，中华书局，1990。
〔3〕中国社会科学院考古研究所：《小屯南地甲骨》，中华书局，2008。
〔4〕李祥云：《祥云轩商周玉器收藏与研究》，文物出版社，2003，第 252 页。
〔5〕李祥云：《祥云轩商周玉器收藏与研究》，文物出版社，2003，第 260 页。

商代晚期的玉戈有直身、弯身两种，皆有中脊或三脊，其援为白玉或碧玉材质，内为铜质，内上饰平行的粗阳纹，或者在内及援上阴刻兽面纹和变形云纹，大都有铭，刻体完整，手工精美，有些戈的后端直接雕成鸟首状，部分精品的玉戈用铜铸成鸟头状与玉部嵌接为铜内玉戈。西周玉戈形制与商晚期相似，但较为素朴，普遍不饰纹饰，制作不及商代精细，铭文刻在胡上或内上，锋利程度甚于殷商玉戈。从切削痕迹来看，玉戈虽然锋利，但均没有使用过的痕迹，其用于礼仪祭祀的用途可见一斑。《周礼·司戈盾》载曰："祭祀，授旅贲殳，故士戈盾；授舞者兵，亦如之。"〔1〕《文献通考》载："以干戈羽籥后于礼、乐、诗、书。"〔2〕在大型的祭祀仪式中，武舞是由32人执戈、32人执戚，配盾起舞，舞者手持器物就有玉戈，通过展现宏大的技击意象和搏击场景完成向民众彰显权力、向神明祈福平安的任务，正所谓"玄戈玉刃，作会相晖"〔3〕。

商周时代的武舞一是祭祀宗庙，二是祈求风调雨顺和征伐胜利，三是军事操练，四是用于接待外邦的礼仪。"戎"与"祀"同为国之大事，因而《周礼·司兵》中说"祭祀，授舞者兵"。武舞是将祭祀与武术二者合二为一的最佳方式。文献所知的武舞有《象舞》和《大武》两大类型，具体有《干舞》《干戚》等兵舞（或称"小舞"，孔颖达疏曰："小舞以干配戈"〔4〕），《大武》《大濩》等武舞，而且文舞也可以以武舞的方式表演，譬如著名

〔1〕陈戍国点校《周礼·仪礼·礼记》，岳麓书社，1989，第87页。
〔2〕（元）马端临撰《文献通考》卷四十《学校考一》，浙江古籍出版社，1988。
〔3〕刘宝才、韩养民主编《黄帝文化志》，陕西人民出版社，2008，第149页。
〔4〕杨天宇译注《周礼译注》，上海古籍出版社，2016，第440页。

的文舞《大夏》，公羊子家驹曰："朱干玉戚以舞《大夏》，八佾以舞《大武》。"[1] 其目的都是通过舞蹈的战斗叙事，宣扬各代开国君主（商汤、周武王）的丰功伟业，向天地神明宣传自身的武力强盛和政治合法性，如《诗序》所载："桓讲武，类祃也。桓，武志也。言武志，则讲武其事也。舞《大武》，以享先祖。"[2] 如今的纳西族舞蹈中就遗存了武舞这种最重要的形式，《东巴经》中记载了一种器物舞，舞者手持刀、剑等兵器模拟战争时的搏斗场面和情节[3]，用以展现战争中祖先的英雄事迹和正义行为。

商周时代祭祀自然神也使用武舞或兵舞，如古代祭祀祈雨用的《万舞》也是武舞的一种。《诗经·邶风·简兮》有"简兮，简兮，方将万舞"[4]，《韩诗》解释为"万，大舞也"[5]。商代卜辞记载："王其乎戍舞盂，又雨。叀万舞盂田，又雨。"（《合集》28180）"叀万乎舞，又大雨。叀戍乎舞，又大（雨）。"（《合集》30028）"戍舞"就是作为"戍"常备军的下层士兵参与表演的武舞——《万舞》。卜辞又载："于丁亥奏戚，不雨。丁弜奏戚，其雨。"（《合集》31027）他们手持戚器手舞足蹈，用集体技击搏斗的宏大意象祭天以祈雨，是大规模祈雨的国家行为。除了祈雨，武舞还有驱疫的含义，《周礼》中记载"方相氏"是负责驱赶瘟疫的一个官职，他们所跳舞即傩舞，其形式是"掌蒙熊皮，黄金四目，玄衣朱裳，执戈扬盾，帅百隶而时难，以索室驱疫"[6]，也是手持戈和盾牌以及荆棘制作的刺状武器（百

---

〔1〕刘勋：《春秋左传精读（第二册）》，新世界出版社，2014，第 1007 页。
〔2〕（元）马端临撰《文献通考》卷一百二十九《乐考二》，浙江古籍出版社，1988。
〔3〕宋兆麟：《巫与祭祀》，商务印书馆，2013，第 274 页。
〔4〕（春秋）孔丘编订《诗经》，北京出版社，2009，第 40 页。
〔5〕（清）王念孙撰《广雅疏证》，上海古籍出版社，2018，第 16 页。
〔6〕尚秉和：《历代社会风俗事物考》，岳麓书社，1991，第 340 页。

隶），模拟击杀和防卫瘟疫之鬼的技击意象，表现出先人以人的武艺力量抗击自然力的最初意识。

像《干戚》这种技击意象和行为非常明确的武舞，兼有阵列训练与威慑敌军的双重作用，文献“汤武征伐，其舞先武后文者，以有武功为大故也”[1]“当舜之时，有苗不服，……执干戚舞，有苗乃服”[2]这类记载就体现了此两种作用。《大武》中的很多动作则直接表现了具体的技击动作和队形变化，《史记·乐书》载：

子曰：“居，吾语汝。夫乐者，象成者也。总干而山立，武王之事也；发扬蹈厉，太公之志也；武乱皆坐，周召之治也。且夫《武》，始而北出，再成而灭商，三成而南，四成而南国是疆，五成而分陕。周公左、召公右，六成复缀，以崇天子，夹振之而四伐，盛威于中国也。分夹而进，事早济也。久立于缀，以待诸侯之至也。”[3]

文献中记载了孔子对《大武》的阐释，所谓“总干而山立”，即在《大武》中是持盾牌如山不动的场景；“发扬蹈厉”即奋发武威；“武乱皆坐”即行伍忽然一并席地而坐，其中的“六成”指的是面向不同方向的队列变化；“四伐”指的是反复四次的击刺（一击一刺为一伐），舞者意想面对敌军，齐整行列，四次击

[1]（宋）陈旸撰《乐书》，转引自张国强点校《〈乐书〉点校》，中州古籍出版社，2019，第1107页。

[2]（战国）韩非：《韩非子》，（清）王先慎集解，姜俊俊校点，上海古籍出版社，2016，第697页。

[3]（西汉）司马迁：《史记》，岳麓书社，2002，第128页。

刺后停止，恢复队列；“分来而进”和“久立于缀”是队形散开和集合的变化。不难看出，武舞对于技击意象和战争队列的表达淋漓尽致。

祭祀之武舞的仪式性特征还让它成为凝聚族群共识和意识的一种表演项目。《周礼·宗伯》有“以军礼同邦国”，军礼包含五类：“大师之礼”“大均之礼”“大田之礼”“大役之礼”“大封之礼”，内容包括动员民众、组织军队、校比户口、均平征赋等，在这些军礼举行的仪式类型中，武舞是重要的组成内容。《周礼·司干》载：“掌舞器。祭祀，舞者既陈，则授舞器，既舞，则受之。宾飨亦如之。”〔1〕《礼记·郊特牲》载曰：“朱干设锡，冕而舞《大武》。”〔2〕从文献和考古证据看，在周代，武舞是周代礼乐文明最重要的组成部分，具备了很多具体的政治职能，而根据兵器创造的武术技击或模拟技击的动作，使得原本只为杀伐的搏击技术人文化成为内涵和形式非常丰富的中华武术，亦成为凝聚民族共识最为重要的载体之一。

第四节　武术教育与训练文化

作为一种身体技艺，良好的教育与训练体系是武术技艺传播和传承的必要保障，由此诞生了以商周王族和贵族集团为核心的

---

〔1〕陈戍国点校《周礼·仪礼·礼记》，岳麓书社，1989，第66页。
〔2〕陈戍国点校《周礼·仪礼·礼记》，岳麓书社，1989，第381页。

军事和教育官员[1]，负责传授武艺给下级军士，再由族军的军士传授给众人，也诞生了自王而下的教育机构。《文献通考》记载，最高教育机构被称作“学”，下级（乡学）教育机构夏代称作“校”，殷商被称作“序”，周代被称作“庠”。商周时代的武术教育与文化教育为不分离的整体，接受教育的人普遍文武兼修。《礼记·文王世子》载：“春夏学干戈，秋冬学羽籥。”[2]《文献通考》注：“皆於东序。干戈，万舞，象武也，用动作之时学之。”[3]在乡学“东序”的学生，春夏两季节学习武艺，秋冬则学习祭祀的礼仪，与时偕行。在甲骨文记载中，商王武丁时代参加军事训练和教育的人被称为“学众”，廪康时被称作“教戍”[4]，“众”和“戍”指的都是族军中军民一体的下层武士，其中有自由人也有非自由人，主要的训练与教学内容有田猎活动（蒐狩）、武舞活动，其中又具体包含习练武器和手搏等武术训练、阵列训练、军事演习、阅兵。

商周卜辞中有很多有关田猎的记载和描述，《甲骨刻辞义位归纳研究》一书中曾对田猎的卜辞的义位进行归纳[5]，而郭沫若在《中国古代社会研究》一书中对田猎的卜辞进行的统计表明，其出现的频次仅仅少于祭祀，居于第二[6]，这是因为田猎活动具有重要的军事意义，该活动既可以训练军队，也能够炫耀武力，

〔1〕即“典司五众”中的司马（赋共车马、甲兵、士徒之役）、司士（使训勇士之士时使）、司寇（司治安刑罚）几种官职。
〔2〕陈戍国点校《周礼·仪礼·礼记》，岳麓书社，1989，第362页。
〔3〕（元）马端临撰《文献通考》卷四十《学校考一》，浙江古籍出版社，1988。
〔4〕中国社会科学院考古研究所：《甲骨文合集》，中华书局，1990。
〔5〕王晓鹏：《甲骨刻辞义位归纳研究》，商务印书馆，2018，第85～88页。
〔6〕郭沫若统计发现，卜辞中田猎事项极多，达到1169条，分作祭祀、卜告、渔猎、征伐、卜年、风雨、杂卜等。参见郭沫若《中国古代社会研究》，河北教育出版社，2004，第152～156页。

是集技击技术、军事战术演习和阅兵仪式为一体的综合训练体系。因此，以军事和武术训练为主要目的的田猎直到春秋战国时期仍旧盛行。从商代甲骨卜辞可以看出，每次狩猎之前，都要通过占卜确定地点、狩猎方式、猎物对象，由此确定人员组成，狩猎后还会专门留下记载［商代“作册般”青铜鼋是其中比较有代表性的器物（图2-10）］，还会根据季节不同，把田猎活动分为“春蒐”和“冬狩”，合称“蒐狩”，整个活动明显具有制度化的特征。《通典·军礼一》载：“孔子曰：‘兵者凶事，不可空设，因蒐狩而习之。凡师，出曰治兵，入曰振旅，皆习战也。四时各教民以其一焉。春习振旅，兵人收众，专于农平犹正也。’”〔1〕即治兵、振旅、习战、阅兵都是蒐狩活动的一部分，而蒐狩活动同时也是礼仪活动的重要形式，《春秋穀梁传·昭公元年》就载有“因蒐狩以习用武事，礼之大者也”〔2〕，习武与祭仪并行不悖，这也是商周武术教育和训练的重要特征。

图2-10　“作册般”青铜鼋（藏于中国国家博物馆）

〔1〕（唐）杜佑：《通典（下）》，岳麓书社，1995，第1058页。
〔2〕（晋）范宁集解《春秋穀梁传》，中华书局，1985，第248页。

根据内容的不同，蒐狩的习用武事主要分为：教学、演习和实战三种活动类型。殷商卜辞最早记录下了征伐少数民族前的蒐狩中，“众”与“戍”接受王直接教谕的内容，卜辞曰：“丁巳卜，□，贞王学众伐于髳方受有又（佑）。丁巳卜，□，贞王勿学众髳方弗受其有又（佑）。”（《合集》32）又有：“其教戍。亚立，其右于利，其于左利。”（《合集》28008）其中包括征伐战争所要具备的基本技术和阵法、阵位最有利的方向。在军事演习层面，蒐狩活动能够让士兵在斩杀野兽的过程中，一方面训练搏击技能，另一方面学会按照指令维持军阵的完整。《周礼·大司马》载：“群吏听誓于阵前，斩牲，于左右循阵，曰：不用命者斩之。”[1] 在实战层面，蒐狩通过人与野兽搏斗的活动，真正意义上训练了士兵的实战能力。人与兽搏斗的文化活动在其他文明中也存在，如罗马帝国时期的角斗活动中就有大量角斗士与野兽搏斗的节目，但真正把与野兽搏斗专门作为士兵武术实战训练的却是商周文化所创生出的。在实际活动中，贵族士兵乘车担任直接刺杀野兽的角色，众和戍徒步担任驱赶野兽的角色（图 2-11），二者协作共同搏杀，《韩非子·外储说右上》载：

夫猎者托车舆之安，用六马之足，使王良佐辔，则身不劳而易及轻兽矣。今释车舆之利，捐六马之足与王良之御，而下走逐兽，则虽楼季之足无时及兽矣。[2]

---

〔1〕陈戍国点校《周礼·仪礼·礼记》，岳麓书社，1989，第 79 页。
〔2〕（战国）韩非：《韩非子》，（清）王先慎集解，姜俊俊校点，上海古籍出版社，2016，第 547 页。

文中这一实战训练方式，直到战国时代仍有延续，被称作“车猎”。与车猎相并行的还有徒手搏兽的训练。战国时代出土的宴乐采桑狩猎交战纹壶上就绘制有人与野兽徒手搏斗的场景。《诗经·国风·大叔于田》载：“叔在薮，火烈具举，襢裼暴虎，献于公所，将叔勿狃，戒其伤女！”[1]《论语》也有“暴虎冯河”，其中“暴虎”指的就是与猛虎“徒搏”。在历史上，空手与野兽搏斗的不仅有下层士兵，在殷商尚武之风的氛围中，王也乐于参与其中，《史记·殷本纪》所载的“（帝纣）材力过人，手格猛兽”[2]就是对“徒搏”的一种历史描摹和写照。

图 2-11　宴乐狩猎战斗纹（出自宴乐渔猎攻战纹图壶，藏于北京故宫博物院）

除了与兽搏，人与人搏也是非常重要的实战练习。其形式类似摔跤，小篆“鬥”的字形“”就像二人双手交叉相互较力。《说文解字》解释为：“两士相对，兵杖在后，象斗之形。”商承祚认为：“此象二人徒手相搏，乃鬥字也，今从古文字形观之，徒

[1]（春秋）孔丘编订《诗经》，北京出版社，2009，第 82 页。
[2]（西汉）司马迁：《史记》，岳麓书社，2002，第 15 页。

手相搏斯为鬥。”〔1〕《甲骨文字典》载：“象两人相对徒手搏鬥之形。”〔2〕当代研究者根据商代甲骨文卜辞的形态考证也认为，“鬥”的原本字形中没有“兵杖”，就是两具相互搏击的身躯，其本义就是指两人徒手相搏，有技击、对抗的性质〔3〕。甲骨卜辞中记载的有关商王及贵族亲自参与的“鬥”活动，是由王主导的武术实战训练活动，为商周武事活动的主要内容。手搏演化至商代晚期和西周早期，作为“鬥”的手搏演化为双人较力的“角”。

从商周时代的武术教育和训练形式看，此时已经形成了比较系统化和全面化的体系，从王城到下级城市，都建设有学校，学习内容文武兼顾；武事修习主要有兵器技艺、战阵、手搏技法；习武场所除了在学校之外，还有野外；习武群体上至王公贵族，下至被征服和纳入到中央统治的其他民族之学众和教戍，都在不同层面上习练不同形式的武艺。

第五节 政治和祭祀中的武术思想

早期的武术思想由于缺乏简便易得、成本低廉的记录介质与记录手段，仅能够在商周甲骨卜辞中窥见一角，大多数成文的典籍也佚亡而无法还原，只在战国之后的文字记载中遗留有少数片段，例如商代的《仲虺之诰》《说命》、周代的《军志》均在《左传》《尚书》《国语》《礼记》《墨子》《孟子》中留有逸文。

〔1〕商承祚：《甲骨文字研究》，天津古籍出版社，2003，第122页。
〔2〕徐中舒：《甲骨文字典》，四川辞书出版社，2006，第427页。
〔3〕芦金峰：《殷墟甲骨文及卜辞所见商代摔跤考》，《成都体育学院学报》2020年第2期。

《仲虺之诰》在《尚书》序中有所记载，内容是商汤灭夏后军事将领仲虺所作的诰文，其中已然涉及了最早的用武之道："兼弱攻昧，武之善经""弱者兼之，暗则攻之，乱则取之，有存道则辅而固之""见可而进，知难而退"〔1〕。该论著指出，在作战中，要量力而行，可战则战，不可战则退，遇到有利的战机，迅速出击，不可贻误战机。这些思想不仅可用于军事，同时也可作为指导武术技击的行为准则。《说命》在《尚书》中也有记载："高宗梦得说，使百工营求诸野，得诸傅岩，作《说命》三篇。"《史记·殷本纪》载："武丁夜梦得圣人，名曰说。"〔2〕二者内容大致相同，都讲述了《说命》是商王武丁时期产生的，其中就有关于"慎战""罙伐""待机而动""知己知彼"的思想。《尚书》载："惟甲胄起戎，惟衣裳在笥，惟干戈省厥躬。"〔3〕提出武力不可轻易使用，一旦动用干戈就要及时借此反省自身。《诗经·商颂·殷武》载："罙入其阻。"〔4〕"罙"在卜辞中也多有出现，指的是"袭扰式""试探性"进攻。商代卜辞还有"贞舌方其来，王勿逆伐"〔5〕。"勿逆伐"指的是不要迎头出击，要收敛锋芒，伺机而动。

周代的武术思想更进一步，很多后世的兵书和武书，如春秋《孙子兵法》、北宋《武经总要》、明《武编》思想都滥觞自《军志》等经典。《左传·昭公二十一年》载："厨人濮曰：'《军志》

〔1〕（清）纪昀：《四库全书》，转引自马松源主编《四库全书》，线装书局，2014，第87～88页。
〔2〕（西汉）司马迁：《史记》，岳麓书社，2002，第14页。
〔3〕陈戍国撰《尚书校注》，岳麓书社，2004，第70页。
〔4〕（春秋）孔丘编订《诗经》，北京出版社，2009，第322页。
〔5〕中国社会科学院考古研究所：《甲骨文合集》，中华书局，1982，第6197～6200页。

有之，先人有夺人之心，后人有待其衰。’”[1]《十一家注孙子》载：“《军志》曰：‘前御其前，后当其后；左防其左，右防其右。行必鱼贯，立为雁行，长以参短，短以参长。’”[2]其中，“先人有夺人之心，后人有待其衰”是武术“先发制人，后发先至”的思想源头，也包含了后世武术在搏斗中“夺志”的心理战法；“行必鱼贯，立为雁行，长以参短，短以参长”则非常精辟地点明了武者运用长兵与短兵在格斗技击中的辩证关系和技术特征。

武术的基本理论模型与逻辑结构——“易”在商周时期诞生，经历了从《连山易》《归藏易》到《周易》的迭代演化，逐步形成了奠定后世武术理论的基础形态。与征伐、田猎有关的商代卜辞在《归藏易》[3]中已有所载录，例如“劳卦”曰：“昔者蚩尤卜铸五兵而枚占赤□（帝？）”[4]，叙述了蚩尤占卜铸造五兵与黄帝作战的事件。周人取代商朝，随即以《周易》取代《归藏》，同时也丰富和充实了更多的内容，用朴素的阴阳辩证法以及“简易”“变易”“不易”的思维方法充实了占卜，也使得习武之事具备了最初的武术哲学方法论形态。

此外，武德的思想在商周之际也初露端倪，殷商卜辞不仅使用“𢦏”“征”“伐”等进攻性词汇，还使用“戭”“𢦔”来指示不战而屈人之兵的“慎战”“止战”“怀柔”之武。周代《军志》逸文有“有德不可敌”的表达。这些都是春秋止戈为武思想

---

〔1〕（春秋）左丘明：《左传》，杨伯峻前言，蒋冀骋标点，岳麓书社，1988，第336页。
〔2〕（三国）曹操等注《宋本十一家注孙子·附孙子今译》，中华书局，1961，第212页。
〔3〕考古界的主流观点认为王家台出土的秦简“易占”就是《归藏》，其中的师卦、同人卦、节卦、劳卦等都与征伐和武事有关。
〔4〕王辉：《王家台秦简〈归藏〉校释（28则）》，《江汉考古》2003年第1期。

的重要来源，即使这些“武德”更多的还停留在军事领域，但思想的种子已然被播下，随着中华礼乐文明的生长逐渐成为武术的内核精神。尤其是商周革命之后，“德”成为西周思想的核心概念[1]，宗教中的人文精神在周代开始跃动。自此精神的萌发，殷商活人献祭的习俗逐步被“消灭”，文化上的归顺取代了奴役式攻伐，王的身份发生了重大变化，原来殷商唯有小宗，而周立大宗，这一区别，表现在王制上，即商代“商人自己的王”转变为周代“率土之滨莫非王臣”的“天子”“天下共主”，商代“方国之商”“一国之商”转化为协和各族、各邦的“中国之周”[2]。这种转变使得军事作战的方式从一味攻伐和征服开始转向以威慑和德服为主。所以到了周之后，战争中的技击术包含非常多的“礼”之内涵，封国之间的战争更像是“大型武术表演”，而非血肉横飞的战场，原本技击搏杀的武术接受了深度的规则洗礼，转化成了一种文明搏斗的文化形态，这种形态在春秋时代的战争中表现得最为明显。

在《逸周书》的记载中，武德被称作“柔武”，其中“柔武第二十六”载：“……五者不距，吕生戎旅，故必以德为本，以义为术，以信为动，以诚为心，以决为计，以节为胜，务在审时，纪纲为序，和均道里，以匡辛苦。见寇□戚，靡适无□，胜国若化，不动金鼓，善战不斗，故曰柔武。四方无拂，奄有天下。”[3]也即是说，从周代开始，论兵、用武讲究以“柔水”为德，后世

---

〔1〕郭沂：《从西周德论系统看殷周之变》，《中国社会科学》2020年第12期。
〔2〕陈赟：《周礼与“家天下”的王制——以〈殷周制度论〉为中心》，中国人民大学出版社，2019，第355页。
〔3〕姚蓉撰《〈逸周书〉文系年注析》，广西师范大学出版社，2015，第32页。

的《孙子兵法》正是采撷《老子》“上善若水”与《易经》“师卦”的“兵形象水”而成“不战而屈人之兵，善之善者”的慎战，而不是随意操动干戈。中华文明祀戎并重，溯及《易经》之“师卦”与“比卦”并建互综，外交与战争相为表里，虽配有兵器，但“士”的身份却是修习六艺文武兼备、术德兼修之人，以“柔武”为上。《诗经》中的君子本质特性即似“兵、器”为戎的表达：修身锻炼，磨砺以光，刚正不阿，温柔敦厚，大中至正，威震四方。《诗经·小雅·鹿鸣之什》载：“采薇采薇，薇亦作止。曰归曰归，岁亦莫止。靡室靡家，猃狁之故。不遑启居，猃狁之故。采薇采薇，薇亦柔止。曰归曰归，心亦忧止。忧心烈烈，载饥载渴。我戍未定，靡使归聘。”[1]诗的含意即知兵器之用为礼乐教化的延伸，旨在以德服人，以仁安民。因而早期的武德思想实质上是周文明“柔武”创生出的。

[1]（春秋）孔丘编订《诗经》，北京出版社，2009，第167页。

第三章

春秋战国武术文化的兴起

春秋战国时代（前770—前221）是中华文化第一个大繁荣时期，百家争鸣，绘事后素，形成了我们今天的中国文化。中华武术也正是在这一时代背景下焕发出勃勃生机，成为内涵更为丰富的文化复合体，包含了儒家刚健有为的德性精神、墨家非攻兼爱的侠义精神、道家刚柔相济的朴素辩证理念。文化繁荣背后是科技的进步以及其催生出的新制度、新社会形态，冶金革命使得青铜武器走向成熟的高度分化，战国铁质器具的产生，不仅极大地推动了生产的效率，还撼动了旧统治，加速了社会变革。城市的兴起，封建贵族制度的松动，各国竞相进行的政治改革和军事改革，促发了门客制度、养士风气与私学的产生，继而创造了新战争模式，促生了文武分途、武侠竞起的中华武术兴起之大时代。

第一节　科技进步推动的武术兵器技艺革新

冶金技术的进步是春秋战国时代最为重要的科技进步与技术革新。其一方面表现为铜开采量增加，冶铜与铸造技术已非常成熟，兵器开始高度分化；技术工人能够较为精确地控制铸造过程中铜、锡的比例，加之整体铸造技术的出现，使得铸造出兼具柔韧与硬度、长度超过 60 厘米甚至 100 厘米的剑成为可能；戟也发展为常用的长兵器，杀伤力更强，戈的制造更为精良，出现了三穿、四穿带胡的戈，后期则出现了双戈戟（图 3–1）、三戈戟这类更加复杂的车战、步战兵器。另一方面表现为冶铁技术出现并得到广泛应用，出现了为数不少的铁质兵器，与兵器制造有关的铸铁柔化技术和炼钢技术在战国时期产生。最后一方面，春秋战国时期，宛城、邯郸、郢都等著名的冶金城市大量涌现，为金属冶炼规模化生产、专业人才聚集、知识密集创造了必要条件。

曾侯乙墓棺木双戈戟
（藏于湖北省博物馆）

宴乐渔猎攻战纹图壶双戈戟
（藏于北京故宫博物院）

图 3–1　双戈戟

一、冶金技术革新下的铜兵形态

春秋早期，生铁块炼法已经产生，青铜兵器也同时进入了辉煌时期，出现了六种不同的冶铜工艺，即筑、冶、凫、栗、段、桃，形成了炼铜、制范、调剂、熔炼、浇铸和打磨六道规范化的工序。此阶段，青铜兵器制造技术的高度成熟主要体现在：

（1）铸造工人已经懂得铜中含锡比例的不同对兵器硬度和韧性的影响，形成了不同兵器的金属配比和铸造标准。《越绝书》

载欧冶子运用“赤堇山之锡”和“若耶子之铜”制造出铜锡相杂的优质兵器，即刃部含锡量大，保障硬度，主干部含铜量高，保障柔韧。《考工记》的记载则更为详细：

金有六齐：六分其金而锡居一，谓之钟鼎之齐；五分其金而锡居一，谓之斧斤之齐；四分其金而锡居一，谓之戈戟之齐；三分其金而锡居一，谓之大刃之齐；五分其金而锡居二，谓之削杀矢之齐；金锡半，谓之鉴燧之齐。〔1〕

（2）铸造方法上，合范法铸造已经比较成熟；失蜡法的应用、模印法制范、镶嵌工艺的普遍使用和金属表面处理技术已然出现。此外，湖北大冶市铜绿山矿井遗址发掘出的矿井达到五十多米深，开凿方式结合了竖井、斜井、斜巷、平巷等，解决了通风、排水、提升和照明复杂的技术问题〔2〕，很好地证明和反映了当时采矿业的发达。在此技术背景下，兵器斧、斤渐渐消失，铜矛、铜戈、铜戟和铜剑更为流行〔3〕，其制造工艺都达到了顶峰，并已传播至周边少数民族，产生了颇具各少数民族自身文化特质的武术器械。这一时期的战争非常频繁，各诸侯国陷入激烈的军备竞争，兵器制造量大增，同种兵器的器型更加多样化，考古类型学研究发现，不同墓穴和地区出土的同兵器的各种器型就有四至五大类之多（通常以“甲、乙、丙、丁、戊”及“A，B，C，D”区分和标定器型）。譬如“矛”的器型被考古界分为：双窄叶矛

〔1〕闻人军译注《考工记译注》，上海古籍出版社，2008，第41页。
〔2〕铜绿山考古发掘队：《湖北铜绿山春秋战国古矿井遗址发掘简报》，《文物》1975年第2期。
〔3〕徐中舒：《古器物中的古代文化制度》，商务印书馆，2015，第241页。

（乙类）、三翼矛（丙类）、脊侧增加血槽的叶矛（丙类亚种）、三棱矛（丁类）等，其差异主要源自各诸侯国的铸造工艺的区别和地理特征差异〔1〕。这些矛的长度普遍适合于成熟的车战，战国矛长达 2 ～ 4 米，到了后期逐步演化为由身与骹构成的形制近乎统一的三棱矛，《荀子 · 议兵》载“宛矩铁矛，惨如蜂虿，轻利僄速，卒如飘风”〔2〕，其杀伤力大大增强，格斗技艺也趋向进一步成熟。

（3）制作技艺呈现系统化趋势，一是出现了“国工”这样的专业兵器制造师；二是《考工记》成书，标志着兵器的制作已然非常成熟，已经被总结为系统化的典籍，形成了 30 个相互紧密配合的工种，如“筑氏”“凫氏”“栗氏”“冶氏”“桃氏”“段氏”“庐人”“函人”等各司其职。不仅如此，《考工记》还强调铸造兵器时的天时地利条件，提出“天有时，地有气，材有美，工有巧，合此四者，然后可以为良”〔3〕的制造理念，“视其朕而直”这类的制造标准，还把铸造兵器与“制器尚象”的圣人之道作为圭臬，升华出“百工之事，皆圣人之作”的思想，也促使春秋战国“轴旋短冲矛戟扶胥”〔4〕之格斗形态的形成。

在春秋战国成熟的冶铜和制器技术背景下，商和西周以来多种铜戈形态并存的“百家争鸣”之局面逐渐被打破，根据最利于技击作战的需求，铜戈形制不断被优化，直内无胡戈与有銎戈逐渐消失，援胡部的内侧加长并开刃，最终形成了接近于统一的“最

〔1〕胡保华：《中国北方出土先秦时期铜矛研究》，博士学位论文，吉林大学，2011。
〔2〕（战国）荀况：《荀子 · 议兵》，转引自张觉撰《荀子译注》，上海古籍出版社，1995，第 314 页。
〔3〕闻人军译注《考工记译注》，上海古籍出版社，2008，第 4 页。
〔4〕唐书文撰《六韬 · 三略译注》，上海古籍出版社，2006，第 84 页。

优技击形态”。该形态的戈可以保证在激烈的格斗过程中，来不及掉转戈援方向时，直接以内刃的内侧给予敌方有效的回击。尤其是商鞅变法后的秦国，戈的形制按照统一的标准生产，刃内戈完全标准化，每一柄戈的误差极小（不超过 1 毫米），在考古形态学上属于戊类戈，即“直内有胡戈”，其集三角形的尖锐铜锋啄击、援上刃的掊播、援下刃与中长胡刃的劈砍和勾割四大功能于一身，将商代以来诸类型戈最为有效杀伤的功能特质结合于一身。至此，铜戈形制演化至最为成熟的状态，其技击功能得到全面开发。魏武卒就是一支善于用戈的部队。《荀子·议兵》载：“魏氏之武卒以度取之。衣三属之甲，操十二石之弩，负服矢五十个，置戈其上，冠轴带剑。”〔1〕远程攻击武器弩、中程格斗的戈和近身武器剑配合得非常紧密。除此之外，戈不仅可单独用于格斗，也可与标准化的矛联装成戟。

战国时代，结合了戈与矛的铜戟越来越频繁地出现在战场上，《史记》载“虎贲之士跿跔科头贯颐奋戟者”〔2〕。从春秋早期开始，分铸（戈与矛分铸）联装“戟刺”产生（图 3–2），其主要分布于秦文化区域。这是在同时期铜矛的影响下产生的新器型，该器型相比于一体成型的戟更有优势。由于分开铸造，把矛加装在戈的头部，能够避免浑铸戟因为矛头损坏而导致整柄戟无法修复使用的问题。即使矛头或者戈部损坏了，更换也非常便利。秦戟的这种创新性形制，大大降低了整体制造成本，具有里程碑意义。

---

〔1〕（战国）荀况：《荀子·议兵》，转引自张觉撰《荀子译注》，上海古籍出版社，1995，第 300 页。
〔2〕（西汉）司马迁：《史记》，岳麓书社，2002，第 431 页。

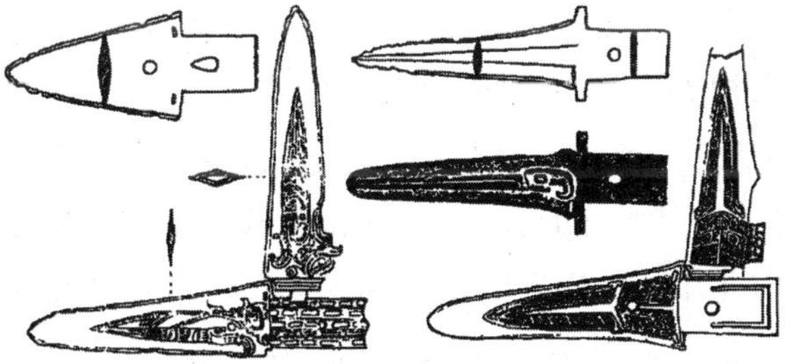

图 3-2 戈与矛联装“戟刺”[1]

随着分铸联装戟在春秋战国时期的流行，铜制兵器与相应的技击水平共同达到了巅峰。戟一则能够用矛头刺杀敌军，二则可以用援上刃推搪敌人，三则可以用援下刃勾割敌人，四则能够使用胡刃劈砍，而且勾割与劈砍常常一气呵成。也即是说，戟是铜兵器中能够将技击发挥最为全面的兵器。

河南汲县（今河南卫辉）山彪镇战国铜鉴的出土证据表明，戈与戟都分化出了步战和车战两类，即“徒戈”“徒戟”和“车戈”“车戟”（图 3-3）[2]。步战戈、戟如：虢国太子元徒戈、左徒戈、武城徒戈、陈子翼徒戈、子良徒戟、陈子山徒戟、平阿左造徒戟[3]等。车战戈、戟如：晋公作岁之禁车戈、交车戈、子车戈、陈□车戈、陈豫车戈、国楚造车戈、齐城右造车戟冶腹、齐城左冶腹□□造车戟[4]等。考古发现，步战戈和戟的全长（加上柲）都在 140 ～ 160 厘米，与《考工记·总叙》载“戈柲六尺

〔1〕范桂杰、胡昌钰：《四川彭县西周窖藏铜器》，《考古》1981 年第 6 期。
〔2〕郭宝钧：《考古学专刊》，科学出版社，1959，第 20 ～ 21 页。
〔3〕于中航：《先秦戈戟十七器》，《考古》1994 年第 9 期。
〔4〕董珊：《新见战国兵器七种》，转引自吉林大学古文字研究室编《中国古文字研究》第一辑，吉林大学出版社，1999，第 196 ～ 206 页。

有六寸，……车戟常，崇于殳四尺，谓之五等”[1]和《释名》注释“车戟曰常，长丈六尺，车上所持也”的记载相对应，与当时的士兵身高相等或略高一些，如此既便于操作，又能够产生连刺带勾的格斗效果。在先秦文献中，戈、戟的名称常冠以“元用”，也就是“极为好用”的意思，譬如：攻敔王夫差自乍元用戈、邗王是埜乍为元用戈、周王叚之元用戈、楚屈叔沱之元用戈、蔡侯朔之元用戟等，这也间接说明戈、戟的格斗技击价值较高。

图 3-3　汲县山彪镇出土铜鉴上的水路攻战图（图中标△为徒戈，标▲为徒戟）

殳自商周时期诞生后，春秋战国时期开始在车战中大量使用。湖北随县擂鼓墩一号墓出土的战国殳，名为“七柄殳”，此七柄殳的柲和附加物保存完整，头部呈三棱形，下有一粗棘刺形铜箍，隔 35 ～ 51 厘米有一细棘刺箍。除此之外，湖北宜昌当阳曹家岗楚墓，安徽寿县的蔡侯墓，安徽淮南蔡家岗的赵家孤堆、湖南长沙识字岭和湖北襄阳蔡坡的战国墓中均有出土发现，可推定该兵器的大量使用应该是战国时期。殳作为五兵之一，是长度最长的兵器，《释名》载：“殳，殊也，长二尺而无刃，有所撞，挃于

〔1〕闻人军译注《考工记译注》，上海古籍出版社，2008，第 11 页。

车上，使殊离也。”[1]根据商周时期的长度单位，推测殳长约为 2.3 ～ 2.7 米，《考工记》注云：“此所谓兵车也，殳戟矛皆插车輢。”[2]也就是说，殳在商周时代属于车战兵器，主要用途为在敌我两车相互冲击时隔开车距防止撞击，也可以作为冲击敌方战车的兵器。而殳另外一个主要用途与钺相似，象征了权力，常在仪仗队或军队行进时作前导，《诗经·国风·卫风·伯兮》载：“伯也执殳，为王前驱”[3]，《淮南子·齐俗训》载：“昔武王执戈秉钺以伐纣胜殷，搢笏杖殳以临朝”[4]，均点明了殳到了战国时期作为礼制兵器的作用。

自春秋时代起，剑在整体贺铸的铜器制造技术下得以逐渐加长，殷商、西周和东周早期的短剑（匕首）真正具备了现代意义上剑的形态。山彪镇出土的铜鉴、百花潭出土的嵌错图像铜壶、宴乐采桑射猎交战纹壶（图 3-4），图上持戈、戟的军士腰间很明显有佩剑剑鞘，说明剑配合戈、戟作战的方式已经产生，主要技击方式是先用戈、戟把敌人从战车上勾下，如果对方未死，再拔剑刺杀，如《晏子春秋》所载“戟拘其颈，剑承其心”[5]。具有实战作用的剑从一开始均为步兵佩戴使用，而且是在北狄影响下产生的新格斗方式[6]。从考古发掘出土此阶段铜剑的情况看，具有铸造精细、式样增多、数量巨大之特点，可以推测我国

〔1〕（宋）李昉编纂《太平御览》第三卷，夏剑钦校点，河北教育出版社，1994，第 1127 页。
〔2〕闻人军译注《考工记译注》，上海古籍出版社，2008，第 41 页。
〔3〕（春秋）孔丘编订《诗经》，北京出版社，2009，第 67 页。
〔4〕（西汉）刘安：《淮南子·齐俗训》，转引自陈广忠译注《淮南子译注》，上海古籍出版社，2016，第 273 页。
〔5〕（战国）晏婴：《晏子春秋》，转引自吴则虞撰《晏子春秋集释》，中华书局，1985，第 44 页。
〔6〕徐中舒：《古器物中的古代文化制度》，商务印书馆，2015，第 125 页。

铜剑在春秋战国之际发展到鼎盛。此时，名剑辈出，干将（吴干）、莫邪（镆铘）、巨阙（钜阙）、辟闾、时耗、纯均（淳均）、湛卢、豪草、鱼肠、步光、干遂、属镂（独鹿）等见之于《战国策》《吕氏春秋》《荀子》《庄子》《太平御览》《吴越春秋》《淮南子》《史记》等文献，类似越王勾践剑、吴王夫差剑这样制作精良、纹饰优美的出土铜剑也很好地佐证了文献所载的内容。

图 3-4　山彪镇铜鉴、百花潭嵌错图像铜壶、宴乐渔猎攻战纹图壶局部

在剑的铸造工艺上，尤其以吴越和楚地为最优，《盐铁论·论勇篇》载："吴楚之士，舞利剑，蹶强弩，以与貉虏骋于中原，一人当百，不足道也。"[1] 据记载，楚国士民均有爱剑之风。在湖北江陵地区楚国的成年男性墓中，几乎都有一把铜剑随葬，这是由于吴越和楚地拥有得天独厚的条件，如高质量矿石材料、成熟的技术工人等，《考工记·总叙》载："吴粤之金锡，此材之美者也。"[2]《史记·货殖列传》载："夫吴……东有海盐之饶，章山之铜"[3]，被认为是"迁乎其地而弗能为良，地气然也"。因而，一旦把中原的铸器技艺引入其中就迅速发展出高

〔1〕林振翰校释《盐铁论》，上海商务印书馆，1934，第 169 页。
〔2〕闻人军译注《考工记译注》，上海古籍出版社，2008，第 4 页。
〔3〕（西汉）司马迁：《史记》，岳麓书社，2002，第 735 页。

水平的铸剑工艺，产生了像欧冶子、干将、莫邪[1]等著名铸剑师，也产生了镶嵌、错金、鎏金等技术，很多剑铸有繁缛的兽面纹、云雷纹、窃曲纹、菱形纹等花纹，如越王勾践剑等（图 3-5）。另外，接近汝、汉之地的韩国及其兼并的郑国也出产高质量的剑，《史记·苏秦列传》载："韩卒之剑戟皆出于冥山、棠谿、墨阳、合赙、邓师、宛冯、龙渊、太阿，皆陆断马牛，水截鹄雁，当敌则斩坚甲铁幕。"[2]《晋太康地理志》也有："天下之宝剑韩为众，一曰棠谿，二曰墨阳……"[3]，东汉的《盐铁论》也载有"楚、郑之棠谿、墨阳，非不利也"[4]之语。

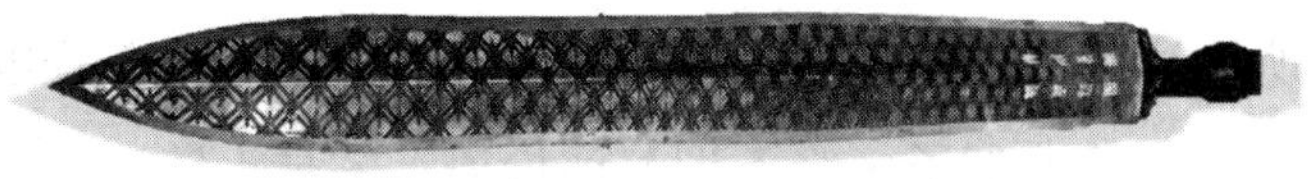

图 3-5　越王勾践剑
（藏于湖北省博物馆）

剑的分类很多，但运用整体贺铸法铸造的剑，依照考古形态学，除秦剑之外，中原地区的剑主要分为甲、乙两个大类：①甲种铜剑为"实茎有后之剑"，剑柄为实中圆棒状，柄体有两个或三个凸箍，犹如戒指；剑首呈圆形；剑茎呈圆柱形，或做成圆箍，或做成扁耳；剑格呈凹形或心瓣形，两边微向上卷曲；剑刃前部向内侧收束弧曲，执剑者需拇指指向剑刃，小指抓住剑首格斗。

---

〔1〕汉代之后的文献和注释者通常认为，干将、莫邪是人名，如："干将，吴善冶者姓"（应劭），"干将、莫邪，当时铸剑者夫妇之名"（《正字通》），"干将善铸剑，故后以为氏"（《路史》）。但另有研究表明，干将、莫邪并非铸剑师的名字，而是形容剑的锋利之辞，《广雅疏证》的《释器》中有："干将、莫邪皆连语以状其锋刃之利，非人名也。"

〔2〕（西汉）司马迁：《史记》，岳麓书社，2002，第 418 页。

〔3〕史念海：《河山集》，陕西师范大学出版社，1991，第 345 页。

〔4〕林振翰校释《盐铁论》，上海商务印书馆，1934，第 168 页。

②乙种铜剑为“空茎之剑”，剑柄中空而圆，柄首呈管状；剑茎呈圆柱形；剑格呈一字形，与剑刃为一体成型，也有部分剑没有格；剑刃也呈现为收束的弧曲形。此外，还有一类铜剑的形制介于甲种与乙种之间，剑柄为乙种空茎，剑首为乙种圆形，剑格为甲种凹形。到战国中后期，剑的形制越来越趋向于统一化，铜与锡的比例也越来越合理。剑刃含锡量大，硬度强，锋利；剑身含铜量大，比较柔韧，耐弯折，不易断裂。考古发现，非整体贺铸的剑也为数不少，这类剑通常为扁茎剑，剑的首、格、身都是分铸合装的，与前两种剑的差别较大，剑茎是扁条形的，上面常有折肩和穿孔，剑刃前部也是向内收束呈弧曲。此时的剑已经臻于铜兵器所能达到的性能极致，无论是技击价值还是精美程度，都令后人惊叹，《淮南子·修务训》评价道：“吴人铸造铜剑，刻刑（型）镂法，乱修曲出，其为微妙，尧舜之圣不能及。”〔1〕

与吴越和楚地的剑不同，秦兵马俑出土的青铜剑与其他诸侯国的剑之间找不到传承和过渡关系，秦剑的形态独成一脉，其特征是：①形制非常简约；②剑刃部在 80 ～ 100 厘米；③宽度窄至 3 厘米左右；④剑格和剑柄为后期套装到剑身之上的组装剑；⑤生产的标准化程度非常高。这些特征影响到了后世的钢铁剑，汉剑就是典型的模仿秦剑而造。铜兵器时代，铸剑的关键是在冶炼合金中的铜、锡比例，锡含量过少，剑的硬度不足；锡含量过高则剑的柔韧差，易于折断，尤其是像秦剑这样剑身接近甚至超过 1 米的长剑，如果锡含量控制不好，在与其他兵器碰撞时甚至会碎裂。从现代科学对秦剑做的化学定量分析可知，剑的表面含

〔1〕（西汉）刘安：《淮南子·修务训》，转引自陈广忠译注《淮南子译注》，上海古籍出版社，2016，第 488 页。

锡量约 30%，内部有 20% 左右，硬度相当于中碳钢，秦剑的铜、锡配比让它的硬度和韧性结合得恰到好处，长度、硬度和韧性的平衡性达到了铜制兵器的最佳状况。此外，陕西地区还发现了另外一种短剑，从铸造方式上看，跟传统的中原地区直柄短剑相似，都是一体铸成，直柄直刃。但是，这些剑的剑柄、剑首和剑格却与造型简洁的中原剑不同，剑首多铸有动物和复杂的花纹，被称为“花格剑”。按照花纹的不同，可以将花格剑分为 4 种：第一种剑首为兽首，剑柄铸有蟠螭纹或蟠虺纹，剑格为兽面形；第二种剑首为圆角长方体或花冠形，剑首、剑柄和剑格加一起，形成一个工字形；第三种剑首、剑柄和剑格加一起，形成一个喇叭形，剑柄铸有长方格纹或螺旋条纹；第四种剑首为扁圆球体，剑柄为八棱柱或圆柱体，剑格为兽面形。

除此之外，中原文明的“周边”地区也有各自较为成熟的铸剑工艺，创造出独具特色的剑。限于冶炼和铸造技术，这些剑均为不同形态的短剑。出土数量较多的是北方草原和长城沿线的剑器，其主要为北方游牧民族所使用。有研究认为，春秋战国时代的中国，毁车崇卒的行为效法于北狄，《左传·昭公元年》载：“晋中行穆子败无终及群狄于大原，崇卒也。将战，魏舒曰：‘彼徒我车，所遇又阨，以什共车，必克，困诸阨，又克，请皆卒，自我始。’”〔1〕在与北方少数民族作战过程中，很多诸侯国发现步兵具有的独特作战力，开始大规模培养步兵，而剑也成为步兵的标配武器，尤以吴起训练的重装步兵“魏武卒”为代表。因此，北方少数民族的剑也是中华剑器的重要组成部分，

〔1〕（春秋）左丘明：《左传》，杨伯峻前言，蒋冀骋标点，岳麓书社，1988，第 270 页。

其形制主要是曲柄短剑和直柄短剑。根据近些年的考古发现，以内蒙古努鲁儿虎山为中心的东西地区，发掘出形制独特的青铜短剑，这些剑属于中国古代青铜剑中独具特色的子系统，其形制特点是剑刃呈现出较大幅度的弧曲，因而被称作“曲刃剑”。西南巴蜀地区的剑也比较有特色，其剑身普遍较短，呈柳叶状，均与三星堆一号祭祀坑出土的一把剑身呈竹叶片状、中间呈弧形下凹的扁茎无格玉制剑属于同类形态，被称作“柳叶剑”。在四川西部还出土了一种嶲人和昆明人使用的“滇西式剑”，剑柄表面铸有螺旋形花纹，在身柄相交处铸有凸起的山字形纹，形成了圆柱形剑脊。

早期铜剑的核心技术是刺击，像劈、砍、崩、撩、格、洗、截、搅、压、挂、云分等技击技术都是逐渐在后世钢铁剑金属特征下演化出来的，其中的一些还是属于剑舞的技艺。刺杀是最符合铜剑特征的技击模式，因为即使剑内部的含锡量较低，它相对钢铁剑也非常地脆弱，不能够用于劈砍和格截，《战国策》载：“（铜剑）薄之柱上而击之，则折为三，质之石上而击之，则碎为百。”[1]在战斗中，刺的杀伤效果最强——刺死而砍伤。鹤立鸡群的秦剑用于击刺时无疑具有很大的长度优势。荆轲刺杀秦王时，秦王赵政[2]在大殿中绕柱奔逃却无法抽出宝剑，但一旦从侧面抽出就能一击而中，正是由于秦剑体长的优势。即使如此，铜剑过于脆弱的物理特性，使得它从未作为战场上使用的主要兵器，尤其是又窄又薄的秦剑，与厚重和高硬度的斧钺一旦碰触就

〔1〕王华宝注译《战国策》，长江文艺出版社，2019，第230页。

〔2〕东周时代，称氏不称姓，虽然秦王姓嬴，但来自赵氏，正确的称呼则是秦王政或赵政，而非嬴政。秦王赵政即秦始皇。

会断裂。因而最近的研究表明，以秦剑为代表的铜剑主要用于战场指挥、彰显身份、彰显礼仪和陪葬[1]，《左传·襄公二十三年》就有晋范鞅用剑以帅卒的记载，《史记·秦本纪》有简公六年“令吏初带剑”的记载，像秦始皇兵马俑中大批量且制作工艺简单的剑则更可能是陪葬用品。虽然在技击价值上，铜剑非常有限，然而，秦国长剑形态的产生却为蕴含中华礼乐特征的武术文化提供了“载道之器”，这可以说是因技术进步而创生的文化现象。

除剑之外，还有一种如果不安装柄形态就与剑类似的短兵，被称为“铍”或“锬”，由于刃部长于矛，所以杀伤力更大，直到汉晋还在使用。从河北燕下都、河南洛阳王城花园战国墓、湖南长沙楚墓、湖北宜昌前坪秦墓等考古发现来看，战国早期就出现了一定数量的铍，上面的铭文也标明了监造这些铍的官员和年代。比如赵国的铍上刻有“二年相邦春平侯”的字样（图3-6）。《左传·襄公十七年》就有关于铍的记载：“宋华阅卒，华臣弱皋比之室，使贼杀其宰华吴，贼六人以铍杀诸卢门合左师之后。”[2]此外，专诸刺杀吴王僚的事件中，也提到使用铍。在安装方式上，分为“铤装铍”和“銎装铍”。铤装铍是把茎插入木杆，再用藤条、布条、革带之类捆扎固定，为了稳固，有的会先上钉、再捆绑；銎装铍则为套筒式安装，即铸造时后部呈现为筒装而套入木杆。

---

〔1〕刘占成、张立莹：《秦俑坑铜剑考论》，《文博》2011年第6期。

〔2〕（春秋）左丘明：《左传》，杨伯峻前言，蒋冀骋标点，岳麓书社，1988，第209页。

图 3-6　二年相邦春平侯铍
（藏于北京故宫博物院）

二、铁兵的初步崛起

战国时代，既是铜制兵器的顶峰时代，同时也伴随着钢铁兵器快速崛起。此时的铁制兵器数量较少，但是由于继承和仿照了铜兵器非常成熟的制造技术，其工艺水平从一开始就处于较高的层次。而钢铁兵器真正得以应用更有赖于在春秋战国之际出现的钢铁技术革命。

首先，战国之后大量铁矿被发现并被开采，从《管子·地数》的记载来看，“出铁之山三千六百九”，虽然这是个虚数，但也间接说明此时铁矿的数量已然不少。《地数》还介绍了勘探铁矿的方法：“山上有赭者，其下有铁。”[1]《山海经》共记载有 37 处铁矿，其中《西山经》所载铁矿有 8 处：符禺之山（陕西省华阴市北）、竹山（陕西省渭南东南）、龙首之山（陕西省西安市北）、西皇之山（青海省境内湟水河附近）、乌危山（山西

〔1〕（战国）管子：《管子》，（唐）房玄龄注，（明）刘绩补注，刘晓艺校点，上海古籍出版社，2015，第 442 页。

东部地区）、盂（盂）山（山西盂县城北18公里）等。《北山经》记载铁矿6处：虢（号）山、潘侯山、白马之山（山西省盂县东北）、维龙之山（河北省境内）、柘山（上海金山区山阳镇西北）、乾山。《中山经》载铁矿的数量更多，有23处，如涹山（山西省蒲县北）、泰室之山（河南嵩山一部分）、密山（河南省新安县）、橐山（河南省三门峡市陕州区西）、夸父之山、少室之山（河南登封嵩山）、荆山（湖北南漳县西部）等。这些铁矿多分布在今陕西、山西、河南、湖北四省，位于秦、赵、韩、楚、魏管辖区域，尤以秦和楚地最多。另外像山东临淄的“朱崖式”、河北的“邯郸式”，也是非常重要的铁矿产地。

其次，采矿技术已趋成熟。20世纪70年代，一座楚国矿井遗址的考古发现表明，此时的采矿业已经发明了集通风、排水、提升、照明和救护为一体的井下作业系统，很好地提高了矿产量。

再次，冶铁城市、冶铁中心在战国时方兴未艾，中心数量以韩、楚两国最多，城市以邯郸、宛城最负盛名，《荀子·议兵篇》载“宛钜铁釶”，指的是宛城生产铁矛，另外像冥山、棠谿、墨阳、邓师等城市后来都成为名剑的代称，正如《楚辞·九叹·怨思》所咏叹：“执棠谿以刜蓬兮，秉干将以割肉。”[1]冶金城市与武兵的一致性关系可见一斑。另外，在行业规模上，也颇为可观，山东临淄齐国故都出土的冶铁遗址，最大的一处达到40多万平方米，河北燕下都的冶铁遗址有3处，共30多万平方米，河南新郑郑韩故城冶铁遗址也发现了大规模的冶铁中心。

最后，战国时期，形成了较为良性的冶铁产业。赵国的赵卓

---

〔1〕（战国）屈原、宋玉等：《楚辞》，吴广平注译，岳麓书社，2001，第360页。

氏就以冶铁致富，后迁移至临邛后，因为冶铁而成为当地巨富；魏国的孔氏也以冶铁为业，迁至南阳后靠冶铁成为当地巨富；同样，程郑也是秦国时迁至临邛的冶铁巨富。一个行业一旦能够产生巨大的财富，也就能吸引更多的精英参与其中，也就能继续推动该行业的持续发展。冶铁在战国时形成的产业链和产业集群，极大地促进了钢铁兵器的快速发展。

战国钢铁兵器和相关武术技艺的革新，是包含兵器制造的技术传承与创新，采矿业、冶金业技术进步，以及相关产业链整体进步的共同结果。

河北燕下都遗址是战国时代燕国的都城遗址，从出土的铁兵器来看，充分佐证了战国史料所记载的武术器械发展状况。出土兵器中，有一大部分是铸铁制的斧子，使用者很可能是下级士兵或者被征召的农民，这与战国大规模战争的背景相符。更为重要的发现是其他兵器："15 柄铁剑、1 柄铜剑、1 把铁环首刀、12 支铁戟、19 支铁矛、4 把铁匕首、1 个铜镦头、1 支铜戈、11 具铁胄、10 具铜胄，铁器占总体出土金属器的 65.8%。"〔1〕这显示出战国兵器中钢铁与铜混用的状况，并且铁兵器已经开始成为主流，而且能够被普通军官或士兵随身携带并随葬的物品，必然不是稀缺品，应该已经被大规模生产。在铸造方法上，铁剑系用铁矿石在固态下经木炭还原（即块炼法）的方式整体成型并打造而成，长度都超过了 80 厘米，最长的两柄超过 1 米；铁戟是将增碳的钢片叠在一起锻打，或将铁片叠加增碳锻打成型，然后整体淬火而成，成分非常接近高碳钢。我国南方的很多考古发掘表

〔1〕刘世枢：《河北易县燕下都 44 号墓发掘报告》，《考古》1975 年第 4 期。

明，像江苏六合程桥，长沙识字岭、龙洞坡出土的矛、戟、剑、链等钢铁兵器的技术更加精湛。很多学者研究认为，战国时期南方铁器较北方铁器更为先进，楚国还发明了更为先进的锻钢技术，大大提升了其军事实力。

钢铁兵器的大规模出现，在中华武术史上具有里程碑式的意义，它更加优化的柔韧与硬度平衡，极大地改变了武术的技法，丰富了运用兵器的技术，更为重要的是，运用钢铁块炼法打造的刀、剑诞育了中华人文教化精神重要的器物载体，也催生出了新的专业习练武术的群体——武士阶层。

第二节 习武阶层下移催生的武术群体

春秋战国时代最显著的特征就是各诸侯国之间充满了政治博弈和军事对抗。战争作为政治的延续，深受政治形态的影响与支配，而“三家分晋”这类重大的政治转折背后的推手恰恰就是钢铁技术的进步。钢铁铸造技术的进步产生了两大结果：一是兵器更加廉价，让习武人群更加容易获得兵器；二是铁农具带来的生产效率大提升，瓦解了西周建立的井田制，创造出了更多可以不依赖农业生存的职业，诞生了很多“不垦而食”的群体。

在该背景下，西周以来形成的具有表演仪式性的战争模式被打破，政治博弈和军事对抗一并进入了新的阶段。战争的血腥和残酷性使得以贵族为战争核心的旧模式难以为继，大量平民被征召进入军队，贵族开始退居幕后。在该过程中，贵族将他们的武术技艺传播和教授给平民阶层成为常态，加上原本掌握在贵族手中的历史、政治、军事等知识也开始向平民传播，发生了武术技艺和文化知识的双重“阶层下移”，继而导致了“官学制度”的暂时衰弱。这一方面促使由“私学”形成新的习武人群和教育“产业链”，像孔子、墨子这样的师者往往来者不拒、有教无类，让大量出身卑微的下层民众受到教育；另一方面让那个时代能够独立思考、有主观能动性的人越来越多，“从师受道”成为当时的风尚。

在这一“礼坏乐崩”的知识技艺下移背景下，拥有自由思想、身怀高超武艺的犯禁之侠走上历史舞台，也让抱着“学成文武艺，货与帝王家”目的的平民子弟能够通过加入军队获得军功或者学习文化成为各国政治名人的座上宾。习武不再拘囿于军队，各地私学兴盛，学有所成后封官拜相的布衣不在少数，即使不能像孙膑、庞涓、张仪、苏秦那样位高权重，也能够作为各国贵族的门客而生活无忧，苏轼总结说：“以凡民之秀杰者，多以客养之。”〔1〕战国贵族素来就有养士的风范，其中包括学士、方士、策士、武士和术士，以战国四君子魏国信陵君（魏无忌）、赵国平原君（赵胜）、楚国春申君（黄歇）、齐国孟尝君（田文）为代表。除黄歇以外，魏无忌、赵胜、田文皆是王族，在各国自成势力。如《韩非子》所载：“聚带剑之客，养必死之士，以彰其威。”这些贵族所延揽的各类士人数量一度可达数千甚至万人之巨，《史记》载：“孟尝君招致天下任侠，……六万余家矣”，《战国策·齐策》载：“（田骈）訾养千钟，徒百人”，《太平寰宇记》载：“（淳于髡）诸弟子三千人为缞绖。”虽然这些士人各怀技能，

〔1〕关夏注译《三苏文》，崇文书局，2017，第 90 页。

但在那个征伐战争非常剧烈的时代，拥有一身武艺必然更容易受到贵族甚至国君的重视，《后汉书·舆服志》载："赵武灵王以（鹖）表武士"，《墨子·备梯》载："攻备已具，武士又多"，重视武士成为战国时代各国吸纳人才的重要国家政策，齐桓公要求"有拳勇股肱之力，筋骨秀于众者，有则告知"，公侯权贵与武士在这一时期产生了相馈赠的关系〔1〕。

自春秋时期起，文武分途就已经发生，职业分化和专门化逐渐成为常态，像孔子这样文武技兼具的士阶层已经开始专以文化教育为业，如《庄子·天下》所说"譬如耳目鼻口，皆有所明，不能相通。犹百家众技也，皆有所长，时有所用"〔2〕。在当时"因材施教"的理念下，以习武为业"不与文士混"的武士阶层崛起。与孔、孟"言必信，行必果，硁硁然小人哉"（《论语·子路》）、"言不必信，行不必果，惟义所在"（《孟子·离娄下》）的儒家思想形成鲜明对照，"言必信，行必果""慷慨赴死""死不旋踵""见危授命、以救时难"的中华武士精神也自此诞生。

暂时衰弱的武术官学与一时繁荣的私学之并存，诞育形成了春秋战国习武的两类阶层和两类技艺，即没落的贵族武士与布衣武士阶层，战场格斗技艺与私斗技艺，分化出了两类武士："列阵之士""持戟之士"与"死士""侠士""勇士""力士"。虽然同为武士，但格斗技击技术却存在很大区别。作为列阵和持戟的军事武术，技术贵在服从战阵行进的需求，要义在"立卒伍，定行列"（《司马法》），因而武技本身非常简单，譬如吴越楚

〔1〕汪涌豪：《中国游侠史》，上海文化出版社，1994，第145页。
〔2〕（战国）庄周：《庄子·天下》，转引自（清）国学整理社《诸子集成》第三册《庄子集释》，中华书局，1954，第463页。

地的战士善用双手剑，特点是大开大合，利于战阵，但变化起来较困难，不适合通常民间一对一的技击。《汉书·刑法志》载：“齐愍以技击强，魏惠以武卒奋，秦昭以锐士胜。世方争于功利，而驰说者以孙、吴为宗。……故齐之技击不可以遇魏之武卒，魏之武卒不可以直秦之锐士。”[1]其中的“技击”“武卒”“锐士”指的都是官方训练出的武士。而私学培养出的民间武术则强调突袭，突出灵活多变，譬如刺客所用的短剑一般为单手剑，以专诸刺杀王僚使用的名剑鱼肠为典型。很多出身私学的骑士也会在蒐猎和私斗活动中使用单手剑，洛阳金村古墓出土的铜镜上绘制的图案就显示为单手剑（图 3–7）。与军事武术以戈、矛、戟等长兵为主的作战方式不同，民间私学培养出的武士则以剑、刀等短兵为主要作战武器，时称“家斗”，《韩非子·显学》载“家斗之勇尊显”[2]。因而，私学出身的武士也被称作“私剑之客”，韩非子称“群侠以私剑养”，指出了武侠技术习得与传承的来源。

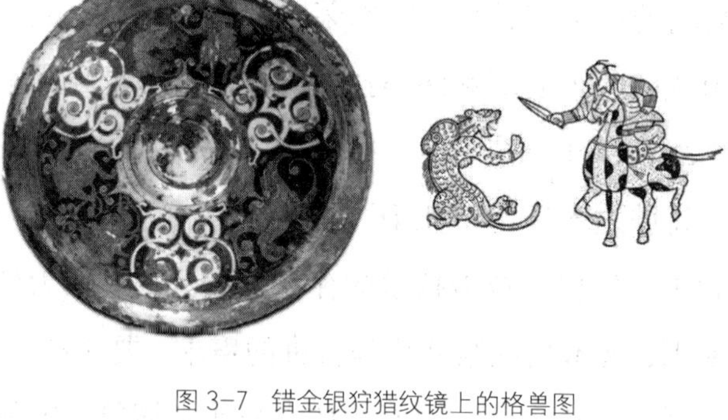

图 3–7　错金银狩猎纹镜上的格兽图

〔1〕（东汉）班固撰《汉书》上，岳麓书社，2008，第 180 页。
〔2〕（战国）韩非：《韩非子》，转引自张觉等译注《韩非子译注》，上海古籍出版社，2016，第 821 页。

作为“私剑养”的武士以“布衣之士”出身的平民居多，这也符合战国平民阶层崛起的历史记载，由于其游离于旧的宗法制度之外，因而被强调耕战的法家冠以“犯禁之侠”的名目，这也使得这一群体与同为布衣的墨家产生了很多交集。墨家有“以绳墨自矫而备世之急”（《庄子·天下》）的侠义精神，多勇武之士。清人陈澧在《东塾读书记》中提出：“墨子之学，以死为能事，战国侠烈之风，盖出于此。”〔1〕谭嗣同《仁学》提出：“墨有两派：一曰‘任侠’，一曰‘格致’。”〔2〕陈柱《诸子概论》也认为：“墨学既以振世救弊为主，故一变而为侠。”〔3〕鲁迅则直接认为“墨子之徒为侠”〔4〕。因而，在当时民间习武人群中，出身于墨家的游侠是一股重要的势力。

但与一般意义上拥有私剑技艺的侠不同，墨家的游侠并非属于某个或某些贵族的“私人武装”，不从属于某些贵族公卿，而是心怀“兼爱非攻”“振世救弊”大义理想与人格的独立学派与团体，钱穆在《释侠》篇中说“侠乃养私剑者，而以私剑见养者非侠”〔5〕。《庄子·说剑》将私剑格斗之人描述为：“蓬头突鬓，垂冠，曼胡之缨，短后之衣，瞋目而语难，相击于前，上斩颈领，下决肝肺。……一旦命已绝矣，无所用于国事。”〔6〕这与墨侠的特征大相径庭，而让韩非和荀子忌惮和诟病的侠，主要也并非墨侠，而是拥有私剑技艺从雇于某些个人的武装。尤其到了战国

---

〔1〕陈柱、章太炎、梁启超：《诸子十六讲》，中国友谊出版公司，2009，第 126 页。
〔2〕（清）谭嗣同：《仁学》，载何执编《谭嗣同集》，岳麓书社，2012，第 311 页。
〔3〕陈柱：《诸子概论》，吉林出版集团，2016，第 135 页。
〔4〕鲁迅：《文学与出汗》，四川人民出版社，2017，第 323 页。
〔5〕韩复智编著《钱穆先生学术年谱》卷三，中央编译出版社，2012，第 840 页。
〔6〕（战国）庄周：《庄子·说剑》，转引自（清）国学整理社《诸子集成》第三册《庄子集释》，中华书局，1954，第 442 页。

末期，墨侠的一部分融入和服务于秦国以大一统为目标的耕战体系，后世墨家的武士逐渐销声匿迹在时代洪流当中。

此外，私学还培育了另外一个特殊武术群体——刺客，以曹沫、专诸、要离、聂政、荆轲最负盛名。这些刺客的身份大多为生活在民间的平民，除了身怀勇力和习得一身武艺，也具有一定的文化素养和个人信条、理念，不图富贵，崇尚节义，如《史记·刺客列传》载荆轲“好读书击剑”，《太平御览》载聂政除了剑术不凡，为了报仇还“学鼓琴，七年而琴成”。刺客群体使用的兵器主要是短剑或匕，格斗技艺也非常简单，主要是出其不意的突然刺击，没有特别丰富的剑术技法。限于史料的匮乏和他们可能的生活境遇，刺客群体的武艺缺乏明确的师承关系，也未有统一的思想纲领，但受到当时儒、墨思想的多重影响，不惜牺牲生命完成使命的义举行为模式存在基本一致性。司马迁对刺客的总体评价为：“自曹沫至荆轲五人，此其义或成或不成，然其立意较然，不欺其志，名垂后世，岂妄也哉！”[1]也正是司马迁等史学家的有意着墨，让刺客这一习武群体得以广为人知，也让他们与武侠精神产生了很多交汇。

春秋战国是旧秩序解体、新秩序未立的时代，民间武术群体得以在这一历史夹缝中存在，虽然时间短暂，但却生成了属于平民阶层的武术技艺与价值观念，并深远地影响到后世武术精神的复兴和重构。晚清梁启超、谭嗣同等在论证中华武士道精神与竞争精神以图民族自强时，诞育于春秋战国武士群体的武侠精神就成为其最为重要的历史、文化和价值来源。

---

〔1〕（西汉）司马迁：《史记》，岳麓书社，2002，第510页。

第三节 兵器创新催生的武术文化

冶金技术的快速进步与诸子百家的文化浸染，推动剑术正式走入中华武术历史舞台的中心，以剑为文化符号的中华武术在此阶段形成。从春秋时代起，历代思想家逐渐赋予了剑和剑术以特殊的文化地位。《韩非子·显学》载："立节参明，执操不侵，怨言过于耳，必随之以剑，世主必从而礼之，以为自好之士。"[1]无论是显示人的品格节操，还是整体素养，抑或是身份地位，表征德性，剑都成为重要的配饰。墨家则认为，剑器之利与圣王教化是统一的，以剑示人是非常重要的正义行为，《墨子》载："古者圣王……日带剑，为刺则入，击则断，旁击而不折，此剑之利也。"[2]司马迁在《太史公自序》中总结道："非信、廉、仁、勇，不能传兵论剑，与道同符，内可以治身，外可以应变，君子比德焉。"[3]将修身与格斗文化紧密结合，甚至提升到了"与道同符"的高度。春秋战国时代形成的以"道""德"为核心的文化形态和对"君子"人格的追求，赋予了武术文化更加明晰的内涵特征，而以剑为代表的载道之器把诸子百家时代形而上的中华精神置于其中，与剑相关的武术文化也通过相关行为方式、仪式服饰、阐释论述被展现出来。

---

〔1〕（战国）韩非：《韩非子·显学》，转引自张觉等译注《韩非子译注》，上海古籍出版社，2016，第 821 页。

〔2〕（清）毕沅校注《墨子》，吴旭民校点，上海古籍出版社，2014，第 92 页。

〔3〕（西汉）司马迁：《史记》，岳麓书社，2002，第 747 页。

一、剑的文化形态

从春秋时代起，铸剑技术的提升、私学的发展、武士阶层的崛起、贵族公卿养士风尚的兴起，都促使剑一方面成为非常普遍的武术技艺，另一方面成为一种文化娱乐活动。当贵族养士、好剑与剑术普及等要素均被满足，以国君、公卿为主导的带有娱乐性的剑文化就得以产生。如《孟子·滕文公上》提到滕国国君滕文公喜好“驰马试剑”，《左传·昭公二十三年》记载莒国国君“虐而好剑，苟铸剑，必试错人”〔1〕。《庄子·说剑》载赵惠文王酷爱剑术活动，豢养剑客三千人，剑客夜以继日地在他面前表演击剑。国君沉湎剑术的行为引得太子担忧，太子只好请出庄子劝解。这一时期，弥漫于社会的好剑之风又与游侠相结合，促使剑侠文化产生，并一度盛行，反过来也极大地促进了剑文化的发展。游侠行踪不定的行为方式和诡秘的技术，还为春秋战国时期的剑文化增添了神秘色彩。

由于格斗的需要，击剑所用的“剑服”出现。《孔子家语》载“子路戎服见于孔子”，这里的戎服指的是作战用的特殊军服。《庄子·说剑》中“请治剑服”“治剑服三日，乃见太子”，此处提及的“剑服”就不是当时日常穿着的服装，而是与同篇中的“儒服”相对的一种剑士为格斗活动方便所穿的“短后之衣”〔2〕。商周以来的服饰，一般为成套的襦、裤、深衣、下裳，或为上衣、下裳的“深衣”〔3〕，裤子为两条裤管围成的不连裆的“胫衣”，

〔1〕（春秋）左丘明：《左传》，杨伯峻前言，蒋冀骋标点，岳麓书社，1988，第 340 页。
〔2〕《校诠》：“案《文选·张景阳七命》注引衣作服，《事类赋》注引下文‘短后之衣’，衣亦作服。”
〔3〕黄能馥、陈娟娟：《中国服饰史》，上海人民出版社，2004，第 93 页。

因而需要用下裳遮蔽。这对于人的运动而言非常不便，尤其不适合武术活动。春秋战国时期的衣着，从上层贵族的宽博、下层布衣的窄小，逐渐变化融合，深衣也开始成为民众的衣着，上层武士也穿活动更加方便的窄口袖裤的服装。这种风格的服装在山彪镇铜鉴、百花潭嵌错图像铜壶、宴乐采桑射猎交战纹壶上所绘的使用戈、剑格斗的武士图中就能见其概貌。更值得注意的是，少数民族的服饰“胡服”实质上影响汉民族已久，其特征是衣长仅齐膝，腰束郭洛带，用带钩，穿靴，裤子是连裆的。从出土文物的图形和文献资料可以推定，类似“剑服”这样的武士服装已然发生了“胡化”，武术的技艺和文化样式也促使服饰文化产生了新变化。

东周时期剑的礼仪功能发展到较高的水平，开始替代斧钺成为带有礼器性质的兵器，因而剑本身也开始附带各种装饰，《管子》载：“羽剑珠饰者，斩生之斧也。”〔1〕虽然从出土证据来看，没有发现珠饰剑（这也可能与珍珠的化学性质不稳定有关），但三晋地区、吴越地区、楚国地区和岭南地区的很多墓葬均发掘出很具礼仪代表性的器型——“玉具剑”，即使用玉石装饰的剑，通常剑首、剑格、剑璏和剑珌为玉制（图 3-8）。刘向《说苑·反质篇》谓：“经侯往适魏太子，左带羽玉具剑”〔2〕。玉具剑的形态大致分为三期：春秋早中期、春秋晚期至战国早期和战国中晚期，器型基本一致，主要变化趋势是器型由厚重趋于扁薄，璏

〔1〕（战国）管子：《管子》，（唐）房玄龄注，（明）刘绩补注，刘晓艺校点，上海古籍出版社，2015，第 351 页。

〔2〕（西汉）刘向：《说苑·反质篇》，转引自卢元骏注释《说苑今注今译》，天津古籍出版社，1977，第 714 页。

趋于加长，珌由短趋于扁而长，样式由多变趋于规范统一，以直接榫合、辅助固定榫合、穿绳固定和套入穿孔法固定在金属剑身上。剑身纹饰与铜剑基本一致，以几何形的云纹和谷纹等为主，雕刻技法主要有阴刻、减地浮雕与浮雕法。玉具剑对当时文化的影响主要体现在“以玉饰剑”的观念上，尤其是盛产剑的楚地，更是把剑与彰显人文品格的玉等同起来，《楚辞·九歌·东皇太一》载：“吉日兮辰良，穆将愉兮上皇。抚长剑兮玉珥，璆锵鸣兮琳琅。”[1]在大夫屈原看来，抚摸把玩长剑就像玉珥锵鸣一般滋润身心，佩剑与佩玉具有相似的修身意涵。《说苑·善说》载，楚国的王族襄成君“始封之日，衣翠衣、带玉剑，履缟舄，立于流水之上”[2]。把带玉与佩剑并称，这也使得佩剑成为士人群体最重要的文化认同，甚至影响了汉代铁剑的形制与纹饰。

图 3-8　玉具剑及其玉制配件

剑的礼仪性最具中华文化特质，除了用于指挥军队、彰显权力、昭示德性，还用于礼赠贵宾。《史记·吴太伯世家》记载了

〔1〕（战国）屈原、宋玉等：《楚辞》，吴广平注译，岳麓书社，2001，第51页。
〔2〕（西汉）刘向：《说苑》，转引自卢元骏注释《说苑今注今译》，天津古籍出版社，1977，第366页。

季札在出使他国过程中，将所佩宝剑献于徐国国君的事，虽然当时徐君已死，但季札解下宝剑，挂在徐君坟墓树木之上才离开。《左传·哀公十一年》记载了吴王打败齐军，将剑赏赐鲁叔孙的事件。《史记·仲尼弟子列传》也记载了子贡出使越国，越王勾践赠剑的事件。在古代，礼器与宗教、占卜密切相关。王昭禹注释的《周礼·考工记》有“桃氏为剑”的内容，载“谓之桃氏，以桃能辟除不祥，而剑亦能止暴恶故也”，由剑延伸出的“除不祥”与“止暴”合一的文化意涵，也为后世道教剑的诸多宗教内涵奠定了基础。剑的宗教文化意味，使得它自然具有占卜吉凶的作用，士人不仅带剑视日之吉凶，还根据佩剑来选择吉日。山西浑源李峪村出土的“少虡剑”上就刻有“吉日壬午，乍为元用，玄镠铺吕（铝），朕余名之，胃（谓）之少虡”〔1〕的铭文，同样，陕西凤翔战国秦墓出土的一把铜剑上也刻有“吉为乍元用”〔2〕的铭文，表明剑具备保佑人趋吉避凶的宗教意义。

剑的重要文化地位、宗教意义和“百金”〔3〕的价值，《庄子·刻意》载“夫有干越之剑者，柙而藏之，不敢用也，宝之至也”〔4〕，使得这一时期产生了与剑相关的丰富的文化叙事，塑造了欧冶子、干将、莫邪等铸剑师的人物形象。《越绝书·外传记宝剑》载，欧冶子曾应楚昭王之诏与干将一同“凿茨山，泄其溪，取铁英，作为铁剑三枚：一曰龙渊、二曰泰阿、三曰工布”〔5〕，之后，

〔1〕郭俊卿主编《忻州考古论文集》，山西科学技术出版社，2008，第463页。
〔2〕王学理：《秦俑专题研究》，三秦出版社，1994，第404页。
〔3〕当时的“金”实际为铜、锌混合金属“黄铜”。
〔4〕（战国）庄周：《庄子·刻意》，转引自国学整理社《诸子集成》第三册《庄子集释》，中华书局，1954，第240页。
〔5〕李步嘉撰《越绝书校释》，武汉大学出版社，1992，第266页。

得此三剑的楚王带泰阿剑指挥军队大破晋郑王。此类战国时代的叙事，传至汉晋，经过时代发酵，影响更甚。《列士传》《孝子传》《搜神记》均根据这些早期叙事创造了干将为晋王铸剑的悲剧与复仇故事，讲述了干将、莫邪夫妇为王铸雌雄宝剑却被残杀，其子赤鼻（《孝子传》《搜神记》名眉间尺）拿到雌剑，刎颈自杀托付剑客面见晋王，剑客斩杀王头入鼎后也自杀，三个头颅煮烂而难以分开，葬为三王冢的故事。鲁迅也根据此于1927年创作了《眉间尺——新编故事之一》。由此可见此阶段与铸剑相关的文化影响力，也从侧面反映了该时代的剑文化之繁荣。

在铸剑文化的影响下，名剑辈出，道家文献《列子》就借周公、孔子之言，叙述了“含光”“承影”“宵练”三把名剑：

孔周曰：“吾有三剑，唯子所择；皆不能杀人，且先言其状。一曰含光，视之不可见，运之不知其有。其所触也，泯然无际，经物而物不觉。二曰承影，将旦昧爽之交，日夕昏明之际，北面而察之，淡淡焉若有物存，莫识其状。其所触也，窃窃然有声，经物而物不疾也。三曰宵练，方昼则见影而不见光，方夜见光而不见形。其触物也，騞然而过，随过随合，觉疾而不血刃焉。”[1]

由此催生了“相剑”文化和一批“相剑”大师。相剑师能够通过观察和触摸剑的器型、纹饰、铭文、金属色泽判断与鉴别剑的优劣和名剑真伪。《韩非子·说林上》载：“曾从子，善相剑者也。”[2] 记载了春秋时代相剑师曾从子试图借为吴王鉴剑的

---

〔1〕萧登福：《列子古注今译》，文津出版社，1990，第513～514页。
〔2〕（战国）韩非子：《韩非子·说林上》，转引自张觉等译注《韩非子译注》，上海古籍出版社，2016，第297页。

时机而刺杀之的事迹，这是有关该职业最早的文献。《吕氏春秋·疑似》也有记载："使人大迷惑者，必物之相似也。玉人之所患，患石之似玉者；相剑者之所患，患剑之似吴干者。"〔1〕把相剑与断玉作比。《吕氏春秋·别类》又载："相剑者曰：白，所以为坚也。黄，所以为纫（韧）也，黄白杂，则坚且纫（韧）。"〔2〕对铸造工艺水平表现出的剑的金属色泽做出了总结。盛产宝剑的吴越之地，相剑师的记载更为丰富，《吴越春秋·阖闾内传第四》载：

楚昭王卧而寤，得吴王湛卢之剑于床。昭王不知其故，乃召风湖子而问曰："寡人卧觉而得宝剑，不知其名，是何剑也？"风湖子曰："此谓湛卢之剑。"昭王曰："何以言之？"风湖子曰："臣闻吴王得越所献宝剑三枚，一曰鱼肠，二曰磐郢，三曰湛卢。鱼肠之剑已杀王僚也，磐郢以送其死女，今湛卢入楚也。"〔3〕

文中所载风湖子就是一位对名剑了然于胸的相剑师。《越绝书·越绝卷第十一》也记载了一名相剑师薛烛，越王勾践曾召其相剑，薛烛指出"毫曹""巨阙"都算不上宝剑，因为真正的宝剑"金锡和铜而不离"，也就是铸剑时铜、锡的比例必须拿捏得非常精确，但这两把剑都达不到最优，直到勾践取出"纯钧"，薛烛才"忽如败。有顷，惧如悟。下阶而深惟，简衣而坐望之。手振拂扬，其华捽如芙蓉始出。观其釽，烂如列星之行；观其光，

〔1〕（战国）吕不韦编《吕氏春秋》，（汉）高诱注，（清）毕沅校，徐小蛮标点，上海古籍出版社，2014，第536页。
〔2〕（战国）吕不韦编《吕氏春秋》，（汉）高诱注，（清）毕沅校，徐小蛮标点，上海古籍出版社，2014，第588页。
〔3〕张觉译注《吴越春秋译注》，上海三联书店，2018，第38～39页。

浑浑如水之溢于塘；观其断，岩岩如琐石；观其才，焕焕如冰释”，认为这把剑是“太一下观，天精下之”[1]的宝剑。薛烛凭借肉眼观察与触觉感知就能够估计出剑的金属特性，可见其相剑水平之高超。相剑师识别宝剑的技能建立在熟知铸剑技术的基础上，是结合剑的形貌特征而概括出来的。而且他们还需要掌握名剑的相关知识，诸如使用情况、外观、形制、特征等，只有掌握了全面的识别知识，才可能准确地识别剑器的真伪和价值。相剑行业的发展，也反映了春秋战国时期剑文化的辐射广度与深度，此时期诞生了一批铸剑、相剑、佩剑、祭剑、舞剑的人物。

二、武舞与手搏的文化样态

在剑文化发展方兴未艾的同时，原始的武舞所持的器械也发生了变化，礼仪形式也相应有所改变。《孔子家语》载：“子路戎服见于孔子，拔剑而舞。”表明在剑流行的春秋战国之际，武舞者手持的武兵中出现了剑的身影，在宴乐渔猎攻战纹图壶有关宴乐的花纹（图 3–9）上可以明显看到，起舞之人腰间的剑鞘。自周代流传下的武舞活动中，击刺是非常重要的动作，《毛诗正义》载：“谓文王时有击刺之法，武王作乐，象而为舞。”[2]相对于戈，剑的击刺功用更加明显，而随着时代发展，曾经作为常用兵器和礼器的戈、戚、斧、钺已经逐渐被刀、剑所取代，因而武舞出现了新的形式——剑舞。春秋时吴国季札所见的武舞名为《象箾》《南籥》，“箾”指的是削尖的竿子，与“鞘”通假，也意

[1] 李步嘉撰《越绝书校释》，武汉大学出版社，1992，第 265 ～ 266 页。
[2] （清）胡承珙撰《毛诗后笺》下，郭全芝校点，黄山书社，1999，第 1502 页。

为“装刀剑的套子”，因而此时的武舞，可能发生了变化，存在持剑和持戈而舞并行的状况。甚至随着周礼的崩坏，武舞的形式已经不同以往。《大武》在周时本来是一种关于武王伐纣的“正义叙事”，是周孔德性文化的一部分，《乐书》阐释道：“《春秋传》曰：‘于文止戈为武，戈则器也，所以示事；止则象也，所以示志。’”[1]将国家军政意义上的“武”正式解释为“止戈”，《乐书》还进一步把《国语》《左传》中楚庄王关于“武德”的内容融合其中，曰：“《大武》之乐，武王作之于前，成王酌先祖之道，以成之于后。其事则武，其道则养天下。……以武有七德，而安民、和众、阜财固在其中矣。”这可以被视为先秦礼乐文化的载体——武舞这种表达方式的最后辉煌。

图 3-9 宴乐渔猎攻战纹图壶局部

除了剑道文化、武舞文化，商周以后的搏兽和角力活动至春秋战国进一步发展，原本用于蒐猎和军队训练股肱之力的军事活动，转变成为一种士人参与的文化行为。春秋时代的《诗经·大叔于田》就载有“叔在薮，火烈具举。襢裼暴虎，献于公所”[2]。

[1] （元）马端临撰《文献通考》卷一百四十四《乐十七》，浙江古籍出版社，1988。
[2] （春秋）孔丘编订《诗经》，北京出版社，2009，第 82 页。

战国时期，与野兽格斗的风尚则更为盛行，相关出土证据和文献记载也颇多。例如，战国武士斗兽纹青铜镜上就绘制有武士与虎豹搏斗的花纹（图 3-10）。《墨子·明鬼下》载："推哆大戏，生列（裂）兕虎。"[1]《晏子春秋·谏上》载："推侈……足走千里，手裂兕虎。"[2] 战国文献《尸子》载："孟贲水行不避蛟龙，陆行不避虎兕。……左执泰行之獶，而右搏雕虎。飞廉恶来，力角犀兕，勇搏熊犀。"[3] 这些与老虎、犀牛、熊格斗的活动，与古罗马的角斗士表演有着很多相似之处，但古中国的角斗参与者身份并非奴隶，而是士族群体，参与角斗成为显示个人勇力、彰显个人威信的"表演"，一度成为一种文化和生活方式，其风尚一直持续到汉唐，充分体现了春秋战国时期人的尚武情结，以至于上至公卿、下至布衣无不积极参与了格斗技击相关的活动。

图 3-10　武士斗兽纹青铜镜（藏于中国国家博物馆）

〔1〕（清）毕沅校注《墨子》，吴旭民校点，上海古籍出版社，2014，第 218 页。
〔2〕（战国）晏婴：《晏子春秋》，转引自吴则虞撰《晏子春秋集释》，中华书局，1985，第 2 页。
〔3〕（战国）尸佼：《尸子》，（清）汪继培辑，中华书局，1991，第 51 页。

第四节 诸子思想诞育的武术理论

春秋战国突破了旧秩序，百家争鸣的思想文化逐渐沉淀为各个学派的理论，形成了诸子百家，其中对当世乃至后世武术影响较为深远的是墨家、儒家、兵家和道家之思想。虽然在这一时期，墨、儒、兵、道的理论并没有直接转化为武术典籍或成熟的武术理论，但从历史的细部却不难发现，此时习武者的行为模式蕴含了各家的核心理念与价值。

一、墨家的武侠思想

最早作为武士的侠，其根本的行动信条和思想理念源自墨家。“言必信，行必果”这一儒家所反对和被指作“硁硁然小人”的行为，却是墨家所高度崇尚的道德信条。顾颉刚考证认为：“（战国）攻伐最剧烈之时代也，其慷慨赴死精神有甚于春秋，故士之好武者正复不少，彼辈自成一集团，不与文士溷，以两集团之对立。文者谓之‘儒’，武者谓之‘侠’。”[1]冯友兰也有相同观点，认为儒、侠对立即儒、墨之对立，因墨即出于侠[2]。所以，真正将武的技术与独立人格统摄于一体的是强调“任侠”的墨家门生，而不是高举道德规训的儒士。儒士重实现集体价值的名誉之义，墨侠重实现个人价值的行动之义，因而尤其尚勇，《墨子·杂守》载：“养勇，养其勇气。”墨家刻苦耐劳、勤俭节约、兼爱互利的思想和救世献身的精神，构成了武术人的精神和价值底层。

〔1〕顾颉刚：《史林杂史初编》，中华书局，1963，第88页。
〔2〕冯友兰：《三松堂学术文集》，北京大学出版社，1984，第320～322页。

武术精神真正的源头为墨侠一脉。墨家重视实践经验、强调践履的作风影响深远，像清初颜元、李塨，都是外儒内侠的杰出代表。

出身墨家的武士另一重要特征是不矜于身，他们认为躯体就是用来为保护弱者、实现大义而牺牲的，可以随时弃之如敝屣，因而死不旋踵，极富个人牺牲精神（这常常被儒者视作匹夫之勇）。因此，墨家子弟当然以为儒家的“礼”烦扰而无意义，厚葬靡财只能徒增贫民的负担，久而久之会伤生而害事，在实质上背离了“周道”而用了“夏政”。作为道德功利主义者，墨家的践行与儒家不同，他们认为“践行”意谓通过“身体”之作为而实现的。墨家的核心思想是“兼相爱”，这种相爱的行为基础是“非攻”，而在乱世中实践非攻的手段是捐己之躯，将现实的自己的躯体作为换取义的主体投注于他人，实现弱者的利益，造就众人的福祉。崇信墨家思想的武士以身体力行的身体观来实现义，充分表现了武者的直爽和勇气。

但这并非是说墨家的武士对自己的生命是绝对漠视的，如墨子所讲“‘予子天下而杀子之身，子为之乎？’必不为，何故？则天下不若身之贵也”。身贵于天下，只有遇到大义，方才值得舍身取之，所以墨子又说“争一言以相杀，是贵义于其身也。故曰，万事莫贵于义也”[1]。在墨家看来，列强为了私利争霸，此时武士应当挺身而出，保全众人，不惜伤身。墨子对武士的要求是在珍惜自身的前提下拥有一身武艺，只有武力强，才能保护自身、帮扶弱者，因而他强调要以“形”来增进“知”，以“知”来促进“形”，学者许士密指出：“于人的生命存在来说，知与

---

〔1〕（清）毕沅校注《墨子》，吴旭民校点，上海古籍出版社，2014，第 227 页。

形是统一的，二者缺一不可的，没有对知识学习的强烈渴望，人只能沦为动物；反过来，假若没有对身体形体的保护，人自身的存在就难以为继。”[1] 显然，墨子对武士的要求是身体与知识必须合一，充分肯定了身体和身体认知的重要性，使人的生命活动具有了更丰富、更深刻的内涵。

墨家思想认为，武士的身体绝不能是麻木的，否则无法感知他人的痛苦，对待人之国、家、身就像是对待自己的一般，归结而言，就是“视人若己，爱人如己”“视人之身，若视其身”。感觉到痛苦并不能解决痛苦，所以必须练就有武力、有能力的身体，身体的强壮有力和思想的敏锐都是墨子所看重的，所谓“有游于子墨子之门者，身体强良，思虑徇通，欲使随而学”[2]，可以说，思想睿智、武术技能高超的武士才是墨子真正想培养的和理想中的人才，因为唯有他们，才能在现实世界拯救苍生于水火。牟宗三曾在陈拱《儒墨平议》一书的序言中说：“墨子心灵质朴，而慧解不足；情执累重，而义不通透；生命枯索，而乏舒畅润泽之机；行文重衍，而多偏滞害道之辞。”[3] 的确，墨家的武士集团没有建立起一套理论严密、系统庞大、可以真正普遍施行的学说体系，但绝非牟宗三所说的那样，是生命枯索、乏舒畅润泽之机的，根据有限的记载，可以读出墨家的武士必然是充满活力、激情和灵动的。他们的身体是强壮的、鲜活的，身怀高超的武艺，心揣高尚的情操；他们重情重义，仗义执言，虽不似

〔1〕许士密：《墨子人学的现代意义》，载曹胜强、孙卓彩主编《墨子研究》，中国社会科学出版社，2008，第 313 页。

〔2〕（清）毕沅校注，吴旭民校点《墨子》，上海古籍出版社，2014，第 241 页。

〔3〕牟宗三：《儒墨平议·序》，载陈拱《儒墨平议》，（台湾）商务印书馆，1988，第 1 页。

儒家那么文质彬彬，却也气度非凡；他们不像儒士那样太过珍惜名誉，而是鄙视名誉、唯重义气。可以说，墨家所培养的武士之独立人格、高尚品格、道德情操才真正属于中国武术最本然的精神内核。

二、儒家的武礼思想

以孔子、孟子、荀子为代表的春秋战国儒家思想对后世的武术影响深远而深刻，包括孔子及其学生在内的早期儒者也都身怀高超武技，而且儒家还与墨家渊源甚深，作为中国武士创始者的墨子在鲁国曾师从儒者，据《吕氏春秋·当染》载“鲁惠公使宰让请郊庙之礼于天子，桓王使史角往，惠公止之，其后在于鲁，墨子学焉”〔1〕，又据《淮南子·要略》载“墨子学儒者之业，受孔子之术”〔2〕。早期武术家“信”“诚”“义”“爱”“勇”等核心思想的来源皆为儒家。因而，中华武术的思想内核与儒家息息相关。孔子一生致力于复兴周代政治秩序，崇尚修习周代贵族的“射、御、礼、乐、书、数”之六种技艺，最终达到克己复礼为仁的境界。

然而，由于儒家自孔子始已经分化为文士，孔子自身的“不肯以力闻”及其他思想家对孔子“避谈其武事”的基本态度，使得儒家思想理论在春秋战国时代与格斗技术分离，以孔孟为代表

〔1〕（战国）吕不韦编《吕氏春秋》，（汉）高诱注，（清）毕沅校，徐小蛮标点，上海古籍出版社，2014，第 40 页。
〔2〕（西汉）刘安：《淮南子·要略》，转引自陈广忠译注《淮南子译注》，上海古籍出版社，2016，第 535 页。

的思想家虽然也具有“武”的思想，但主要是政治军事思想层面上的“武”，而非技击格斗技术的武术[1]，如“不战”“智战”“慎战”“仁战”[2]等军事理论，后世崇尚的以“尊师”为核心的“武德”思想也是宋代及之后才真正成型，使得该时期儒家与武术思想理论的关系不甚密切，几乎没有产生指导格斗的技艺论述或论著，其主要贡献集中在早期武术礼仪方面的思想理论上，譬如《礼记·乐记》有“比音而乐之，及干戚、羽旄，谓之乐”[3]，“揖让而升堂，升堂而乐阕，下管《象》《武》”[4]。在武术器械的礼仪方面，《礼记·檀弓》载：“能执干戈，以卫社稷，虽欲勿殇也，不亦可乎！”[5]其中的“干戈”实际上也是仪仗队所配的礼器。《礼记·乐记》载：“裨冕搢笏，而虎贲之士说剑也。”[6]其中的“说剑”实质上是周礼仪式的重要组成部分，虽然《礼记》所载的内容是武王伐纣成功之后的事件，但作为一种历史叙事，真实反映的却是春秋战国之际作为“祀乎名堂”之礼器——剑的作用与价值形态。此外，孔子还强调“田猎戎事”要有策略、“军旅武功”要有制度，这也主要是突出武术的礼仪性。

与孔孟儒家不同，秉持“性恶”论的功利主义儒家——荀子的思想中有少数武术技击理论。《荀子·议兵》载：“手臂之捍头目而覆胸腹也，诈而袭之，与先惊而后击之。”[7]一是将

---

〔1〕六艺中的射和御不属于攻防技击一体的武术，而是一种军事技艺，属于武术概念的外延部分。

〔2〕张长念、陈兰、伍国忠：《孔子武学思想论略》，《北京体育大学学报》2015年第12期。

〔3〕（元）陈澔注《礼记》，金晓东校点，上海古籍出版社，2016，第424页。

〔4〕（元）陈澔注《礼记》，金晓东校点，上海古籍出版社，2016，第577页。

〔5〕（元）陈澔注《礼记》，金晓东校点，上海古籍出版社，2016，第121页。

〔6〕（元）陈澔注《礼记》，金晓东校点，上海古籍出版社，2016，第452页。

〔7〕（战国）荀况：《荀子·议兵》，转引自张觉撰《荀子译注》，上海古籍出版社，1995，第297页。

基本格斗姿势“手臂捍头覆胸腹”予以书面化，二是把格斗的“诈”“惊”而后击的策略予以总结凝练，另外还把“齐人隆技击”的技艺也提炼出来了。荀子还发挥了早期儒家兵刑不分、兵刑同源的思想。在《国语·鲁语》中就已经有了“刑五而已，无有隐者，隐乃讳也。大刑用甲兵，其次用斧钺；中刑用刀锯，其次用钻笮；薄刑用鞭扑，以威民也”〔1〕的思想，其中的斧钺就是武术兵器与刑器的统一体。荀子由此提出：“刑范正，金锡美，工冶巧，火齐得，剖刑而莫邪已。……然而不教诲，不调一，则入不可以守，出不可以战；教诲之，调一之，则兵劲城固，敌国不敢婴也。”〔2〕由于人性是“恶”的，因而严格的“刑”才能使武术兵器真正发挥其内在价值，武刑之后才是武礼，若没有刑，礼也就难以发挥武术实际的效能，所以斧、钺这两种武术兵器对于儒家而言是近乎可以与剑比肩的国器。

三、道家的武道理论

老子所创发的道家思想从现有的史料和考古证据看，在春秋战国时代没有对武术产生任何直接的影响，在武术思想理论领域有所建树的主要是庄子。庄子之学本于老子，最得老子思想之精髓，他本人的社会活动非常多，学缘博杂，与儒家文士和墨家武士的关系也比较密切，其著作中对二家均有所述评。庄子生于宋国。周显王七年（前 362），宋桓公兼用儒墨，重用大儒裘氏弟子郑缓，墨家巨子田襄子弟子惠盎，庄子此时开始师从裘氏学儒、师从惠盎学墨，身兼文武之学。周显王十三年（前 356），庄子

---

〔1〕（春秋）左丘明：《国语》，（三国吴）韦昭注，上海古籍出版社，2009，第 106 ～ 107 页。
〔2〕（战国）荀况：《荀子》，转引自张觉《荀子译注》，上海古籍出版社，1995，第 325 页。

放弃儒墨，转而师从子綦学道。庄子的武术思想和格斗技艺理论主要为剑术，这与他喜欢游世于中原和楚国之间有非常密切的关系，在《庄子》《韩非子》《史记》等典籍中提到庄子见楚王多次，自然深受楚地哲学思想和善舞剑的民风影响。因而，庄子的后学们在编写《外篇》《杂篇》时记录了庄子所提出的“天子剑”“诸侯剑”和“庶人剑”之别，以阐发道家理论下的武术技艺。《庄子·人间世》载：“且以巧斗力者，始乎阳，常卒乎阴，泰至，则多奇巧；以礼饮酒者，始乎治，常卒乎乱，泰至则多奇乐。凡事亦然。始乎谅，常卒乎鄙，其作始也简，其将毕也必巨。”提出的“巧斗力”和“阴阳互变”的格斗理论，以及“示之以虚，开之以利，后之以发，先之以至”[1]的以虚击实、后发而先至思想，深刻影响后世武学，是内家拳术的理论源泉。

四、法家与兵家的格斗理论

法家和兵家之理论主要从国家的军事、政治层面讨论“武”，这一层面的“武”与武术不同，涉及政治、外交和国家治理对于军事作战的意义，布阵、攻城、后勤等的军团战法，以及对训练和选拔将领、士兵的方法总结，但部分军事战斗的原则也可用于指导武术格斗，而且这些文献中也不乏一些与武术攻防技击相关的思想片段。《韩非子·八说》载：“搢笏干戚，不适有方铁铦，登降周旋，不逮日中奏百。”[2]提出实战格斗的重要作用和价值，

〔1〕（战国）庄周：《庄子·人间世》，转引自国学整理社《诸子集成》第三册《庄子集释》，中华书局，1954，第 73 页。
〔2〕（战国）韩非：《韩非子·八说》，转引自张觉等译注《韩非子译注》，上海古籍出版社，2016，第 757 页。

否定了礼仪化的武术之价值。《吕氏春秋》载："剑伎云：持短入长，倏忽纵横之术也。"[1]提出了弱胜强、短破长的思想。《管子》载："聚天下之精才，论百工之锐器。春秋角试以练，精锐为右。……收天下之豪杰，有天下之骏雄。故举之如飞鸟，动之如雷电，发之如风雨，莫当其前，莫害其后，独出独入，莫敢禁围。"[2]描摹了被称作"豪杰""骏雄"的武术家在搏击格斗中的身形状态。战国时期兵家名著《六韬》或《太公六韬》属于军事著作，但其中的部分内容用之于技击格斗同样具有很强的指导性。《六韬·练士》[3]载：

太公曰："军中有大勇、敢死、乐伤者，聚为一卒，名曰冒刃之士；有锐气、壮勇、强暴者，聚为一卒，名曰陷阵之士；有奇表长剑、接武齐列者，聚为一卒，名曰勇锐之士；有拔距伸钩，强梁多力，溃破金鼓，绝灭旌旗者，聚为一卒，名曰勇力之士；有逾高绝远，轻足善走者，聚为一卒，名曰寇兵之士。"[4]

文中提出了格斗者和习武者的基本人格品质："大勇""敢死""乐伤""锐气""壮勇""强暴"等；并且提出了基本的身体和技能条件："奇表长剑""强梁多力""轻足善走"。

---

〔1〕引自（西汉）司马迁《史记·司马相如列传》司马贞《索隐》，上海古籍出版社，1986。在今版的《吕氏春秋》中并没有这一内容。

〔2〕（战国）管子：《管子》，（唐）房玄龄注，（明）刘绩补注，刘晓艺校点，上海古籍出版社，2015，第33页。

〔3〕从南宋开始，《六韬》一直被怀疑为伪书，特别是清代的考辨派更是认为此书为伪书，但是1972年4月，在山东临沂银雀山汉墓中，发现了大批竹简，其中就有《太公》的五十多枚，这就证明《太公》至少在西汉时已广泛流传，伪书之说也就不攻自破了。一般认为此书成于战国时代。

〔4〕唐书文撰《六韬·三略译注》，上海古籍出版社，2006，第123页。

《六韬》还提出了作战的“十四变”，强调“变见则击之”百战百胜的基本准则，在“新集”“未食”“不顺”“地形未得”“奔走”“不戒”“疲劳”“将离士”“涉长路”“济水”“不暇”“狭路”“乱行”“心怖”的情况下强调主动出击，因势而击，其中的很多准则，如“不顺”“奔走”“不戒”“疲劳”“不暇”“狭路”“乱行”“心怖”同样也是技击格斗时重要的出击时机。《六韬》还提炼出“外乱而内整，示饥而实饱，内精而外钝，一合一离，一聚一散，阴其谋，密其机，……士寂若无声，敌不知我所备。欲其西，袭其东”[1]这样既可用于军事，亦能作为武术格斗指导原则的理论，其中的“内外”“虚实（示饥而实饱）”“合离”“聚散”“谋机”“声东击西”“兼刚柔”都成为后世武术技击理论的思想来源。《六韬》还非常重视格斗中的精神和情绪因素，提出了“胜负之征，精神先见，明将察之，其败在人”[2]的理论。此外，在《兵道》篇中，《六韬》还把很多作战原理上升至“道”的层次，提出“凡兵之道莫过乎一，一者能独往独来。……一者阶于道，几于神。用之在于机，显之在于势，成之在于君”[3]。可以看出战国时代兵家思想杂糅有道家理论，并把武术作战上升到了“几于道”的高度，其中所提炼总结的“机”“势”同样也成为后世武学理论最为核心的范畴。

同属军事著作的《孙子兵法》[4]对后世武术思想理论的影响更为明显，其中最为经典的策略性思想“势者，因利而制权”“兵

〔1〕唐书文撰《六韬·三略译注》，上海古籍出版社，2006，第 37 页。
〔2〕唐书文撰《六韬·三略译注》，上海古籍出版社，2006，第 71 页。
〔3〕唐书文撰《六韬·三略译注》，上海古籍出版社，2006，第 37 页。
〔4〕银雀山汉墓在发掘过程中除《六韬》外，也出土了目前最早版本的《孙子兵法》，说明兵家在战国时代已经形成了成熟的思想，并已经形成传承谱系。

者，诡道也”“能而示之不能，用而示之不用，近而示之远，远而示之近”“利而诱之，乱而取之，实而备之，强而避之，怒而挠之，卑而骄之，佚而劳之，亲而离之”“攻其无备，出其不意”〔1〕出自《始计篇》，在很多武术经典文献中均有出现。在技击格斗的攻守把握方面，《军形篇》的“先为不可胜，以待敌之可胜。不可胜在己，可胜在敌”“胜可知，而不可为。不可胜者，守也；可胜者，攻也。守则不足，攻则有余。善守者，藏于九地之下，善攻者，动于九天之上，故能自保而全胜也”〔2〕带来的启示较为重要。在利用时机和势能方面技击格斗的理论总结上，《兵势篇》的“以正合，以奇胜”“战势不过奇正，奇正相生”，《虚实篇》的“出其所不趋，趋其所不意”“兵形象水”“专一敌众”，《军争篇》的“后发先至”，均影响较为深远，在很多武术典籍中被奉为圭臬。此外，孙子的“智”“信”“仁”“勇”“严”也可作为武术修炼的信条和法则，并影响着历代武术家的格斗理念。

春秋战国时代，关于攻防技击术的总结提炼开始散见于各类文献之中，让武术理论和思想初步典籍化，并形成代代相传的文本，同时，技击理论的内涵得以进一步丰富。该现象表明，在这一历史阶段，属“中华”的技击技艺已然兴起为一种具有中华特质的文化主体，出现了较为理论化、抽象化的提炼，这无疑为秦汉大一统王朝更加成熟的中华武术之形成奠定了坚实的基础。

---

〔1〕李树浪导读注译《<孙子兵法><孙膑兵法>》，岳麓书社，2019，第6～8页。
〔2〕李树浪导读注译《<孙子兵法><孙膑兵法>》，岳麓书社，2019，第21～23页。

第四章

秦汉王朝秩序下武术的成熟

秦汉两个王朝（前221—公元220）的诞生，开启了中国皇帝专制和中央集权的国家政治，按照宗法血缘谱系实施的周代封邦建国制度逐步被郡县制取代。政治的制度性创新，使得权力变得非常集中，春秋战国列国纷争下的民间武术教育和武术组织的空间被强有力的大一统政权猛烈打击并不得不走向社会边缘地带，但武侠的精神、任侠的行为却并没有消亡，人民普遍尚武，民间的武术活动仍然持续进行，一部分出身门阀贵族的武士成为社会中坚力量，另一部分布衣武士或投身于豪门官僚成为门客，或保持独立性成为职业剑客，或投身行伍报效国家。

钢铁冶炼和铸造技术的快速进步以及与少数民族之间的战争推动了汉代军队刀、剑、戟、枪术和甲胄技术的发展，出现了骑兵和步兵紧密配合的战法，车战开始衰弱。为提升士兵作战能力，军队的格斗技巧训练除了手搏外，还包括斗剑、斗兽、剑对戟、剑对钺、戟对剑、空手入白刃等内容。在集权政府的打压下，民间武术演变为以娱乐、健身为主的击剑、使刀以及徒手格斗形式——手搏、角抵、拍张等。这使得军队武术与民间武术走向了二元化发展。王朝政府借助注释和保存经典文献实现政权理论合法性的同时，也促使儒家和道家的思想更加系统化，并推动武术理论进一步成熟，产生了班固《汉书·艺文志》所列的《兵技巧》13 家 99 篇、《剑道》38 篇、《手搏》6 篇，以及《吴越春秋·越女论剑》这类武术论著或专论性质的文献。因此，秦汉时代是中国武术发展成熟的第一个重要时期。

第一节 冶金技术进步下的武术兵器发展

秦汉的武术器械是在战国后期金属冶炼和兵器铸造技术成熟的基础上进一步发展而来的。秦代的制度性创造使得秦汉两代中央集权王朝的国家治理水平和能力大大强于之前的朝代。为了保障国家的长治久安，在这一制度之下，兵器的铸造、管理和储存，工艺的继承、改进和创新都有了更强大的国家力量支持，这不仅为军队战斗能力的提升奠定了基础，也为武术格斗技艺的创新发展提供了必要的动力。

一、兵器制造的技术进步与兵器形态

秦在统一六国前已经形成了自上而下非常完善的国家兵器铸造体系，其主要特点为：①“标准化”和“制式化”水平极高，形式统一、重量统一；②质量控制非常严格，品质精良。考古人员对秦始皇兵马俑以及全国各地出土的秦兵进行过大量测量，其每件兵器之间的大小误差都在一毫米之内。保持这样极小的误差依赖秦国完善的国家兵器制造“工业”的制度化和系统化建设，

从金属冶炼、合金中不同金属的含量比例，到模具的制造和成型后的打磨环节无不有着极为严苛的标准。为保障标准被严格执行，秦国的兵器制造设计有四级负责制，即由工匠、丞（车间主任）、诏事（兵工厂厂长）、相邦或地方长官层层负责。为了能够贯彻逐级责任制度，秦国还采取“物勒工名，以考其诚”[1]的署名制，具体做法是每一件兵器上都要刻有负责人的名字，一旦出现制造不标准或质量问题，可逐层追责。中国国家博物馆和抚顺市博物馆的两件刻有“五年相邦吕不韦戈”和“三年相邦吕不韦造矛”的兵器上能够明确看到各级铸造者的名字，“五年戈”上刻有：相邦吕不韦造、诏事图、丞蕺、工寅（图 4–1），“三年矛”上刻有上郡守□、高工□、丞甲、工□（图 4–2）。严格的制度化和商鞅变法后的严刑峻法，使得秦代兵器的制造质量非常稳定，但形态单一，缺乏具有特点的精品。虽然也有铁质兵器铸造，然而就大体而言，仍然是以铜制兵器为主。

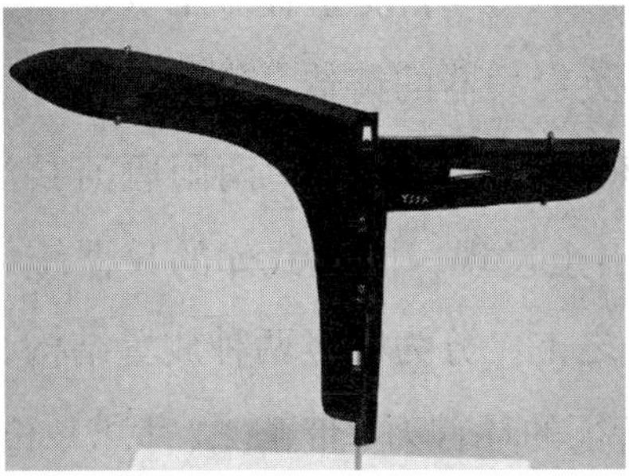

图 4–1　五年相邦吕不韦戈
（藏于中国国家博物馆）

图 4–2　三年相邦吕不韦造矛
（藏于抚顺市博物馆）

〔1〕（战国）吕不韦编《吕氏春秋》，（汉）高诱注，（清）毕沅校，徐小蛮标点，上海古籍出版社，2014，第 191 页。

虽然汉代治国思想的来源早期为道家，中晚期为儒家，但在政治制度上，汉承秦制，没有放弃严刑峻法和军功授爵制度，国家仍然牢牢地掌控着兵器的生产和管理。与秦代兵器主材质不同，汉兵主要为钢铁制，而从汉武帝开始，汉王朝制造兵器所用的铁原料被官方垄断，实施盐铁官方专营制度。据记载，汉代在全国盛产铁矿石的冶铁地设置49名“铁官”以及负责具体事务的“工官”；在不产铁矿石的地区设立“小铁官”，具体负责“销旧器，铸新器”；在中央由大司农统一管理。从考古发现来看，汉代的铁器上也刻有铭文，与秦代不同，铭文主要为郡县的名称，如“河一”“河二”“阳一”“阳二”“弘一”“弘二”等，分别指的就是“河南郡”“河东郡”“南阳郡”“弘农郡”，其中的数字指的是铁官管理的作坊或工厂的编号〔1〕。这些郡在春秋战国时期就已经是著名冶铁中心，汉代加以进一步发展，使得冶铁技术得以进一步提升。全国的兵器制造和管理，由中央九卿之一的少府统筹主管，其下设立有考工令、左戈令（佽飞令〔2〕）和若卢史具体负责兵器的铸造、管理，储存、保管则由执金吾执行。根据山东沂南石墓、河南南阳唐河县汉墓和今湖南长沙马王堆汉墓的出土发现，国家武库的兵器统一码放在兵兰（兰锜）（图4-3）之上，分为横竖两种放置结构，在汉砖刻上可以见到很具汉代特征的环首刀、带鞘剑、手戟、长矛、盾等技击格斗用的兵器。

〔1〕钟少异：《中国古代军事工程技术史（上古至五代）》，山西教育出版社，2008，第358～361页。
〔2〕汉武帝时期更名为次称。

图 4-3　汉砖刻——兰锜（藏于徐州汉画像石博物馆，左、中），
南阳唐河县汉砖刻——武库（右）

秦王朝统一时，开采铜矿、冶铜和铸铜技术已经成熟，汉代早期也沿用了秦朝的技术，但很快被钢铁冶炼技术所取代，除了用作各类陵墓的陪葬明器之外，铜制兵器从汉王朝建立时就开始逐步退出历史舞台。秦王朝虽然已经能够制造铁质兵器，但还没有来得及形成非常完善的技术体系就已灭亡。汉继承了秦的技术衣钵，继续推进冶铁技术，还发明了较为成熟的炼钢技术。冶炼制作的主要工艺有“块炼铁”“生铁”“块炼渗碳钢”“铸铁脱碳钢”“炒钢”几种，“退火”“淬火”“锻造”“贴钢”技术已经比较成熟，这为兵器制造的技术进步和武术技艺的改良奠定了必要基础。正如江淹的《铜剑赞》所载：“古者以铜为兵……春秋迄于战国，战国至于秦时，攻争纷乱，兵革互兴。铜既不充给，故以铁足之。铸铜既难，求铁甚易。是故铜兵转少，铁兵转多……二汉之世，逾见其微。”〔1〕

从春秋战国时期开始，以块炼渗碳钢工艺制造的兵器就已经出现，但到汉代才趋于成熟，该工艺也是汉代锻造兵器的主流方

〔1〕江淹撰《铜剑赞》，中华书局，1991，第 2 页。

法之一，是运用反复锻打和淬火的方法将块炼铁中的杂质和碳锻造出来的工艺，徐州狮子山楚王墓出土的一件铁矛和河北满城汉墓的铁戟、铁剑都运用了该工艺。但是块炼渗碳钢工艺的缺点比较明显，即效率低、成本高，不适于大规模制造品质优良的兵器。

得益于西汉炉温增高和熔铸技术的改进，生铁的铸造工艺得以进一步提升，铸铁成为主流的生铁产品，甚至在西汉后期已出现了高强度的球墨铸铁产品，使得类似铁殳、铁斧这样的钝器击打强度和护甲的坚硬程度更高，南阳瓦房庄出土的西汉铁釜就是由优质的高磷灰口铸铁打造而成。汉王朝最重要的技术进步还是制钢技术，西汉前期，钢制的刀、剑已经出现，据西汉刘胜墓出土证据，当时的钢制刀、剑已经使用了块炼铁渗碳的反复锻打法制作。至东汉王朝时期，具有冶炼革命意义的“炒钢”技术诞生，其“生铁→炒炼为钢→锻造→淬火”的制造流程，能够高效率地制成低碳钢。低碳钢的特点是柔韧度与硬度达到平衡，这对刀、剑这类既需要硬度也需要柔韧的兵器非常重要。山东临沂苍山出土的最早的环首钢刀就采用了“卅湅（三十炼）”的炒钢技术，徐州狮子山楚王墓出土的一刀一矛也为炒钢技术制成〔1〕，广州南越王汉墓出土的兵器同样也是炒钢锻成〔2〕。1961年，日本奈良县栎本东大寺山古墓出土了一把中国东汉中平年间（184—189）制造的大钢刀，上面刻有“百炼清刚”的铭文，这把刀也是炒钢材质。此外，辽宁地区出土了东汉永元年间（89—105）以炒钢为原料经“卅湅”的金马书刀。东汉人李

〔1〕陈建立、韩汝玢：《徐州狮子山山西汉楚王陵出土铁器的金相实验研究》，《文物》1999年第7期。

〔2〕广州市文物管理委员会编《西汉南越王墓》上，文物出版社，1991，第389～396页。

元的《金马书刀铭》载：“巧冶炼刚，金马托形。贡文错镂，兼勒工名。”[1]可见炒钢技术在汉代已普遍应用于兵器制造。东汉时期铜兵器已经被铁兵器取代，这与炒钢技术的发明和推广是分不开的。

与刀、剑不同，枪、戟、斧、锤和护甲需要硬度很大的高碳钢，以增强其破甲或防破甲的能力，两汉铸铁脱碳钢技术的出现为之提供了质地优良的材料。铸铁脱碳钢技术由秦代之后高度成熟的铸铁柔化术衍变而来。经过长期的技术摸索和实践，汉代工匠已经明确认识到并有意识地控制白口铁中的碳含量而铸造出不同用途的器械。他们能把碳含量达 4%左右或更高的铸铁，运用脱碳技术制成含碳量 1% 左右的通体高碳钢，创造出一种在固态下通过高温脱碳处理，把生铁变成钢的先进工艺。两汉墓葬和遗址出土的武术器械有很多就采用了这种工艺，如南阳东汉铁戟，徐州狮子山楚王墓的铁甲，大冶铜绿山出土的楚国铁斧、铁锤等。

东汉文献《太平经·不用大言无效诀》载：“使工师击冶石，求其中铁，烧冶之使成水，乃后使良工万锻之，乃成莫邪。”[2]这句话概括了从铁矿石提纯到铸剑的全过程，表明从铁矿石开采、提纯到炼钢再到铸造兵器已经形成了成熟且系统化的流程。民国年间在黄岭出土的东汉画像石就有一幅制造兵器的劳作图（图 4–4），图的左上部分记录了制造兵器的过程。图中有三个打锻、磨砺的人物，中间一人左手操作钳子夹住铁坯，右手呈抡锤之状，从形态和墙上挂的半成品兵器看，应该是在锻打一柄剑坯。在锻剑人

〔1〕（清）严可均辑《全上古三代秦汉三国六朝文》第二卷，陈延嘉、王同策、左振坤等校点，河北教育出版社，1997，第 487 页。
〔2〕陈国勇主编《太平经》三，广州出版社，2003，第 228 页。

的左右，分布着两名磨剑工匠，两人相向站立，右边工匠前腿弓步，后腿蹬地，上身前倾，身形为正在磨剑；左边工匠坐在凳上，双手托剑，面前一块磨刀石，正在审视所磨剑身的情况。从中也不难看出，汉代兵器制作工艺水平已然达到了一定的高度。

图 4-4　东汉画像石——铸剑劳作图（藏于山东博物馆）

根据南北朝陶弘景《古今刀剑录》所载，秦汉的名剑颇多，仅以具有代表性的帝王之剑为例：

秦始皇，在位三十七年。以三年岁次丁巳，采北祇铜，铸二剑，名曰定秦，小篆书。李斯刻埋在阿房宫阁下，一在观台下，长三尺六寸。

前汉刘季，在位十二年。以始皇三十四年于南山得一铁剑，长三尺，铭曰赤霄，大篆书。及贵，常服之，此即斩蛇剑也。

文帝恒，在位二十三年。以初元十六年岁次庚午铸三剑，长三尺六寸，铭曰神龟，多刻龟形，以应大横之兆。帝崩，命入玄武宫。

武帝彻，在位五十四年。以元光五年岁次乙巳铸八剑，长三尺六寸，铭曰八服，小篆书。嵩、恒、霍、华、泰山五岳皆埋之。

宣帝询，在位二十五年。以本始四年铸二剑，长三尺，一曰毛，二曰贵，以足下有毛，故为之，皆小篆书。

平帝衎，在位五年。以元始元年岁次辛酉掘得一剑，上有帝名，因服之，大篆书。

王莽，在伪位十七年。以建国五年岁次庚午造威斗及神剑，皆炼五色石，为之铭曰神胜万里伏，小篆书，长三尺六寸。

更始刘圣公，在伪位二年。自造一剑，铭曰更国，小篆书。

后汉光武秀，在位三十三年。未贵时，在南阳鄂山，得一剑，文曰秀霸，小篆书，帝常服之。

明帝庄，在位十八年。以永平元年，岁次戊午，铸一剑，上作龙形，沉之于洛水中。水清时，常有见之者。

章帝炟，在位十三年。以建初八年铸一金剑，令投于伊水中，以厌人膝之怪。（弘景按，《水经》云：伊水有一物，如人膝，头有爪，入浴，辄没不复出。）

安帝祜，在位十九年。以元初六年铸一剑，藏峨眉山，疑山王也。

顺帝保，在位十九年。以永建元年铸一剑，长三尺四寸，铭曰安汉，小篆书，后改年号。

灵帝宏，在位二十二年。以建宁三年铸四剑，文曰中兴。一剑无故自失，并小篆书。[1]

二、秦汉主要的兵器形态

秦代在统一六国前，部分兵器就已经开始使用钢铁材质，《史记·范雎蔡泽列传》载："昭王曰：'吾闻楚之铁剑利而倡优拙。夫铁剑利则士勇。'"[2]《商周青铜器铭文暨图像集成三编》

---

〔1〕（南北朝）陶弘景撰《古今刀剑录》，中华书局，1991，第1～3页。
〔2〕（西汉）司马迁：《史记》，岳麓书社，2002，第475页。

收录的三把钢刀就是战国中期秦国“秦惠文王十四年（前 324）上郡守匽氏监造”[1]的兵器，分为两种形制：一把剑式长刀，两把环首长刀。可见汉代最具代表性的“环首”在战国时期的秦国已经出现。三把钢刀均为锻打而成，装饰采用错金花纹与错金铭文，刀柄用金箔缠裹，表现出秦国极为高超的冶金、锻造和金属雕刻工艺，可能是秦国高级贵族或军事统帅持有的兵器。

汉代开始，武士作战的主要兵器为汉剑、汉环首刀和马戟，而戈、钺、殳等则退出格斗场，转化为纯粹礼器。其中制造量和使用率最高的兵械是汉代环首刀。连云港尹湾汉墓出土的木牍《武库永始四年兵车器集簿》[2]（以下简称为《兵车器集簿》），很明确地反映了这一现象。《兵车器集簿》全面地记载了西汉成帝永始四年（前 13）郡级武库藏武器装备的种类、数量，其中记载 5 万件以上的兵器有：刀（以环首刀为代表）156,135 件，剑 99,901 件，马戟 78,392 件。至东汉末年，刀的制造达到极盛，有吴造万口、蜀造五万口之巨[3]。这种兵械使用类型上的变化，完全是为了适应装甲骑兵近距离作战的需要。

汉王朝在与少数民族的长期鏖战中，逐步放弃了车战模式，转而采用骑兵和步兵相互配合的战法。当骑兵在战场上短兵相接时，马奔跑的速度减慢，运用动能冲击锥刺的杀伤作用降低，为了在格斗中占有绝对优势，西汉时就已经出现了专用于劈砍的骑战兵器——环首刀，至东汉时期发展成熟（图 4–5），大量装备军队。除了《兵车器集簿》的记载，两汉墓葬中出土了为数不少

〔1〕吴镇烽：《十四年上郡守匽氏钢刀考》，《文博》2020 年第 6 期。
〔2〕李均明：《尹湾汉墓出土“武库永始四年兵车器集簿”初探》，载连云港市博物馆、中国文物研究所编《尹湾汉墓简牍综论》，科学出版社，1999，第 86 ～ 120 页。
〔3〕周纬：《中国兵器史》，中国友谊出版公司，2015，第 118 页。

的环首刀的实物，这些刀长度为 85 ～ 128 厘米，其制作工艺均为优质高碳钢锻制。到东汉时，钢刀的制造更为精良，出现了“三十炼”“五十炼”乃至“百炼”的环首钢刀。曹操的《内戒令》载：“往岁作百辟刀，所谓百炼利器，以辟不祥，慑服奸宄者，此也。”[1]此时，汉刀之韧性和硬度达到了非常精妙的平衡，在劈砍格斗时既非常锋利，也不易折断。

图 4-5　苍山县出土的“永初”纪年钢刀

有名的宝刀在历史上也留下了痕迹，《艺文类聚》转录的《典论》佚失部分内容记载：“昔者周鲁宝赤刀孟劳。……平造百辟宝刀，名灵宝，其二采似丹霞，名曰含章，其三铿似崩霜，名曰素质。《费祎别传》曰：‘孙权以手中常所执宝刀赠之。’”[2]这里提到了三把宝刀的名字。另南北朝陶弘景的《古今刀剑录》载录，魏国名将钟会克蜀时于成都土中得一刀名曰“太一”；袁绍在黎阳梦有一神授宝刀铭曰“思召”；郭维于太原得一刀名曰“宜为将”；周瑜作南郡太守造一刀刻有“荡寇将军”四字；潘文擒关羽，拜固陵太守，因而打造一刀，铭曰“固陵”[3]。这些记载于历史资料的刀名，虽然有一定的玄学色彩，但也客观反映了汉刀的重要性和广泛适用性。

汉代环首刀为直刃长刀，从技击原理看，汉王朝的骑兵和匈奴骑兵多为轻骑兵，与重装骑兵的冲击优势不同，轻骑兵的武士在马背上使用劈砍技术远较刺击容易，而且刺击技术存在兵器插

〔1〕韩欣主编《中国兵器收藏与鉴赏全书》，天津古籍出版社，2008，第 135 页。
〔2〕金沛霖主编《四库全书子部精要》下，天津古籍出版社，1998，第 61 页。
〔3〕（南北朝）陶弘景撰《古今刀剑录》，中华书局，1991，第 6 ～ 7 页。

在目标上不能拔出的缺陷。环首刀背脊厚实且重量较大，劈砍时的势能大且不易折断，能够利用长刀的物理和金属性能优势运用“割喉”“劈胸”“截腕”“推膛”“斩臂”“穿心”等技击方法，可以推测，明清时期的很多刀术技法均可以体现在汉代钢刀上。也正是从汉代起，习练刀术成为主流。虽然剑暂时还没有退出历史舞台，但鉴于刀比剑更易制造，单面开刃比双面开刃简单省时，更适合量产，可以给军队批量装备，这使得刀成为主战兵器，剑则成为展现技艺的私斗兵器。也正是汉代环首刀奠定的良好基础，使得长刀在相当长时间里作为近身格斗的主力武器，保卫着华夏文明的繁衍和辉煌。而“环首”的出现应该有实用和美学的双重原因，其既可以起到平衡配重的作用，又可连绳套挂手稳定握持，亦可以坠挂饰物和刀穗。汉刀深刻影响了日本，对日本之后的制刀技术、用刀的武士文化和格斗技术都起着重要作用。

汉剑虽然不如环首刀那般适合战场，东汉之后剑术格斗逐渐没落，但继承了秦剑优良工艺的汉剑在中国制剑史上占有重要的地位，其具体表现：一是汉剑其长度普遍超过了 1 米，甚至还有接近 2 米的剑（《汉书·景十三王传》载“七尺五寸剑”[1]）；二是采用百炼钢、贴钢、炒钢技术铸造，既锋利又不易断裂。河北满城中山靖王刘胜墓中出土的钢剑，能够非常直观地反映汉武帝时铸剑技术的精湛。该钢剑用块炼铁作为原料，在木炭中加热，经反复渗碳，折叠锻打而成。刃部明显经过淬火，刚硬锋快，可是剑脊却没经淬火，仍保持非常好的韧性。此类制作精良的汉剑的大量使用，使得剑术技击的主要技法走向成熟，汉剑已经从战

〔1〕（东汉）班固撰《汉书》下，岳麓书社，2008，第 929 页。

国时代《墨子·节用》“为刺则入，击则断”的易损兵器升级为《淮南子·修务训》所载“操利剑，击则不能断”〔1〕。由于不易折断和长度增加，汉剑不仅能够击刺，还能够运用“洗”“点撩”“崩截”“挑提”等技法，从曹丕战胜邓展的只言片语大致可以判断，曹丕并没有过多运用刺的技法，而是在“崩”“提”“点”间击中对方手臂。《典论》还记载了曹丕主持铸造的三柄名剑，虽然《典论》部分内容已经佚失，但后世南朝萧统编著的《文选》，唐代欧阳询、令狐德棻、陈叔达等编著的《艺文类聚》，宋人李昉、李穆、徐铉等著的《太平御览》以及明代李承勋编著的《名剑记》〔2〕中关于名为飞景、流采、华铤这三柄剑的记载，却能够形成内容互证，足以说明《典论》中曹丕铸剑的历史真实性。除了私人格斗用剑，汉剑还有车战用剑，即“舆剑”，居延汉简载：“范，牛车一两，弓一，矢廿四，剑一，三月己丑出。”〔3〕《兵车器集簿》的记载中就有舆剑四柄。

随着战术的变化，秦代和汉代战场更侧重戟与矛的使用，《里耶秦简》记载了戟 251 件，《秦迁陵县武库兵器簿·简 8-458》

---

〔1〕（西汉）刘安：《淮南子·修务训》，转引自陈广忠译注《淮南子译注》，上海古籍出版社，2016，第 1000 页。

〔2〕（南朝梁）萧统《文选》载：“典论曰：‘魏太子丕造百辟宝剑，长四尺。（东汉）王粲《刀铭》曰：灌辟以数，质象以呈。丰隆奋椎，飞廉扇炭。……太子丕剑铭曰：流采色，似采虹。光如散电，质如耀雪。”（唐）欧阳询等的《艺文类聚》载：“《典论》曰：‘建安二十四年二月壬午，魏太子丕造百辟宝剑，长四尺二寸，淬以清漳，厉以蛇监诸，饰以文玉，表以通犀，光似流星，名曰飞景。’”（宋）李昉等的《太平御览》载：“魏文帝《典论》曰：‘余好击剑，善以短乘长。选兹良金，命彼国工，精而炼之，至于百辟。其始成也，五色骇炉，巨橐自鼓。’又曰：‘建安二十四年二月丙午，魏太子丕造百辟宝剑，长四尺二寸，重一斤十有五两，淬以清漳，厉以监诸，饬以文玉，表以通犀，光似流星，名曰飞景。’”（明）李承勋的《名剑记》载：“《典论》曰：‘魏太子丕造百辟宝剑，淬以清漳，砺以石坚、石诸，饰以文玉，表以通犀，光似流星，名曰飞景。’又曰：‘选兹良金，命彼国工精而炼之，至于百辟，以为三剑，一曰飞景，二曰流采，三日华铤。’”

〔3〕谢桂华、李均明、朱国炤：《居延汉简释文合校》，文物出版社，1987。

也记载了戟251件。在《汉书》中则用的是“持戟百万”来描述汉王朝军事实力的强大，而且典礼祭祀的仪仗也把戈替换为了戟，如《东方朔传》载，汉武帝坐未央宫前殿，东方朔持戟而立。《续汉书》也记载，杨仁诏补北宫卫士，披甲持戟，没有人敢于上前。汉代的戟，很少再用于车战，而是用于马战。东汉时期开始制造骑兵专用的“马戟”，骑兵的装备中，马戟与铁铠的组合，使得兵士的技击格斗能力大大增强。《兵车器集簿》记载的长兵器“有方”实际上就是马戟，“有方”戟枝向前翘成钩刺，增强了兵器向前突刺的功能，其格斗方式更像是矛或者枪，基本上已经丧失了车战时代传统戟类兵器向后勾啄的功能，但枝杈的钩形却有勾住其他兵器的作用，裴骃对于《史记·秦始皇本纪》的注释为“钩戟似矛，刃下有铁横方上钩曲也”[1]。此类戟也被别称为“钩釨”“钩戟”，汉代杨雄《方言》所载的“戟，楚谓之釨……其曲者谓之钩釨镘胡”[2]，以及《史记·秦始皇本纪》引贾谊《过秦论》的“锄櫌棘矜，非铦于勾戟长铩也”[3]，都描摹了戟具备的钩状形态。

汉末名将典韦就非常善用戟，史籍还记载了典韦戟的具体形态，《三国志·典韦传》载：“韦好持大双戟与长刀等，军中为之语曰：‘帐下壮士有典君，提一双戟，八十斤。’”[4] 典韦戟属短械，两侧有对称的月牙，可刺，可割，一般是双手所持，戟后有镡，可击刺，还可以用两侧月牙勾住敌人兵器使之脱手，

---

〔1〕（西汉）司马迁：《史记》，（南朝宋）裴骃集解，（唐）司马贞索隐，（唐）张守节正义，上海古籍出版社，2016，第226页。

〔2〕李清桓：《郭璞〈方言注〉研究》，崇文书局，2006，第27页。

〔3〕（西汉）司马迁：《史记》，岳麓书社，2002，第56页。

〔4〕（晋）陈寿《三国志》卷十八，邹远等译，团结出版社，2002，第545页。

山东嘉祥武氏祠画像石上骑兵手中的戟就带有月牙状钩（图4–6），《典韦传》也有记载“韦以长戟左右击之，一叉入，辄十余矛摧”[1]。戟在旷野上用于马战的效果极佳，因而在汉王朝与匈奴的战争中，戟发挥了重大作用。《汉书·晁错传》载：“两阵相近，平地浅草，可前可后，此长戟之地也，剑楯三不当一，……匈奴之弓弗能格也。”[2]汉代马戟的出现和发展，不仅让汉王朝马上技击水平有了很大的提高，具备了剁、刺、探、片、压、带、勾、挂的丰富格斗技术，也让戟成为从西汉到魏晋时期骑兵的主要装备之一，在军中还有一支专门的兵种名曰“大戟士”。除了马战用戟之外，汉代还有一种手戟，长度类似匕首，可能用于近身防御或作为抛掷兵器使用，《后汉书·刘焉袁术吕布列传》载“（吕布）尝小失卓意，（董）卓拔手戟掷之”[3]。

图 4–6　山东嘉祥武氏祠画像石——持戟的骑兵

〔1〕（晋）陈寿《三国志》卷十八，邹远等译，团结出版社，2002，第 545 页。
〔2〕（东汉）班固撰《汉书》上，岳麓书社，2008，第 879 页。
〔3〕（南朝宋）范晔、（晋）司马彪撰《后汉书》，陈换良、李传书标点，岳麓书社，1994，第 1054 页。

矛为汉代步兵和骑兵都使用的主兵器，秦和西汉时矛的样式与战国时代相似，呈柳叶状，只不过以铁制取代了铜制。至东汉，主战矛的形态变化为叶形，中部多起脊，骹部卷为圆筒状，还发展出了骑兵用的矛，骑兵矛刃部加长，柄可长二丈四尺（约4米），围一尺三寸，杀伤力和灵活性兼具。《三国志·魏书》记载，公孙瓒曾经带领数十骑出行塞，遭遇鲜卑骑兵，公孙瓒临危不乱，持矛两头施刃，左右击刺，杀伤数十人而归[1]。《兵车器集簿》中记录有矛52,555件（包括乘舆矛2,377件、普通矛50,178件），仅从数量上看，矛在汉代已经是军队装备的主要兵器。在《三国志》的正史记载中，关云长和吕布这类东汉名将也都是使用矛的高手。实际上，到了东汉末年，矛与戟相比已经成为军队中更广泛使用的兵器，《诸葛亮集》载："敕作部皆作五折钢铠。十折矛，以给之。"[2]这里并未提及戟，根据兵器史学家周纬的研究，由于制造成本更加低廉，而格斗价值却差距不大，所以自汉末至晋，矛确实已成为军队主要使用的长兵。

匕首也是秦汉武士的随身武器，《兵车器集簿》记载有24,804件匕首。按照汉《盐铁论》的记载，匕首"以为长尺八寸"，甚至可以藏在袖子里。《兵车器集簿》记载的匕首被称为"泾路匕首"，所谓"泾路"与古剑的"轻吕"同音，互相通假，而"轻吕"是《逸周书》中武王克殷的兵器，以"泾路"为名说明匕首内含武士必胜和正义之师的意义。《文选》转载的《典论》中也有"魏太子丕造素质，坚而似霜。造匕首，理似坚冰"[3]的记载，

---

〔1〕（晋）陈寿《三国志》卷八，邹远等译，团结出版社，2002，第227～228页。
〔2〕（三国）诸葛亮：《诸葛亮集》，段熙仲、闻旭初编校，中华书局，2012，第34页。
〔3〕（南朝梁）萧统：《文选》，浙江大学出版社，2017，第1975页。

还描述了匕首锋利的状态“似霜”“似坚冰”。

《兵车器集簿》还记载了一件在晋代之后就很少再出现的兵器——钩镶，为勾、推、挡多用兵器。汉人史游的《急就篇》载“矛铤镶盾刃刀钩”，颜师古注释为“镶者亦刀剑之类，其刃却偃而外利，所以推镶而害人也”[1]，又“钩以镶属也，形曲如钩而内利，所以拘牵而害人也”[2]。从技术角度看，推钩、推镶为防守，钩引又具有反击伤害的功能。汉代人所著《吴越春秋》记载“吴作钩者甚众”[3]，这里的钩在汉代实际上就是钩镶。《太平御览》记载了一则地方官带领民众抗击贼寇的事，“江汉字山甫，迁丹阳太守。是时大江剧贼余来等劫击牛渚、丹阳、边水诸县居民，殴略良善，经岁为害。汉到郡，会集劲士，修整战具，钩镶、刀椐、大戟、长矛、弓弩劲兵，转送承接。余来亟战失利，遂见枭获。孝顺帝喜其功，赐以剑珮”[4]。钩镶位列其中。从河南鹤壁、河南洛阳、四川德阳、河北定州出土的钩镶形态看，它是攻防一体的兵器，全长 60 厘米左右，钩长 26 厘米左右，尖端为球形，镶部把手为扁体形，镶面有 18 厘米长、14 厘米宽的铁板（图 4–7），能够起到类似盾牌的防御作用[5]。在陕西神木柳苍墓门石柱画像石（图 4–8）、陕西神木柳苍墓门立柱画像石（图 4–9）、徐州铜山十里铺画像石（图 4–10）、徐州铜山小李村苗山画像石（图 4–11）等上都能够见到钩镶格斗的形态。但钩镶的形态结构并不适合战场作战，其像盾一样的护手也无法有效格挡弓箭和其他长

〔1〕李琢光编《文史辞源》第四册，天成出版社，1984，第 3220 页。
〔2〕李琢光编《文史辞源》第四册，天成出版社，1984，第 3220 页。
〔3〕（东汉）赵晔：《吴越春秋》，时代文艺出版社，2008，第 26 页。
〔4〕周天游辑注《八家后汉书辑注》，上海古籍出版社，1986，第 272 页。
〔5〕李京华：《汉代的铁钩镶与铁钺戟》，《文物》1965 年第 2 期。

兵的突刺。《释名》记载钩镶的主要作用是利用钩加推（或推镶或钩引）的方式推开对方兵器，配合自身的灵活移动和其他兵器实施攻击。根据多个汉代画像石上出现的钩镶格斗场景中人的发髻判断，参与者似乎多为女性。钩镶在与正规战争有关的史料中记载稀少，这也表明这种兵器虽然也曾出现在军队装备中，但其格斗方式决定了它应该主要用于民间格斗或作为类似荡寇这样小规模战斗中的辅助工具。

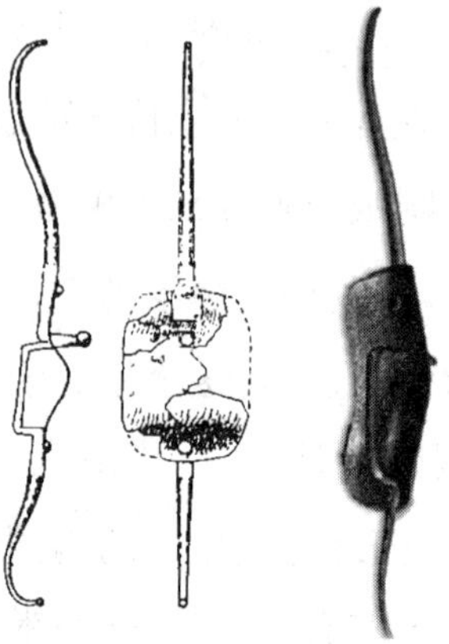

图 4-7　钩镶复原图

图 4-8　陕西神木柳巷村墓门立柱画像石——钩镶使用图[1]

图 4-9　陕西神木柳巷村墓门立柱画像石——钩镶对搏图[2]

〔1〕 吴兰、帮福、康兰英：《陕西神木柳巷村汉画像石墓》，《中原文物》1986 年第 1 期。
〔2〕 李京华：《汉代的铁钩镶与铁钺戟》，《文物》1965 年第 2 期。

图 4-10　徐州铜山十里铺汉墓门楣石
——钩镶对矛图
（藏于徐州汉画像石艺术馆）

图 4-11　徐州铜山小李村苗山画像石
（藏于徐州汉画像石艺术馆）

秦国灭六国征伐四方，除了兵器，更为重要的装备就是甲胄。根据《里耶秦简》的记载，铠甲的数量比戟和弩的数量还要多很多，其中包括：甲衣 349 件，甲 21 件，兜鍪 39 件，胄 28 件，而弩和戟只有各 251 件[1]。另据《秦迁陵县武库兵器簿 · 简 8-458》的记载："迁陵库真见兵：甲三百卌九。甲兜廿一。鞮瞀卅九。胄廿八。弩二百五十一。臂九十七……戟二百五十一。"[2]其铠甲数量也相当可观。《岳麓书院藏秦简（贰）》中有一篇关于铠甲的记录："赀一甲直（值）钱千三百卌四，直（值）二两一垂，一盾直（值）金二垂。赎耐，马甲四，钱七千六百八十。马甲一，金三两一垂，直（值）钱千九百廿。金一朱（铢）直（值）钱凵四，赎死，马甲十二，钱二万三千卌。"[3]从中可见，秦国对铠甲的投资是巨大的。而秦始皇陵兵马俑的人俑也显示，秦人非常重视铠甲的使用，从兵马俑甲俑和袍俑比例来看，秦军的甲兵数量远远高于袍兵，可见秦军对铠甲的需求量是非常大的。

由于铁器脱碳技术的进步，汉代的铠甲质量和数量相较前代

---

〔1〕陈伟主编《里耶秦简牍校释》第一卷，武汉大学出版社，2012，第 154 页。
〔2〕陈伟：《秦简牍校读及所见制度考察》，武汉大学出版社，2017，第 122 ～ 123 页。
〔3〕朱汉民、陈松长主编《岳麓书院藏秦简》贰，上海辞书出版社，2011，第 13 页。

有了很大的进步，还发明了冷锻制甲的扎甲。《兵车器集簿》所载士卒个人战斗防护用具有：甲、铠、鞮鍪、铁募、铁股、铁罢、面衣及盾等。甲为革制或铁制的甲衣；鞮鍪指的是头盔；铁募、铁股、铁罢分别为铁质的臂甲、腿甲、裙甲；面衣为护面具，以木制成。《冰车器集簿》分别记载了甲142,322件、铠63,324件、鞮鍪97,584件、革20,681件、面衣10,563件等，数量甚为巨大。在汉代，甲的种类比较多，有铁制的玄甲和皮革甲，而铠即为铁甲，因而通常"铠""甲"连用，可装备步、骑等兵种。从出土的汉代铠甲实物看，武士的身甲均为短褛形，一般分为无袖及有护臂两种类型，短褛完全是为了适应骑马作战的需要，主要防护前胸和后背；另有臂铠和股铠，用于防护四肢，鞮鍪和面衣防护头、脸，股铠可以肯定是重装甲骑兵的专用装备〔1〕。

汉代铁甲是由甲片一片片串缀而成的札甲形式，依照甲片不同可分成两种：第一种为长方形甲片，长方形甲片的铠甲依形式又分为两种，一种是胸背两甲用带与肩相系而成，另一种还加上披膊，防御性更强，两种都为普通士兵的装束；第二种为方格状小型甲片编缀成的胄甲，腰带以下及披膊等部位，也采用札甲形式，以方便行动，似为当时指挥人员的装束。研究从汉代军事城堡出土的铁制胄甲发现，当时用于战争的士兵札甲重22斤左右，工艺比较繁复，需要用650余片甲片编缀而成。与之相似，为了便于活动，皮甲也是以甲片形式编缀而成，长沙南郊侯家塘西汉墓出土过一批皮甲，甲片有长方形、方圆形和椭圆形几种，多为

〔1〕李均明：《尹湾汉墓出土"武库永始四年兵车器集簿"初探》，转引自连云港市博物馆、中国文物研究所编《尹湾汉墓简牍综论》，科学出版社，1999，第86～120页。

复合多层叠在一起的状态。居延汉简载："木质一，白玄甲十三领，革甲六百五十，铁铠两千七百一十二。"[1]由此可见，西汉时代革甲在军队中不占主导，铁铠已经非常普遍，防御力自然不容小觑。东汉史学家李尤在《铠铭》中写道："甲铠之施，扞御锋矢；尚其坚刚，或用犀兕。"[2]

《兵车器集簿》中除了钢铁铠甲之外，还记载了"盾九万九千九百一"，可知步兵主要装备铁盾，其防护效果更佳。从武氏祠画像石图像中，可以看到环首刀与盾牌配合使用的情景，这也是环首刀的常用方法。《史记·项羽本纪》："哙即带剑拥盾入军门。交戟之卫士欲止不内，樊哙侧其盾以撞，卫士仆地，哙遂入。"[3]这反映了用盾撞人是冷兵器时代通行的做法。在冷兵器时代，利用盾牌的防护及撞击功能，再配合环首刀、剑或戟的进攻功能，可以实现较理想的作战效果。从现存汉代画像石中可见两名手持盾牌和兵器的武士相斗的场景，左边的武士为盾配合环首刀，右边的武士为盾配合矛，激烈搏斗，相持不下（图 4–12）。实际上，刀盾配合使用在汉代非常普遍，应劭所撰《汉官仪》一书中就以"刀盾"并称，为数不少的汉代画像石也反映了这一现象。

〔1〕甘肃省文物考古研究所等编《居延新简》，文物出版社，1990，第 371 页。
〔2〕（清）严可均辑《全上古三代秦汉三国六朝文》第二卷，陈延嘉、王同策、左振坤等校点，河北教育出版社，1997，第 489 页。
〔3〕（西汉）司马迁：《史记》，岳麓书社，2002，第 64 页。

图 4-12　汉代画像石（藏于山东博物馆）

除了以上作战使用的主要兵器之外，辅助兵器钩镶或者由主要兵器矛衍生出的铍（长刃矛）、铁铩（带突耳的矛）等，在战斗中也时有使用，但无论是从出土量还是文献记载数量来看均比较少，其格斗技法与矛相同，威力可能更大，但由于铸造成本、技术等种种原因没能传之后世。

第二节　中原王朝与游牧政权战争催生的武术

中华文明并非是孤立而单一存在的文化形式，它从一开始就是在中原农业民族与草原游牧民族文化交织和交融作用下形成的多元统一体，武术文化同样如此。从东周开始，国家的兴衰和文化的更替就已经与草原文明休戚相关。考古发现，秦汉草原政权主要分布在以陇山为中心的今甘肃秦安、张家川、庆阳地区和宁夏固原地区，内蒙古鄂尔多斯高原阴山以南地区。从游牧民族的墓中，除了发掘出草原武士独有的触角式短剑、环首短剑、刀、鹤嘴斧等兵械，还发掘出深具中原文化特色的铜车器、礼器、兵器（戈、矛）。考古学者研究指出："北方游牧民族与中原汉民族的融合约自春秋早中期开始，至秦末汉初最终完成，前后经历了四百余年的时间。"〔1〕秦汉时期影响中原地区的游牧民族主要为匈奴，这一影响直到东汉晚期才逐渐被其他民族取代。匈奴骁勇好战的民族性格和骑兵突袭的战法，推动和改变了秦汉王朝的武术形态，其中包括武术技击用的兵器制作工艺、形制和格斗方式。

战国时期，匈奴就已经开始频繁袭扰中原地区，至秦王朝建立，秦始皇即命大将蒙恬率三十万大军北击匈奴，收复河南地，自榆中至阴山一带，并设三十四县，两汉王朝的大部分时间也一直与匈奴作战。常年的匈奴与中原王朝的战争，促使双方在兵器和武术技艺及训练上都有了较大进步。从汉王朝角度出发，车战不再适用于战场，其模式逐步消失，发展出了骑兵和骑兵使用的格斗长兵戟与矛，也改善了甲胄制作技术，《汉书·晁错传》载"下马地斗，剑戟相接，去就相薄（迫），则匈奴之足弗能给也"〔2〕。晁错还建议汉文帝："今降胡义渠蛮夷之属来归谊者，……可赐之坚甲絮衣，劲弓利矢，益以边塞之良骑……两军相为表里，各用其长技。"〔3〕晁错的建议在汉武帝征伐匈奴的过程中得到了运用，汉军改变了仅以骑射对付匈奴骑射的做法，开始使用锻造精良的钢铁长戟和长刀，第一种战法是利用马匹的冲击势能有效杀伤匈奴军；第二种战法在降低敌军机动性的前提下下马列阵，

〔1〕单月英：《东周秦代中国北方地区考古学文化格局——兼论戎、狄、胡与华夏之间的互动》，《考古学报》2015年第3期。
〔2〕（东汉）班固撰《汉书》上，岳麓书社，2008，第880页。
〔3〕（东汉）班固撰《汉书》上，岳麓书社，2008，第880页。

发挥长兵和盾牌配合弓弩的优势杀伤敌军骑兵（图 4-13）。《资治通鉴·汉纪十三》记载，李陵的五千步兵被匈奴三万主力骑兵包围，李陵沉着应战，将军队布置在两座山中间，以大车为营，步兵列阵，假意示弱，前军手持长戟和盾，后军持弓弩，匈奴见汉军人少，就用骑兵冲阵，结果大败[1]。

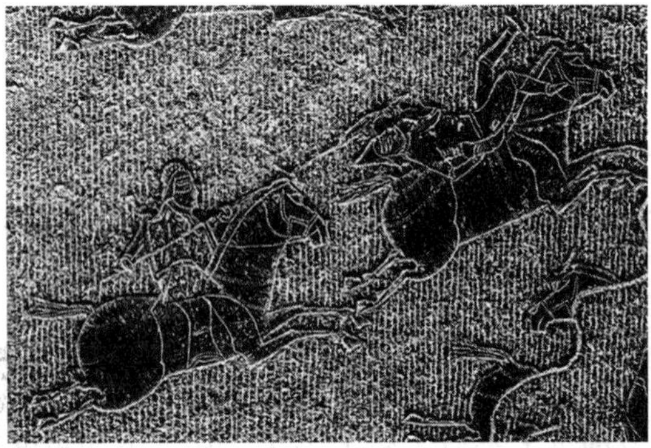

图 4-13　汉代画像石——汉军骑兵用戟将匈奴骑兵勾下马
（藏于山东博物馆）

临沂沂南北寨出土的汉代画像石就描绘了汉军与匈奴军之间交战与交战后献出俘虏的场景。汉匈桥上激战图[2]右端一匹马拉着一辆有盖的战车，车厢内坐 1 人，可能是督战的汉军官员；车厢前部为御车者，右手扬鞭，左手持辔；车前有 2 名手持矛的骑兵，车后有 2 名手持槌的骑兵跟随，矛和槌均带缨；前军为大队步兵，其中有 4 名持钺的礼兵，有 21 个一手持刀、一手持盾的武士与匈奴的骑兵短兵相接；匈奴方前军为搭弓射箭的战士，后面有 2 名持刀的军士（图 4-14）。出行献俘图[3]的左侧为匈奴骑兵，右侧为汉军骑兵，位于马下的汉军右手持盾牌，左手持

〔1〕（北宋）司马光编撰《资治通鉴》，邬国义校点，上海古籍出版社，2017，第 221 页。
〔2〕苏建军：《临沂汉画像石上的〈胡汉战争图〉》，《东方收藏》2019 年第 11 期。
〔3〕苏建军：《临沂汉画像石上的〈胡汉战争图〉》，《东方收藏》2019 年第 11 期。

一把环首刀，匈奴下马的骑兵呈跪地乞降状（图 4–15）。这些画像石描绘的情境很生动地佐证了文献中关于汉、匈双方兵器类型和战争的史料记载，从另一个角度展现了汉、匈军队作战和格斗的方式。

图 4–14　汉匈桥上激战图

图 4–15　出行献俘图

若从匈奴角度出发，获取农耕地区生产资料的需求与汉军的步步紧逼，使得他们也不得不改良兵器技术，提升作战效能。从凉城县毛庆沟发掘的匈奴墓地和《兵车器集簿》记载的“郅支单于兵器”情况看，匈奴人的主要格斗兵器为刀、鋋、短剑、匕、铁鹤嘴斧和矛，防御性武器为头盔、铠甲和盾[1]。《史记·匈奴列传》载：“（匈奴）长兵则弓矢，短兵则刀鋋。利则进，不利则退，不羞遁走。”[2]其中的“鋋”指的是一种铁柄短矛，也泛指短矛，其格斗方法是鋋刺和投击。另《汉书》记载，匈奴人也使用刀、剑，匈奴单于契金使用的刀被称作“径路刀”。《太

〔1〕田广金：《近年来内蒙古地区的匈奴考古》，《考古学报》1983 年第 1 期。
〔2〕（西汉）司马迁：《史记》，岳麓书社，2002，第 619 页。

平御览》载："邓遵破匈奴，得剑和匕首二三千枚。"[1] 目前出土的匈奴刀基本上都是短刀，多数为铁制，刀上安装有木柄，分直背弧刃、弧背直刃、直背直刃等几种形制，刀鞘带有装饰物。匈奴人的剑多发现于内蒙古的鄂尔多斯地区，短剑有双刃，长 60 厘米左右，柄末端常装饰有动物纹饰，有的为铃首或环首，具有较明显的鄂尔多斯式，从蒙古国诺颜乌拉出土的战争壁画中能大致窥其样貌（图 4–16）。长剑一般长 1 米左右，双刃，有的有柄，有的无柄，还有带玉镡和带玉璏的汉剑，部分还刻有汉字。此外，匈奴墓葬中还出土有斧、矛和戈，其形制直接引进和借鉴了中原兵器。此外，匈奴也有格斗用的护甲和盾牌，《汉书·晁错传》载："晁错上书言兵事曰'……匈奴之'革笥''木荐'弗能支也"[2]，颜师古注曰："革笥，以皮作如铠者被之木荐，以木板作如盾。"[3]

图 4-16　蒙古国诺颜乌拉匈奴墓出土战争图[4]

在兵器制作工艺上，匈奴兵器水平的进步与秦汉王朝的技术

〔1〕（宋）李昉等撰《四部丛刊三编·太平御览》卷三百四十六，上海书店出版社，1936。
〔2〕（东汉）班固撰《汉书》上，岳麓书社，2008，第 879 ～ 880 页。
〔3〕（东汉）班固撰《汉书》上，岳麓书社，2008，第 880 页。
〔4〕杨富学：《河西考古学文化与月氏乌孙之关系》，《丝绸之路研究集刊》2017 年第 1 期。

进步基本一致，在西汉进入钢铁兵器时代后，匈奴也随之跟进，因为匈奴在与汉王朝的交往过程中不仅通过战争缴获和走私贸易购入铁制品，而且也学习了中原民族的冶铁技术。此类技术代代相承，并在生产生活中不断改进、提高。但从格斗技术角度看，匈奴的兵器水平还是远逊于秦汉王朝。由于受制于冶金技术，匈奴兵器的金属性能很差，一旦近身，基本没有优势，很多野史和当代影视文学作品中所谓匈奴军锋利的弯刀和高超的马上格斗技术基本属于想象和杜撰，匈奴军的优势还是在于依靠机动性很强的骑射攻击。

自汉武帝始，开拓西域成为汉王朝重要的国策，早期与汉王朝交往最为密切的游牧民族为羌族。《汉书·西域传》记载："出阳关，自近者始，曰婼羌。婼羌国王号去胡来王。去阳关千八百里，去长安六千三百里，辟在西南，不当孔道。"[1] 婼羌即是羌族部落，还建立过羌国，羌族曾与汉王朝共同对抗匈奴，具有一定的武装力量，《汉书·西域传》载"山有铁，自作兵，兵有弓、矛、服刀、剑、甲。西北至鄯善，乃当道云"[2]。也即是说，羌族所在的地区出产铁矿，羌人也学习了冶铁和制造铁质兵器的技术，生产出了铁质矛、服刀、剑和甲胄等，这也是羌人能够与匈奴对抗的重要原因。张骞出使西域归国后，汉王朝与河西走廊地带的大月氏及乌孙建立了联系，乌孙公主还与汉朝王室联姻。虽然大月氏被匈奴击败远遁，但在与匈奴的战争中大月氏也强化了自身的军事技艺。大月氏建立贵霜帝国后，成为沟通中华文明

〔1〕（东汉）班固撰《汉书》下，岳麓书社，2008，第 1441 页。
〔2〕（东汉）班固撰《汉书》下，岳麓书社，2008，第 1441 页。

与希腊、罗马文明的桥梁，其军队使用的格斗兵器也兼具二者的特征。与匈奴相同，大月氏也善骑兵作战，骑兵的主要配置为弓箭、长枪和近战的双刃短剑，但其步兵为希腊化步兵，使用希腊盾、剑、长矛和罗马剑、长矛、战斧等，贵霜帝国出土的金币上就有希腊化步兵样貌的描绘（图 4–17）。大宛也与汉王朝有军事冲突与交流，《汉书·西域传》载："（大宛）不知铸铁器。及汉使亡卒降，教铸作它兵器"[1]，可见大宛的铸铁技术源自从汉王朝掳去的工匠。大宛军事一度强盛，曾击败征伐西域的汉将李广利。至东汉末，匈奴部落中的南匈奴归顺中原王朝，北匈奴被东汉军队击败最终逃亡欧洲，鲜卑人因此快速崛起。《后汉书·鲜卑传》载"自匈奴遁逃，鲜卑强盛，据其故地，称兵十万，才力劲健"[2]，鲜卑人"兵利马疾，过于匈奴"[3]，其装备也比较精良，矛、刀、剑均为"精金良铁"，骑兵为"甲骑具装"的重装骑兵。《三国志·魏书》载："袁绍据河北，中国人多亡叛归之，教做兵器铠盾。"[4]这说明鲜卑人的兵器和制造技艺引进或改良自中原王朝。东汉末年，在中原王朝的内乱中，游牧民族的武术趁机快速发展，这也为魏晋南北朝时期中华武术的丰富和多元创造了先决条件。

---

〔1〕（东汉）班固撰《汉书》下，岳麓书社，2008，第 1450 页。
〔2〕（南朝宋）范晔、（晋）司马彪撰《后汉书》，陈焕良、李传书标点，岳麓书社，1994，第 1328 页。
〔3〕（南朝宋）范晔、（晋）司马彪撰《后汉书》，陈焕良、李传书标点，岳麓书社，1994，第 1328 页。
〔4〕邹德金编《裴松之注〈三国志〉》下，天津古籍出版社，2009，第 474 页。

图 4-17 贵霜帝国印有武士图案的金币

第三节 皇帝集权统治下的武术江湖

秦始皇统一中国后，“隳名城，杀豪俊，收天下之兵聚之咸阳，销锋铸镰”[1]，严厉打击私人习武活动，禁止非官方控制下的人拥有兵器，以“弱黔首之民”，这使得春秋战国时期形成和崛起的武士阶层不得不“亡逃山林，转为盗贼”[2]，譬如英布逃亡至江中，纠结了许多受刑之人聚为“盗贼”，彭越聚拢武士在巨野泽为“群盗”。从云梦泽出土的竹简的记载看，“群盗”持有武器，常与秦军作战，项梁、项羽叔侄也在会稽聚集武士并最终起兵反秦。秦末的武士，既有春秋战国时代遗留的六国贵族，又有平民阶层。秦王朝存在时间太短，加上秦朝的郡县制并不成

〔1〕（西汉）司马迁：《史记》，岳麓书社，2002，第 55 页。
〔2〕（东汉）班固撰《汉书》上，岳麓书社，2008，第 479 页。

熟，导致秦朝禁武法令之下，民间的武术江湖在这一时期仍旧活跃，但秦代对于民间武术严厉打击的法律制度和集权理念却深刻影响了之后的汉朝，为汉武帝打击地方武术团体——豪强势力和之后武术江湖形态的变化埋下了伏笔。

汉王朝完全承袭了秦朝大一统的政治制度，具有相似的政治文化环境，禁止民间私藏兵器。但是在西汉初年，经过秦末农民起义和楚汉战争，大量地方武装得以借此动乱之机崛起和壮大，加之春秋战国时代的武侠精神并未泯灭，使得西汉建立伊始，社会上出现了很多以侠之信条行事的势力。这群拥有兵器和武力以“任侠”为身份标签的人与春秋战国时的武士不同，他们有的是放荡的闾里少年轻侠，有的是称霸一方和拥有政治势力的豪强，再不同于春秋战国时期的“匹夫之侠”“游侠”，而被史书称为“豪侠”“公卿之侠”“乡曲之侠”“轻侠少年”“闾里之侠”等[1]。

秦汉时期身怀武艺的侠主要有三类身份：第一类是大多出身门阀贵族的名臣、名将，被班固称为“公卿之侠”；第二类为出身平民的地方豪强势力，被称为“闾里之侠”；第三类是职业刺客，受雇于某些有特殊目的的势力，完成刺杀任务，被称为“宾客之侠”。受到春秋战国时代武侠精神气质的影响与感召，在《史记》《汉书》《三国志》中，凡是有“侠”之情怀和行为的人物，史家都会予以着墨，即使是班固这样对武侠多有不满的史家，也不免多提一笔。

据《史记》记载，张良“居下邳，为任侠”[2]，曾经身为游侠，

---

〔1〕（西汉）司马迁：《史记》，岳麓书社，2002，第 704 ～ 706 页。
〔2〕（西汉）司马迁：《史记》，岳麓书社，2002，第 354 页。

还曾招募勇士刺杀秦始皇；楚汉战争时期的名将季布“为气任侠，有名于楚，项籍使将兵，数窘汉王”〔1〕。季布的弟弟季心以其高超的武艺和高尚人品，也成为一代大侠，他“气盖关中，遇人恭谨，为任侠，方数千里，士皆争为之死”〔2〕。时至汉武帝时期，虽然打击民间习武和民间武士愈加严厉，但武帝一朝的官吏中不少人也有任侠的经历，丞相窦婴“任侠自喜，将兵，以军功为魏其侯”〔3〕，中尉宁成“致产数千万，为任侠，持吏长短，出从数十骑。其使民，威重于郡守”〔4〕。汉成帝时代的名臣朱博虽出身贫寒，但颇有任侠好交之气，《汉书》载“朱博字子元，杜陵人也。家贫，少时给事县为亭长，好客少年，捕搏敢行。稍迁为功曹，伉侠好交，随从士大夫，不避风雨”〔5〕。而这种现象不仅一直持续到东汉末年三国时期，没有呈现消亡的趋势，反而愈演愈烈。

东汉末期的很多名将在少年时期都有武侠情结和任侠行为，他们不仅身怀武艺，而且还以战国时期的道德遗风为人生信念，在汉末动乱年代趁机崛起，很多人从侠客武士转身成为当时政治军事舞台上的风云人物。《三国志·魏书》记载，曹操少年时“少机警，有权数，而任侠放荡”〔6〕，《世说新语》中也记录有曹操、袁绍少时“好为游侠”的事迹。曹操还曾作为刺客刺杀宦官张让，虽然被卫兵发现，在围攻下也能“舞手戟于庭，逾垣而出”〔7〕，

---

〔1〕（西汉）司马迁：《史记》，岳麓书社，2002，第 574 页。
〔2〕（西汉）司马迁：《史记》，岳麓书社，2002，第 575 页。
〔3〕（西汉）司马迁：《史记》，岳麓书社，2002，第 335 页。
〔4〕（东汉）班固撰《汉书》下，岳麓书社，2008，第 1355 页。
〔5〕（东汉）班固撰《汉书》下，岳麓书社，2008，第 1269 页。
〔6〕邹德金编《裴松之注〈三国志〉》下，天津古籍出版社，2009，第 1 页。
〔7〕邹德金编《裴松之注〈三国志〉》下，天津古籍出版社，2009，第 3 页。

被《三国志》评价为“才武绝人，莫之能害”。《曹瞒传》也有记载说：“太祖（曹操）……造五色棒，县门左右，各十余枚。有犯禁者，不避豪强，皆棒杀之。后数月，灵帝爱幸小黄门，蹇硕叔父夜行，即杀之。京师敛迹，莫敢犯者。”[1]这些历史记载把曹操青少年时期的任侠事迹和武艺水准都描摹得非常生动，曹操既作为武艺高超的侠，亦作为疾恶如仇的刺客之双重形象说明，在东汉时期，“刺客”与“游侠”中的武侠精神和行为方式仍旧被保留下来。

不仅是曹操，张邈、凌统、甘宁、史涣等身居不同地域的汉末名将，青少年时都有以侠自居和践行武侠精神的行为。《三国志·魏书》载，张邈“少以侠闻，振穷救急，倾家无爱，士多归之”[2]，史涣“少任侠，有雄气。太祖初起，以客从，行中军校尉”[3]。《三国志·吴书》载，甘宁“少有气力，好游侠，招合轻薄少年，为之渠帅；群聚相随，挟持弓弩，负毦带铃，民闻铃声，即知是宁”[4]，凌操“轻侠有胆气，孙策初兴，每从征伐，常冠军履锋”[5]。根据史料记载，东汉时期，门阀贵族出身的“任侠”非常普遍，其原因一方面是当时门阀世家非常重视文武并举的教育，另一方面是汉代的门客风气一直没有被禁绝，这为有共同理想信念的习武者提供了一定的结社和群聚条件，使得他们能够有更多机会相互借鉴学习。更为重要的是，被贵族豢养的门客能够在国家禁止民间私人持有武器的法令下受到庇护，

[1] 叶楚伦主编《三国晋南北朝文选》，中正书局，1936，第 52 页。
[2] 邹德金编《裴松之注〈三国志〉》下，天津古籍出版社，2009，第 129 页。
[3] 邹德金编《裴松之注〈三国志〉》下，天津古籍出版社，2009，第 158 页。
[4] 邹德金编《裴松之注〈三国志〉》下，天津古籍出版社，2009，第 739 页。
[5] 邹德金编《裴松之注〈三国志〉》下，天津古籍出版社，2009，第 742 页。

仍然可以拥有兵器并时常训练与比试。“任侠”行为在秦汉时代的禁而不止甚至屡禁不止，也使得每逢王朝动乱，那些门阀贵族培养出的豪侠都能起到重要作用。东汉光武帝刘秀手下的“云台二十八将”就是好击剑格斗的游侠。许褚家族作为东汉谯郡的大族不乏剑客侠士，在许褚被曹操封为振威将军后，其余人“封侯者数十人，都尉、校尉百余人，皆剑客也”[1]，这些剑客出身的豪侠为曹魏政权平抑混乱、恢复社会秩序做出了重要贡献。

在秦汉集权政府治理能力较强的和平年代，身怀武艺的侠常常被视作不务正业的浪子。秦末汉初的刘邦及其追随者张良、萧何、樊哙等都被认为是当地的“少年豪吏”，东汉末年的曹操、袁绍等年轻时行为也多有不端，他们却都以任侠自居，佩剑习武。在王朝更替的混乱时期，这群年轻人在政权的更迭和社会重新恢复稳定中发挥了重要作用。

春秋战国时期，门客制曾是培养武士阶层和群体的重要形式，贵族为了壮大自己的势力而大规模豢养门客，为游侠提供了栖身与发挥自身才能的机会，这其中就有很多文武兼备的平民。与春秋战国的游侠追求在独立人格和平等地位下实现正义有所不同，汉代门客的理想是求富贵、取尊荣、建不朽之功业，他们获得成就的路径往往是通过依附某个“主子”，将自身“工具化”，达成豢养与被豢养的关系[2]。当然这种豢养关系在某种意义上也是一种合作关系，因为一旦主人有所成就，作为门客也能够随之“荣誉加身”。这些门客中有些属于文士，但更多的属于“武力

[1] 邹德金编《裴松之注〈三国志〉》下，天津古籍出版社，2009，第309页。
[2] 李珺平：《春秋战国门客文化与秦汉致用文艺观》，中国社会科学出版社，2001，第4页。

鼎士”和“剑客”，他们主要的职责就是充当刺客或打手，例如西汉馆陶公主晚年的面首董偃，《汉书》对他的记载是“董君贵宠，天下莫不闻，郡国狗马、蹴鞠、剑客，辐辏董氏”〔1〕。东汉灵帝时期大将军何进因为孔融对他不尊就“私遣剑客欲追杀融”〔2〕。东汉酷吏阳球因蔡文姬之父蔡邕批评他的行为而嫉恨，在陷害蔡邕，致使其发配边疆后还心有不甘，随后派剑客追杀蔡邕，但剑客感佩于蔡邕的名节，没有听从命令。这一方面说明当时豪族亲贵豢养剑客的目的就是报私仇，另一方面也可看到这些剑客还有基本气节和底线。但是，剑客横行也使得当时为官之人陷入“上畏不测之难，下惧剑客之害”〔3〕惶惶不可终日的境况。

此外，还有一类门客，他们不跟随门阀贵族，而是追随有名的地方豪侠，《晋书·石勒载记》载：“张披与张宾为游侠，门客日百余乘，物望皆归之。”〔4〕可见即使到了晋朝，延揽门客、乐善好施的游侠处所仍然是武侠的“培养基”。与身为门阀贵族阶层的侠不同，这批跟随地方豪侠的武士属于出身平民的布衣之侠，譬如：汉初的名臣周苛是泗水卒史，申屠嘉是材官，至于陈平、陆贾、郦商、郦食其、夏侯婴、樊哙、周勃更是平民，像樊哙是杀狗的屠夫，周勃则以“织薄曲吹箫给丧事”〔5〕为生。民间的著名豪侠，如田仲、剧孟、郭解、朱家等，由于乐善好施，而导致家境贫困。《史记·游侠列传》载，剧孟“家无十金之财”〔6〕，

---

〔1〕（东汉）班固撰《汉书》下，岳麓书社，2008，第1066页。
〔2〕（南朝宋）范晔、（晋）司马彪撰《后汉书》，岳麓书社，1994，第976页。
〔3〕（南朝宋）范晔、（晋）司马彪撰《后汉书》，岳麓书社，1994，第1099页。
〔4〕（唐）房玄龄等撰《晋书》卷八二～卷一三〇，曹文柱等标点，吉林人民出版社，1995，第1658页。
〔5〕（清）赵翼：《廿二史札记》，商务印书馆，1987，第31页。
〔6〕（西汉）司马迁：《史记》，岳麓书社，2002，第705页。

郭解“家贫不中徙”[1]，朱家“家无余财，衣不完采，食不重味，乘不过軥牛”[2]。但也正是这些布衣之侠的个人品行和人格魅力使得他们受到世人的称赞，民间影响力非常大。不仅如此，这些侠虽然出身布衣，但也获得门阀贵族出身具有共同志向的豪侠的尊重，朱家和剧孟的事迹最为典型。作为项羽将领的季布曾战败被刘邦通缉，朱家主动让季布在自己家里藏匿，并亲自前往洛阳疏通关系为季布脱罪，最终刘邦听从夏侯婴的建议，取消通缉，拜季布为郎中将，后来封他为上将军，但朱家并没有因为季布飞黄腾达而前往攀附，反而为了不影响季布声誉选择终身不再相见，当时的武士听闻无不“延颈愿交”[3]。汉景帝七国之乱时，太尉周亚夫带兵平叛，得知剧孟没有投入叛军阵营非常高兴，周亚夫经过洛阳时剧孟带门客前往军中协助，而剧孟协助中央军平叛的行为也深受周亚夫肯定。

无论是出身门阀的豪侠，还是出身布衣的民间武士，都有一些共同特征：一方面，他们身怀武艺，往往爱打抱不平，扶弱济贫，藏匿豪士，不求报酬，以德报怨，厚施而薄望，因此名声显扬于诸侯；但另一面，他们也具有手段残忍和有害于国家法度的特征，这些号为侠的人，常常恃势凌物，武断乡曲，加之他们声名煊赫，因而权行州里，力折公卿，为了一个许诺可以以死相搏，致使其行为与大一统的国家秩序与法制国策格格不入。例如，《史记·游侠列传》记载郭解“少时阴贼、慨不快意，身所杀甚众。以躯借

[1]（西汉）司马迁：《史记》，岳麓书社，2002，第706页。
[2]（西汉）司马迁：《史记》，岳麓书社，2002，第705页。
[3]（东汉）班固撰《汉书》下，岳麓书社，2008，第1372页。

交报仇，藏命作奸剽攻不休，乃铸钱掘冢，固不可胜数”[1]。年长后才“折节为俭，以德报怨，厚施而薄望”[2]，然而毕竟积习难改，“其阴贼著于心，卒发于睚眦如故云”[3]，“而少年慕其行，亦辄为报仇，不使知也”[4]。这足以说明即使成年后的郭解不再胡作非为，但却仍然维持着类似帮会领导者的地位，只不过从台前走到了幕后而已，以他本人或借用他名声行法度之外复仇行为的事件仍屡有发生。

更让当时政府头痛的是，从事报私仇到了东汉甚至逐渐成为一种职业，很多闾里少年为了金钱常常铤而走险成为暴徒，他们号称游侠或剑客，但实际上做的是任何时代的法律都不可容忍的营生，城市街巷中的暴力犯罪也因为习练武术的“少年恶子”[5]而时有发生，甚至形成了团伙组织。江淮地区的周忠、周晖兄弟招募的侠客，以及淮南的郑宝、张多、许干等轻侠竟可以组建成一支雄踞当地的武装力量。据《后汉书》记载，苏不韦年轻时父亲被酷吏李暠所害，他把母亲隐藏在武嘉山中，改名换姓，散尽家财招募剑客刺杀李暠，几次没有杀死李暠，但却杀害了李氏无辜的妻妾、小儿子和父亲[6]。《酷吏列传》也有记载，望族阳球“能击剑，习弓马，性严厉”，因郡吏侮辱其母而“结少年数十人，杀吏，灭其家”[7]，其残忍程度令当时的酷吏也闻之丧胆。

---

〔1〕（西汉）司马迁：《史记》，岳麓书社，2002，第705页。
〔2〕（西汉）司马迁：《史记》，岳麓书社，2002，第705页。
〔3〕（西汉）司马迁：《史记》，岳麓书社，2002，第705页。
〔4〕（西汉）司马迁：《史记》，岳麓书社，2002，第705页。
〔5〕（东汉）班固撰《汉书》下，岳麓书社，2008，第1364页。
〔6〕（南朝宋）范晔、（晋）司马彪撰《后汉书》，陈焕良、李传书标点，岳麓书社，1994，第472页。
〔7〕（南朝宋）范晔、（晋）司马彪撰《后汉书》，陈焕良、李传书标点，岳麓书社，1994，第1081页。

可见职业剑客的不法行为已经到了非常严重的程度。

早在西汉时期，统治者就已经注意到了任侠行为对政权稳定性的威胁，御史大夫公孙弘曾上奏汉武帝说："外戚大臣魏其、武安之属竞逐于京师，布衣游侠剧孟、郭解之徒驰骛于闾阎"[1]，"解布衣为任侠行权，以睚眦杀人"[2]。这使得身为皇帝的汉武帝都忍不住咬牙切齿（"天子常切齿"[3]），决心要打击各类侠士。《史记·货殖列传》也记载了当时身为统治阶层的儒家士大夫对侠阶层的态度：

> 故壮士在军，攻城先登，陷阵却敌，斩将搴旗，前蒙矢石，不避汤火之难者，为重赏使也。其在闾巷少年，攻剽椎埋，劫人作奸，掘冢铸币，任侠并兼，借交报仇，篡逐幽隐，不避法禁，走死地如骛（者），其实皆为财用耳。[4]

统治阶层对侠士的忌惮终于演变为打压乃至镇压行为，汉武帝一方面着手打击公卿贵族组成的豪侠阶层，禁止他们延揽门客，迫使"豪侠"畏惧而乖乖服从，着力改变他们利用剑客恣意妄为的状况，另一方面下令对大侠郭解实施灭族，让民间"布衣之侠""乡曲之侠"再也不能以其名望影响地方、称霸乡里。汉武帝打压各类任侠行为的政策一直到汉昭帝刘弗陵时期仍旧被严格执行，《汉书·赵尹韩张两王传》载：

---

〔1〕（东汉）班固撰《汉书》下，岳麓书社，2008，第1371页。
〔2〕（东汉）班固撰《汉书》下，岳麓书社，2008，第1374页。
〔3〕（东汉）班固撰《汉书》下，岳麓书社，2008，第954页。
〔4〕（西汉）司马迁：《史记》，岳麓书社，2002，第736页。

赵广汉字子都，……少为郡吏、州从事，以廉洁通敏下士为名。举茂材，平准令。察廉为阳翟令。以治行尤异，迁京辅都尉，守京兆尹。会昭帝崩，而新丰杜建为京兆掾，护作平陵方上。建素豪侠，宾客为奸利，广汉闻之，先风告。建不改，于是收案致法。中贵人豪长者为请无不至，终无所听。宗族宾客谋欲篡取，广汉尽知其计议主名起居，使吏告曰："若计如此，且并灭家。"令数吏将建弃市，莫敢近者。京师称之。[1]

赵广汉打击豪侠，杀之弃于街市，手段虽然残酷，但却没有引起民众的不满，反而是"京师称之"，说明很多名为豪侠的门阀大族在这一时期，因其恃势凌物、武断乡曲甚至鱼肉乡里的恶劣行为而声名狼藉。

在汉武帝及之后历任皇帝的猛烈打压下，任侠成了"高危行业"，西晋张华《侠曲》写道：

侠客乐幽险，筑室穷山阴。獠猎野兽稀，施网川无禽。……栖迟熊罴穴，容与虎豹林，雄儿任气候，声盖少年场。借友行报怨，杀人租用傍，吴刀鸣手中，利剑严秋霜。腰间叉素戟，手持白头镶。腾起如电激，回旋如流光。……生从命子游，死闻侠骨香。身没心不徭，勇气加四方。[2]

《侠曲》既描摹了身为侠客的气概，也生动地描述了作为侠

[1]（东汉）班固撰《汉书》下，岳麓书社，2008，第 1194 页。
[2]（宋）郭茂倩编撰《乐府诗集》下，聂世美、仓阳卿校，上海古籍出版社，2016，第 834 ～ 835 页。

士的寂寞与环境的险恶。汉乐府诗《东门行》也描写说："出东门，不顾归；来入门，怅欲悲。盎中无斗米储，还视架上无悬衣。拔剑东门去，舍中儿母牵衣啼。"[1]吕思勉认为写的就是"此古仗剑游侠者流，迫于贫困，欲为去作奸犯科之事，而其家人力阻之之辞"[2]。不难推测，此时以一身武术行仗义之事的江湖生态已然变得非常恶劣，无论是门阀贵族还是布衣乡曲的侠士都已经不能够作为社会主流文化形态存在于历史当中。当然，任侠行为和武侠文化并没有消失殆尽，亦将随着魏晋南北朝的动乱和隋唐王朝多元开放的文化胸襟而再度崛起。

第四节　尚武风气诞育的技击格斗与演武文化

秦汉时期，相较春秋战国，尚武风气丝毫未减，国人普遍尚武且崇拜勇士，这也导致民众对能直观表现个人勇武的兵器和运动方式产生了情感倾向。此风气的兴盛，也促使刀剑技击与手搏格斗在这一历史阶段成为上至帝王、下至布衣共同热衷的运动项目。也正是由于此尚武风气，类似现代武术的最早之范畴也在汉代初步形成，如《汉书·艺文志》所载："技巧者，习手足，便器械，积机关，以立攻守之胜者也。"[3]武术成为集徒手格斗、器械格斗攻守一体以竞技取胜为目标的技艺，唯一不同的是作为机关的弓弩属于现代武术概念的外延。

---

〔1〕余冠英编《汉魏六朝诗选》，五洲传播出版社，2012，第226页。
〔2〕吕思勉：《秦汉史》，上海古籍出版社，1983，第518页。
〔3〕（东汉）班固撰《汉书》，岳麓书社，2008，第694页。

一、武术器械格斗与武舞

从历史记载和出土文物的二重证据看，虽然秦汉时代矛、戟、铠等兵械被普遍禁止民间持有和使用，为国家所专有，但剑没有被禁，成为私人持有和用于私斗的典型武术器械。甘肃省出土的《居延汉简》记载“第廿五车父平陵里辛盈川。……私剑八”[1]，又载“戍卒东郡畔戍里靳龟。坐乃四月中不审日行道到屋兰界中，与戍卒函何阳争言，斗以剑击伤右手指二所。地节三年八月己酉械系”[2]，又载“为府校剑，属昨日天阴，恐剑刃生”[3]，又载“京兆尹长安南里张延年，剑一”[4]。再有“纪骏欲出，众以所持剑刺伤骏臂一所”[5]，又载“五人俱亡，皆共盗官臧千钱以上，带大刀、剑及铍各一”[6]。从出土的汉画像石（图 4–18）中也能够发现，表现当时击剑格斗的画面颇多，生动地描绘了汉代剑术技击的激烈场景，也反映了汉代斗剑风气之盛。

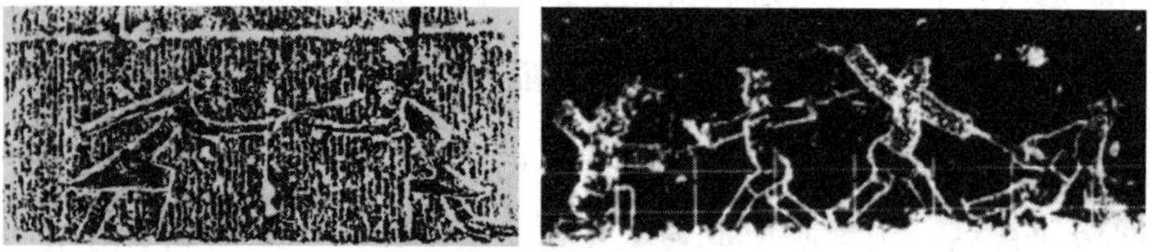

图 4-18　嘉祥秋胡山画像石（左），嘉祥洪山村画像石（右）中的剑术格斗[7]

---

〔1〕谢桂华、李均明、朱国炤：《居延汉简释文合校》，文物出版社，1987，第 17 页。
〔2〕谢桂华、李均明、朱国炤：《居延汉简释文合校》，文物出版社，1987，第 20 ～ 21 页。
〔3〕谢桂华、李均明、朱国炤：《居延汉简释文合校》，文物出版社，1987，第 408 页。
〔4〕谢桂华、李均明、朱国炤：《居延汉简释文合校》，文物出版社，1987，第 471 页。
〔5〕甘肃省文物考古研究所等编《居延新简》，文物出版社，1990，第 447 页。
〔6〕甘肃省文物考古研究所等编《居延新简》，文物出版社，1990，第 459 页。
〔7〕朱锡禄编《嘉祥汉画像石》，山东美术出版社，1992，第 111 页，第 133 页。

由于秦汉时期战场情况的改变和金属冶炼技术的快速进步，剑逐渐退出战争武器的行列，更多地转向自卫防身、随身佩饰之用。东汉以后，它的技巧性和防身健体功能，乃至佩带以示身份的作用都在日益加强，而擅长剑术的人也颇受人尊敬。这就使得剑术成为有志青年纵横于世、立名于天下的必备技艺。《史记》就曾记载齐曲成侯“以善击刺学用剑，立名天下”[1]。司马贞《史记索隐》引《吕氏春秋·剑伎》也对“击剑”活动进行了解释：“持短入长，倏忽纵横之术也。”《后汉书·党锢列传》载：“及汉祖杖剑，武夫勃兴，宪令宽赊，文礼简阔，绪余四豪之烈，人怀陵上之心，轻死重气，怨惠必仇，令行私庭，权移匹庶，任侠之方，成其俗矣。”[2]侠士以剑扬名天下、显达诸侯，也点明了剑术与任侠之间密切的文化关联。

剑与侠作为当时的时代符号，更加促生了汉人对剑技的高度推崇。《论衡·别通》载“剑伎之家，斗战必胜，……有术之家也”[3]。这种风气使得胸怀大志者无不以学剑、习剑为荣，一时间，习武斗剑之风气大盛，以至于文人之士也加入其中。《史记》载韩信“好带刀剑”，还曾“仗剑从项良”，《汉书·司马相如传》载司马相如“少时好读书，学击剑”，《汉书·东方朔传》载东方朔“十五学击剑”，《汉书·尹翁归传》亦载尹翁归“喜击剑”，《汉书·隽不疑传》载儒生隽不疑谒见太守时佩剑，门吏要求他卸下佩剑，但被隽不疑以“剑者，君子武备，所以卫身，

---

〔1〕（西汉）司马迁：《史记》，岳麓书社，2002，第718页。
〔2〕（南朝宋）范晔、（晋）司马彪撰《后汉书》，陈焕良、李传书标点，岳麓书社，1994，第938页。
〔3〕（东汉）王充：《论衡》，陈蒲清点校，岳麓书社，1991，第210页。

不可解”[1]为由拒绝，《汉书·薛宣朱博传》记载朱博为人廉俭，不好酒色游宴，然而“亢侠好交”“欲仕宦者荐举之；欲报仇怨者，解剑以带之”[2]。

汉武帝之时，各路剑客云集长安城，私下的击剑竞逐也随之出现，一时间“夫剑客论博弈辩，盛色而相苏秦”[3]，此风气甚至一度传播至各诸侯国甚至边疆。《史记·淮南衡山列传》载“太子学用剑，自以为人莫及。闻郎中雷被巧，乃召与戏，被一再辞让，误中太子。太子怒，被恐。此时有欲从军者辄诣京师，被即愿奋击匈奴”[4]。诸侯王和诸侯王的太子对斗剑的热衷，与荆楚之地自春秋战国以来一直绵延不断的浓厚剑文化不无关联。剑术风气之盛还催生了相关著作的形成，《汉书·艺文志》除了收录专门讨论剑术技艺的《剑道》38篇，还有相剑师专业书籍《相宝剑刀》20篇。

剑的独特地位使得剑术技艺成为当时自觉为士人显达于世的重要方式，《淮南子·修务训》载“今剑或绝侧羸文，啮缺卷铤，而称以顷襄之剑，则贵人争带之”[5]。这也让佩剑与剑艺的传授成为一条产业链，有任侠理想的门阀贵族也参与其中。《论衡》中记载了曲城侯张仲和越女。曹丕酷爱击剑，经过许多名师指点，尤其是在当时的击剑中心洛阳师从史阿，从此技艺大增。关于这位剑师，《典论》和《太平御览》都有相关记载，曰“（史阿）

〔1〕（东汉）班固撰《汉书》下，岳麓书社，2008，第1132页。
〔2〕（东汉）班固撰《汉书》下，岳麓书社，2008，第1272页。
〔3〕林振翰校释《盐铁论》，商务印书馆，1934，第117页。
〔4〕（西汉）司马迁：《史记》，岳麓书社，2002，第672页。
〔5〕（西汉）刘安：《淮南子·修务训》，转引自陈广忠译注《淮南子译注》，上海古籍出版社，2016，第498页。

善剑术。桓、灵间，有虎贲王越，以剑术称于京师，阿得其法”[1]。除了史阿，还提及虎贲王越也善剑术。曹丕认为“四方之法各异，唯京师为善”[2]，司马迁也在《史记》中提及“自司马氏去周适晋，分散，或在卫，或在赵，或在秦。其在卫者，相中山。在赵者，以传剑论显”[3]。这说明当时的剑术是分多个流派的（根据有限的史料推测，至少分为三晋之地、吴越之地和中原之地），但史阿的京师流派最能得其法。《盐铁论·论勇篇》载：“以吴楚之士，舞利剑，蹶强弩，以与貉虏骋于中原，一人当百，不足道也。”[4]《汉书·李陵传》载：“臣所将屯边者，皆荆楚勇士，奇材剑客也。”[5]曹丕的剑术教师史阿也曾“与越游，具得其法”[6]。这说明吴越和楚地的斗剑具有很深广的根基与传承谱系，当然这也与这一地区盛产宝剑渊源甚深。除了正史记载的剑师之外，民间评书传说中也虚构出了武陵太守李进三招击败史阿，剑师童渊教授赵云武术的桥段，虽然人物是虚构的，但也从某种意义上反映了汉代的武术传播存在传承脉络和谱系。陕西绥德县出土的汉代画像石上就绘制有拜师学习武术的图像（图 4–19），以类似连环画的形式呈现了从拜师、学艺中的对搏练习、虚心求教到学成出师的四个情境。

---

〔1〕《魏晋南北朝文观止》编委会编《魏晋南北朝文观止》，学林出版社，2015，第 11 页。
〔2〕宋效永、向焱点校《三曹集》，黄山书社，2018，第 156 页。
〔3〕（西汉）司马迁：《史记》，岳麓书社，2002，第 739 页。
〔4〕林振翰校释《盐铁论》，商务印书馆，1934，第 169 页。
〔5〕（东汉）班固撰《汉书》下，岳麓书社，2008，第 938 页。
〔6〕宋效永、向焱点校《三曹集》，黄山书社，2019，第 156 页。

图 4-19　陕西绥德县出土汉画像石
（藏于陕西绥德汉画像石馆）[1]

从春秋战国时期，刀剑舞就已经开始逐步登上历史舞台，戈、戚、斧等在礼仪活动中逐渐减少。武舞不仅是一种在历史叙事中表达技击意象的演练，还可以借表演而实现技击的目的。秦汉之际的楚汉战争中有“项庄舞剑，意在沛公”的鸿门宴，东汉末年也有凌统做刀舞意在甘宁。《三国志・吴书・甘宁传》载：“凌统怨（甘）宁杀其父，……尝于吕蒙舍会。酒酣，统乃以刀舞，宁起曰：‘宁能双戟舞。’蒙曰：‘宁虽能，未若蒙之巧也。’因操刀持盾，以身分之。”[2] 凌统本意欲仿照项庄舞剑刺杀甘宁，但甘宁的双戟之舞显然丝毫不落下风，吕蒙也及时发现情况，操刀持盾将两者分开。舞刀、舞戟、舞刀盾集中在同一场景出现，

〔1〕李贵龙、蒲鹏编著《绥德汉画像石》，陕西人民出版社，2013，第 26 页。
〔2〕邹德金编《裴松之注〈三国志〉》下，天津古籍出版社，2009，第 733 页。

也可见以兵器而舞是秦汉时代的风气，能够随时作为娱乐活动展演。《文献通考》提出“乐持戟舞，助时养也”[1]，认为舞戟配乐不仅可以用于日常娱乐，还可以据四时而陶冶身心。

安徽宿州出土的汉代画像石（图 4–20）就记录了在宴会上表演武舞的场景，画像石呈现出来的结构分为五层，但只有三层能够分辨清楚，自上而下分别是：双手持环首刀和钩镶做武舞表演的人、参加宴会的诸人、庖厨场景。《三国志·许慈传》也记载刘备为了调解许慈与胡潜因为观点不同而发生的激烈冲突，在群僚宴会上“导演”了一幕武舞：“使倡家假为二子之容，效其讼阋之状，酒酣乐作，以为嬉戏。初以辞义相难，终以刀杖相屈，用感切之。”[2] 他运用“刀杖相屈”的影射最终化解了冲突。总体而言，在秦汉时代人的认知中，武舞不仅可以作为伺机攻击的行为或礼仪叙事活动，也具备一定的体育内涵与价值。除了军人可以使用自己佩带的兵器之外，一般情况下，舞者所使用的是当时民间被允许持有和能够很好表达攻防含义的兵器，从大量汉代画像石呈现的证据看，剑、环首刀、盾、钩镶是最常出现在画面上的兵器。根据画像石上显示的形态，从事武舞表演的双方或多方显然也已经经过精心编排和磨合，能够在手持真刀真枪的情况下神态自如，其形式也非常类似于现在武术竞技比赛和表演中的对练套路。

---

〔1〕（清）陈立撰《白虎通疏证》，吴则虞点校，中华书局，1994，第 109 页。
〔2〕 邹德金编《裴松之注〈三国志〉》下，天津古籍出版社，2009，第 582 页。

图 4-20　安徽宿县出土石祠东壁汉画像石（第 20 石拓本[1]）

二、军队武术技艺

与春秋战国诸侯争霸时的武术群体有所不同，秦汉以降，私人习武和民间武术团体的练武活动对集权国家而言始终是最大的威胁和禁止的对象。虽然秦汉豪侠和游侠并没有因为政府打压而彻底消失，但其武术活动必然转向暗处，与军队武术的联系不再像群雄逐鹿时代那般密切。从武术器械的使用上就不难看出，戟、矛、甲胄、盾、剑、刀为国家正规军队所持有，其他习武之士只能持有和练习国家未禁的刀、剑、杖。这使得在王朝最稳定的时期，军队武术与民间武术走向了二元化的发展态势，军队的格斗技术与民间的格斗技艺相比，无论是使用的武器还是技术体系都产生了较大差异。据史料记载，秦汉两

〔1〕王步毅：《安徽宿县褚兰汉画像石墓》，《考古学报》1993 年第 4 期。

朝军队的精英士兵，尤其是禁卫军士兵的出身多为平民阶层的“良家子”，譬如“善骑射，杀首虏多”[1]的飞将军李广，“为人沉勇有大略，少好将帅之节而学兵法，通知四夷事”[2]的赵充国，“少以良家子善骑射为羽林，投石拔距，绝于等伦”[3]的甘延寿，“居爪牙官前后十年，为折冲宿将，功名次赵充国”[4]的冯奉世，“性粗猛有谋”[5]的董卓等。还有像卫青、霍去病、庞晃等最后被封为骠骑大将军，甚至官拜大司马的“良家子”出身的武将不在少数。

秦国任用商鞅实施变法之后，打破了贵族与平民间的身份壁垒。汉承秦制，虽然从表面上看，汉朝在政治上选择了道家和儒家作为指导思想，但与表面所采取的道儒共用不同，军队则完全沿袭战国时代秦国的主导思想——法家思想，即“非军功不授爵”的法制规则，连秦国的二十级军功爵位制都几乎一字不差地照搬过来（仅仅为了避讳汉武帝刘彻的名讳，将彻侯改成了列侯）。另外，汉武帝开始以察举制作为选官的基本制度，这大大提高了寒门子弟做官的门槛，而且在实践中“举秀才，不知书，举孝廉，父别居”[6]这样的弊端日益严重，迫使平民阶层要想崭露头角，就必须走另一条路——军功。因而，在行伍中通过奋斗获得政治地位成为当时寒门子弟的必由之路。

---

〔1〕（西汉）司马迁：《史记》，岳麓书社，2002，第 615 页。
〔2〕（东汉）班固撰《汉书》下，岳麓书社，2008，第 1107 页。
〔3〕（东汉）班固撰《汉书》下，岳麓书社，2008，第 1121 页。
〔4〕（东汉）班固撰《汉书》下，岳麓书社，2008，第 1231 页。
〔5〕（南朝宋）范晔、（晋）司马彪撰《后汉书》，陈焕良、李传书标点，岳麓书社，1994，第 999 页。
〔6〕（宋）郭茂倩编撰《乐府诗集》下，聂世美、仓阳卿校，上海古籍出版社，2016，第 1048 页。

由于汉王朝长期与匈奴、戎狄等草原民族作战，陇西、安定、北地、上郡和西河这些位于汉朝西北边陲与草原接壤的地域，常常受到军事侵袭，从而促使这些地区尚武之风非常盛行，勇武、擅格斗、精于骑射作战的人士更多。这些地区自然成为国家选兵择将的重要来源，由此诞生了在汉朝赫赫有名的“六郡良家子”。《汉书·地理志》载：

天水、陇西，山多林木，民以板为室屋。及安定、北地、上郡、西河，皆迫近戎狄，修习战备，高上气力，以射猎为先，……汉兴，六郡良家子选给羽林、期门，以材力为官，名将多出焉。孔子曰：“君子有勇而亡谊则为乱，小人有勇而亡谊则为盗。”故此数郡，民俗质木，不耻寇盗。[1]

《汉书》中提到的期门、羽林是当时京畿卫戍部队和皇帝的亲军，期门后更名为虎贲，地位高于羽林。文中引用孔子之语[2]，旨在说明，良家子虽然勇武，但质朴而有情有义，不愿成为不法之徒。像飞将军李广这样终生“觅封侯”的军人，都是有理想抱负、知仁耻的军人，是后世的兵油将痞无法比拟的。《汉书·赵充国辛庆忌传》也记载：

秦、汉已来，山东出相，山西出将。秦时将军白起，郿人；王翦，频阳人。汉兴，郁郅王围、甘延寿，义渠公孙贺、傅介子，

〔1〕（东汉）班固撰《汉书》，岳麓书社，2008，第657页。
〔2〕《论语》原文为“君子有勇而无义为乱，小人有勇而无义为盗”，《汉书》对原文有所改动。

成纪李广、李蔡，杜陵苏建、苏武，上邽上官桀、赵充国，襄武廉褒，狄道辛武贤、庆忌，皆以勇武显闻。苏、辛父子著节，此其可称列者也，其余不可胜数。何则？山西、天水、陇西、安定、北地处势迫近羌胡，民俗修习战备，高上勇力，鞍马骑射。故《秦诗》曰：“王于兴师，修我甲兵，与子皆行。”其风声气俗自古而然，今之歌谣慷慨，风流犹存耳。[1]

也即是说，西北一代的民俗风尚和整体气概都崇尚武功，民众日常就有习武的习惯，招募这些人进入军队，更容易训练成忠于国家和君主的合格军人。因此，从汉文帝开始，六郡良家子就大量被征召入羽林、期门等天子亲军。而良家子一旦从军就有很大的概率成为军官，因此他们不但武艺精湛，还要读兵书和儒道经典，懂得如何指挥作战，所以即便是粗鄙不堪的董卓，也能作歌赋。汉武帝刘彻决心对匈奴展开反击作战以后，将羽林军更名为羽林骑，大量选取从军战死的良家子之子孙入伍，号曰“羽林孤儿”[2]。羽林一旦建功立业便很容易升迁，最终遍布汉军，成为汉代“军官团”的绝对主力和精锐之师。到了东汉，羽林的地位进一步提高，开始设立郎官，薪俸一度达到二千石，而入选羽林的六郡良家子，也享受终身俸禄待遇。这样高的待遇与他们日常训练的严酷和承担责任的重大也有密切关系。良家子作为羽林军的主要组成部分，除了拱卫皇帝和京师，还负有守土卫民之责——一旦有外敌入侵，在乡的良家子就需要集结成军抵抗外敌，

〔1〕（东汉）班固撰《汉书》下，岳麓书社，2008，第1118页。
〔2〕（宋）郭茂倩编撰《乐府诗集》下，聂世美、仓阳卿校，上海古籍出版社，2016，第789页。

直到官军抵达后再编入其中，继续与敌作战。

一个良家子的标准武器配置水平较高，他们需配备两匹战马，一支大戟或是长矛，长剑一柄，弓一具，两壶四十八支箭，铁甲半副或是皮甲一套，以及行军一月所需的军粮。与之相应，训练科目为步箭、骑射，步行矛、戟刺杀，马上矛、戟冲杀，双人格斗等。《汉书》载“官教以五兵，号曰羽林孤儿”，颜师古注曰“五兵，谓弓矢、殳、矛、戈、戟也”[1]。《汉书·傅常郑甘陈段传》记载：“甘延寿以良家子善骑射为羽林，投石超距，绝于等伦，尝超逾羽林亭楼，由是迁为郎。试弁，为期门，以材力爱幸。”也就是说除了兵器的训练，还有“投石”训练，而所谓“试弁”指的是“角力”训练。《汉书》有关羽林卫训练的记载甚少，但由于汉军延续了秦王朝的军队制度，而秦国变法的商鞅又借鉴了魏国的军队训练方法，因而从对魏武卒的记载中就能大致窥见汉军羽林卫的日常状况。作为魏国名将吴起训练的精锐重步兵，魏武卒的兵器配置丰富，堪比现代特种部队，《汉书·刑法志》载“魏氏武卒，衣三属之甲，操十二石之弩，负矢五十个，置戈其上，冠胄带剑，赢三日之粮，日中而趋百里，中试则复其户，利其田宅”[2]。穿戴如此沉重的重装步兵要“日趋百里”，可见其训练强度之大。羽林军的军官还会根据良家子个人的特点和专长，提供步兵、骑兵、车兵等各种专业技能的训练，然后授予他们“材官”“骑士”等称号。在形成初步战力之后，还要进行兵种协同演练，如步兵、骑兵、车兵混合编队，演练战斗攻防。

---

〔1〕（元）马端临撰《文献通考》卷一百六十一，浙江古籍出版社，1988。
〔2〕（东汉）班固撰《汉书》，岳麓书社，2008，第463页。

每年的秋天，汉朝军队都要进行大规模的“秋试”，对一年的军事训练进行考核，同时进行实兵军事演习。

汉武帝曾在秦国苑囿[1]旧址上重修和扩建了汉代上林苑，除了供他游乐、打猎之外，还有一项重要的任务是检验羽林军实兵演练的水平，卫青就是从这里成长起来的优秀将领。司马相如在《上林赋》中写道：

于是乎被秋涉冬，天子校猎。乘镂象，六玉虬，拖蜺旌，靡云旗；前皮轩，后道游。孙叔奉辔，卫公参乘，扈从横行，出乎四校之中。鼓严簿，纵猎者，河江为阹，泰山为橹，车骑雷起，殷天动地，先后陆离，离散别追。淫淫裔裔，缘陵流泽，云布雨施。生貔豹，搏豺狼，手熊罴，足野羊，蒙鹖苏，绔白虎，被班文，跨野马，凌三嵕之危，下碛历之坻。径峻赴险，越壑厉水。椎蜚廉，弄獬豸，格虾蛤，铤猛氏，羂騕褭，射封豕。箭不苟害，解脰陷脑，弓不虚发，应声而倒。

《上林赋》描述了上林苑天子校猎的场景。其间车骑疾驰，声响如雷，惊天动地。羽林军的猎手们分散开来，争先恐后，人人向前，追逐猎物。有的将士生擒豹貔，有的击中豺狼，有的与熊罴格斗，有的足踏野羊。猎手们鹖尾装束，登上高峻的山峦，奔驰在崎岖的山野，经过高山险谷，涉越深沟浅壑。椎杀龙雀，摆布獬豸，铤刺猛氏，网罗神骑，射获野猪，箭之所射，必中要

〔1〕《史记·秦始皇本纪》载：“诸庙及章台、上林皆在渭南，……（始皇帝）乃营作朝宫渭南上林苑中，先作前殿阿房。”

害，弓不虚发，获取了大量的猎物。其中有士兵运用手搏技艺扼杀野羊等食草的野兽，用矛铤刺杀野狼、猎豹、熊等猛兽，用弓箭射杀鸟类、野猪、野马等行动迅捷或凶猛的鸟兽（图 4–21）。从中可以看出，训练的内容包含了格兽、击刺、射箭几大类。

图 4–21 力士图
（藏于徐州汉画像石艺术馆）

根据班固的《汉书·艺文志》这一最早的“目录学”著作记载，汉代当时 199 篇的军队武术教科书，其中有 100 多篇“射法”，6 篇“空手格斗”（《手博》6 篇），38 篇“剑术”（《剑道》38 篇），57 篇各类作战技法（《杂家兵法》57 篇），甚至还有 25 篇讲授如何通过蹴鞠和角抵来强壮体魄的健身书(《蹴》25 篇)。另据《后汉书》的记载：“汉官仪曰：‘游徼、亭长，皆习设备五兵，弓弩、戟盾、刀剑，甲铠、鼓吏、赤帻、行滕。带剑、佩刀、持盾、被甲、设矛戟，习射。’”[1]游徼、亭长都是基层官员，他们也要带领士兵训练弓弩、戟盾、刀剑等各类武术技艺。士兵身着包括甲铠、赤帻、行滕等护具，进行远射、兵器格斗等军事

〔1〕（南朝宋）范晔、（晋）司马彪撰《后汉书》，陈焕良、李传书标点，岳麓书社，1994，第 1017 页。

训练活动与敲战鼓练习。

综合各类材料可以推定，汉代军队的格斗技巧训练包含手搏、角力、斗剑、斗兽、戟或矛对刀（带盾）、戟或矛对剑（带盾）、空手入白刃等内容。汉代画像石展现的画面内容也能够佐证史料所提及的训练项目（图 4–22，图 4–23，图 4–24）。画面中的武士虽然没有穿着铠甲，但他们更可能是军队或拥有军事权力的贵族门阀在进行日常训练，即使其表现的是私斗，也是军人在私下的练习，因为在秦汉两朝，民间严禁持有矛、戟等长兵，民间私斗就更不可能反映在墓葬的画像石上。

图 4–22　河南郑州出土汉代画像砖——长矛对短剑

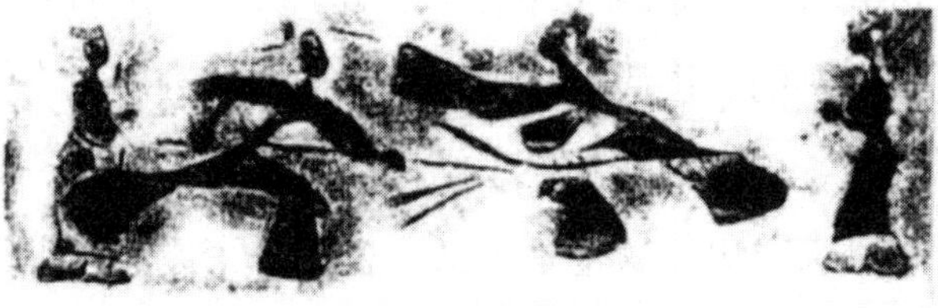

图 4–23　河南郑州出土汉代画像砖——长矛对短剑搏斗

图 4-24　山东微山出土汉代画像砖——刀盾对钩镶

三、角抵格斗与表演

《汉书·刑法志》载："春秋之后，灭弱吞小，并为战国，稍增讲武之礼以为戏乐，用相夸视，而秦更名角抵。"[1]这是"角抵"这一名词首见于正史史料。在秦朝把角抵作为军礼的同时，社会上也有了角抵娱乐表演，并有了角抵表演的专业艺人。秦代以前，角抵主要流行于民间，是民间娱乐体育活动的一种，而秦时则增加了角抵的娱乐性和表演性，并让其进入宫廷与杂技、魔术、歌舞等同台表演，使其成为宫廷贵族的观赏性娱乐活动。于是角抵便在这个时期作为一种表演而兴盛起来。关于角抵为何会在秦朝突然兴盛，其原因或许是在秦始皇统一中国后对民间实施了禁武，但是秦的"讲武之礼罢为角抵"则促进了武术娱乐功能的发展。而且，连年的战乱终于结束，国家刚刚统一，文化娱乐方面的需要较为突出，这也是角抵兴盛的一个原因。据记载，秦

〔1〕（东汉）班固撰《汉书》上，岳麓书社，2008，第 462 页。

二世胡亥曾在甘泉宫作“角抵俳优之戏”[1]。由此可见，当时角抵已不再是单一的摔跤，而是包括多种技艺的综合性表演，而且已经进入宫廷。这在角抵发展史上是一大变革。从此，角抵就以内容丰富的大会演的形式固定下来，风靡数代。

秦始皇在统一天下后规定角抵是军队检阅中的项目。与此同时，由于受宫廷的影响，社会上也出现了一种以表演角抵供人娱乐的专业演员，名为“角抵俳优”[2]。《史记·李斯列传》中记载，公元前207年农民起义军的战火已经在函谷关东燃起，秦二世仍在咸阳宫中沉醉于观看角抵俳优表演[3]。关于角抵俳优的表演形式在文献资料中记载得并不够明白，但在文物图像上则反映得比较清楚，湖北省荆州市凤凰山秦墓出土的木篦画《相扑图》（图4–25）便是反映秦代角抵俳优的图像。此图标名为《相扑图》是不够准确的，应该标为《角抵图》，因为在魏晋以前没有“相扑”一词，但是从相扑的发展来看，此图的确是相扑的最早图像记录。此图中的两个角抵者都是只着护裆，腰中系带。一人上步搂腰，一人举手盖头，是扭摔前一刹那的动作。旁边站着一人两手下按，这是一个裁判动作。最能表现这两人的角抵是一场娱乐表演的，是在图的上方有一个大帷结，显示角抵比赛是在一个台上进行的，其周围环境不像是宫殿。这一图像表明，秦代不仅皇宫中有角抵俳优，民间也有了角抵专业艺人。还应该提到的是，秦始皇兵马俑二号坑正在发掘，据现场人员介绍，其中有角抵俳优俑，这就更可证明秦代的角抵已是民间表演娱乐，并已走上了

〔1〕（西汉）司马迁：《史记》，岳麓书社，2002，第518页。
〔2〕（西汉）司马迁：《史记》，岳麓书社，2002，第518页。
〔3〕（西汉）司马迁：《史记》，岳麓书社，2002，第518页。

专业化道路。类似文物也见于秦兵马俑坑以及石刻的角抵俑。由此可知，在秦时角抵便已在宫廷与民间开展，且可宏观划分为两种角抵形式，一是军事实用性角抵，二是表演娱乐性角抵。

图 4-25　湖北省荆州市凤凰山秦墓木篦上的漆画相扑图（藏于荆州博物馆）

结束了楚汉战争的刘邦，很欣赏在三秦灭楚过程中“为汉前锋，陷阵，锐气善舞”[1]的巴蜀之师，因而“乐其猛锐，数观其舞”[2]，并将巴渝舞的一支带入宫廷。这种舞是舞者集体持兵器操演的武舞，舞风雄健，志在不忘创业维艰。但同时以刘邦为首的汉统治者鉴于秦末角抵俳优之戏会使“先王之礼没于淫乐中矣”[3]的历史教训，因此开始禁止角抵戏。统治者们为了不

〔1〕（晋）常璩：《华阳国志》，转引自刘琳校注《〈华阳国志〉新校注》，四川大学出版社，2010，第 14 页。

〔2〕（唐）房玄龄等撰《晋书》卷一～卷三六，曹文柱等标点，吉林人民出版社，1995，第 390 页。

〔3〕（东汉）班固撰《汉书》上，岳麓书社，2008，第 462 页。

蹈秦二世灭亡的覆辙，直到汉景帝在位时仍对角抵戏忌讳很深。值得一提的是，虽然汉朝前期的统治者们一直在禁止角抵，但民间的角抵活动却仍在进行，并没有禁绝。

汉武帝即位后，由于国家经济状况大为好转，对北方匈奴的战争也已摆上议事日程，角抵被作为一种有利于战备的活动加以提倡才再次兴盛起来。汉武帝本人也十分喜爱角抵，多次在宫廷中举行角抵会演。1955 年，陕西长安县（现陕西西安市长安区）客省庄战国墓中发现透雕角抵铜牌（图 4–26），透雕的花纹是在两棵枝叶繁茂的大树下，拴了两匹马，在马的前面是两个头披长发、身穿肥大长裤的人，互相搂抱扭摔。从墓主人身份和透雕工艺特点，以及牌上披发高鼻子人物的容貌来看，可以肯定其是匈奴人。匈奴人善于实用性摔跤，这在汉代文献中有记载。公元前 126 年，霍去病率领万骑精兵深入焉支山，杀死休屠王，俘虏王太子金日磾到长安城，贬入宫中为养马奴隶，后因金日磾为人忠厚，被汉武帝选拔为寝宫侍卫。公元前 91 年，江充诬告太子案被揭发，其同伙莽何罗铤而走险，阴谋入宫刺杀汉武帝，当即被金日磾发觉，两人搏斗厮杀，金日磾抓住莽何罗脖颈将其摔倒在地，生擒活捉。《汉书 · 霍光金日磾传》用“日磾捽胡投何罗殿下”[1]记述此事，晋灼的注释是“胡，颈也。捽其胡而投殿下”[2]，“捽胡”便是卡脖子摔，这说明汉代已有实用性摔跤。但是，汉代更为流行的是娱乐性摔跤。汉武帝为了发展文化娱乐，以角抵戏为基础创造了多种表演项目，这些项目统称为

---

〔1〕（东汉）班固撰《汉书》下，岳麓书社，2008，第 1104 页。

〔2〕（东汉）班固撰《汉书》卷三八～卷七二，（唐）颜师古注，宋超等标点，吉林人民出版社，2000，第 2014 页。

"百戏"。据《汉书》记载，元封三年（前108），汉武帝在长安城举行角抵戏会演，附近方圆三百里的民众都来观看。这种娱乐性摔跤，在南北朝时更名为相扑，得到了更大的发展。汉代角抵在体育发展史上占有重要的地位，后代许多体育项目都是从角抵中分化演变出来的。同时，由于汉武帝之后，角抵是用来招待外国及少数民族客人的，故它还影响到外国。

图4-26 陕西西安客省庄战国墓透雕角抵铜牌（藏于陕西历史博物馆）

汉代的角抵戏在皇帝的提倡之下有了大发展，《汉书·张骞传》载："角抵奇戏，岁增变，其益兴，自此始。"[1] 在角抵戏得到大发展之时，汉代的角抵也得到了较大发展，这不仅体现在开展的程度上，也体现在开展的形式上。从现有的汉代文物图像上可以看到，当时的角抵至少有三种形式。

第一种是不着装的赤膊角抵，即后来的相扑。吉林集安高句丽墓壁画《角抵图》，画面上有两个赤裸上身的男子，只着短裤，束腰带，互相搂抱扭摔。图左是一棵大树，图右是一个身着长衣的裁判。而图的右上方有一似是斗拱的横梁，表明出行角抵的两

[1]（东汉）班固撰《汉书》下，岳麓书社，2008，第1013页。

人并非是在郊外，而是在贵族的花园之中。此图的人物着装、扭摔动作以及裁判位置，都与荆州市凤凰山秦墓出木篦画《相扑图》一致，也与唐代敦煌莫高窟壁画《相扑图》、山西省晋城市宋墓壁画《相扑图》（图 4–27）非常相似。《水浒传》中曾描写浪子燕青与擎天柱任原的相扑比赛，身上只穿了条"水裤儿"，这说明相扑比赛就是赤裸着上身的。从秦汉到唐宋，这种角抵形式一直在中原地区流行，是宫廷和民间的表演娱乐项目。此外，还有河南省新密市打虎亭汉墓壁画《角抵图》（图 4–28），此图中两人身体粗壮，须发猬张，腰系护带，下着短裤，特别是头上未梳髻却扎了一个冲天小辫，表明这两人是表演艺人而不是武士。这两人正张手瞪目，准备摔打，从着装来说基本上与角抵相同，但是因为尚未近身扭摔，也没有裁判，尚不能断定就是角抵，也可能是徒手搏斗。手搏在汉代是练武手段，也是娱乐表演项目。此图中人物赤裸着上身，必然是做娱乐表演，而不是战斗的搏击。

图 4–27　山西省晋城市宋墓壁画——《相扑图》

图 4–28　河南省新密市打虎亭汉墓壁画——《角抵戏图》

第二种角抵形式便是着装式的摔跤。考古工作者在陕西西安客省庄战国墓葬中发掘的透雕角抵铜牌上的角抵图像比较有代表性。图中人物骑马披发，因而可以肯定此图反映的是北方人的角抵形式。从图中环境来看，大树浓荫之下，马在主人身旁，不是演出，而是自娱性的娱乐或练习。这种着装式的北方角抵，在汉代也已传入长安城，属于典型的草原民族角抵。

第三种是化了装的角抵，即角抵人头戴假面以相抵。山东省临沂市金雀山汉墓出土了帛画《角抵图》（图 4–29），图中共有三人，均是半身像，着普通常服。图左一人侧面拱手，头戴冠，未戴假面，应是职事或裁判人员。中间的武士头戴假面，两臂胸前交叉，双肩耸起。图右的武士头戴尖角形饰物，手腕上戴镯子，双手下垂，也戴有假面，也是肩膀耸起。此二人虽未有扭摔动作或准备姿势，但是从其神态来看是角抵比赛前的模样。据任昉《述异记》中记载："冀州有乐名蚩尤戏，其民两两三三，头戴牛角而相抵。"〔1〕冀州是蚩尤部落与黄帝部落战斗过的地方，遗留下蚩尤头戴牛角相抵的战法，成为民间化装的角抵游戏，金雀山帛画便是描述的这一游戏风俗。此游戏在冀州民间流传甚久，明代人王圻编著的《三才图会》中就有《角抵图》（图 4–30），从图中形象来看是化了装的两人对抗，动作颇似摔跤舞蹈形式，这大概就是发展了的化装角抵。

〔1〕（元）马端临撰《文献通考》卷一百四十七，浙江古籍出版社，1988。

图 4-29 山东省临沂市金雀山汉墓出土的帛画《角抵图》

图 4-30 明代人王圻编著的《三才图会》中的《角抵图》

从上面描绘的角抵来看，汉代在不同地区开展着不同形式的角抵：居住在北方草原上的少数民族，因气候寒冷，他们的角抵是着装的，也具有实用性价值，可以随时随地进行，可以是娱乐，也可以是练武；华北地区的人受上古遗风的影响，开展的角抵是娱乐性的，是化了装的角抵；在南方的楚地则因气候炎热，角抵为赤膊上场，以灵敏动作显示搏斗中的身体美。汉高祖刘邦是曾经的楚地人，因此汉朝政府提倡的角抵是发源于楚地的南方角抵，并在角抵表演的基础上发展为角抵戏。“角抵”与“角抵戏”两个词语之间有联系，但又有区别。然而一字之差很容易混淆，于是在东汉末年人们便开始寻找代替“角抵”的词语。三国孟康在《汉书·金日磾传》中对“捽胡”一词的注释是“捽胡、若今相僻卧轮之类也”。“相僻”便是当时用来代替“角抵”的新词，其后又出现过“相掊、相角、相搏”等词，但都未能在社会上通行，直到王隐的《晋书》中出现“相扑”一词才被确定下来，相扑就是汉代不着装的角抵。相扑在唐宋时期极为盛行，史籍记载甚多，但仅从文字史料来看很难确定相扑就是角抵，而从荆州凤凰山秦墓木篦画《相扑图》、敦煌莫高窟壁画《相扑图》、晋城宋墓壁画《相扑图》这一系列文物图像的延续则可以确定，汉代的角抵就是后来的相扑——图画比抽象的文字更容易说明问题。宋代以后蒙古族、满族贵族相继入主中原，提倡北方着装的角抵。相扑在中国的大地上消亡了，反而在我们的东邻日本国流行，并成为他们的传统体育项目，这一现象很值得深思。汉代角抵及角抵戏的发展显示了汉代文化的继承性和融合性，当时的社会娱乐有传统的也有地方的与民族的，能融合也能够独立，各自发展，呈现出万紫千红的繁荣景象。汉代体育多样性的发展为后来体育的发展开辟了广阔的道路。

汉代的角抵相较于秦代，最大的改变在于角抵开始朝着“角抵戏”发展。值得一提的是，汉代的角抵戏与“百戏”是同一概念〔1〕。由于西域诸国及罗马的各种表演艺术大量传入中国，源于秦角抵的“角抵戏”之称显然已不足以表达、概括如此丰富多彩的表演活动，故出现了更准确、更具涵盖性的词汇——“百戏”〔2〕。而“百戏”的内容则极为庞杂，举凡歌舞乐奏、杂技幻术、角力较武等，无不囊括其中。但“百戏”最初则为“角抵戏”，是在汉代角抵戏的基础上吸收了大量表演内容的一种改称。早在秦代时便曾有“讲武之礼罢为角抵”，把原来的某些练兵手段和散在各地的一些活动统统归纳为一类运动，借用“讲武”的形式“以

〔1〕王克芬：《中国舞蹈发展史》，上海音乐出版社，2000，第 87 页。
〔2〕郝勤、张济琛：《秦始皇帝陵 K9901 出土角抵俑及铜鼎考——兼论战国秦汉角抵百戏的演变》，《体育科学》2019 年第 3 期。

为戏乐，用相夸视”[1]，作为宫廷娱乐，成为最初的“角抵戏”。《史记·李斯列传》就曾记载，早在秦代时期秦二世便会在甘泉宫“作角抵优俳之观”[2]。但也自秦代始，这种有情节内容的角抵常与杂技、舞蹈等同台表演。从“戏”的繁体字“戲”的组成来看，左上部为一个“虎头”，左下部是个“豆”，右边是象征武器的“戈”。这是个会意字，其意为一个人戴着虎头扮演老虎与另一个持戈人相斗，而“豆”是鼓，指在人与虎相斗的过程中有鼓声伴奏，这便是供人欣赏的“戏”。我们可以从中窥见早期的“角抵戏”应是特指在双人角力的过程中，增加故事性的情节，配上音乐，供人观赏。

从中不难看出，角抵戏本身就是模仿狩猎从而成为游戏的，这正说明艺术源于劳动、源于游戏并合乎生活规律。事实上，中国两千余年君主社会的治军方策中“秋猎冬狩”大校猎，顺理成章地成为汉代“角抵戏”的重头节目[3]。建于此时的南阳唐河县电厂汉画墓，出土的角抵戏中已经有了乐舞和人装扮成兽的象人对斗、象人斗兽等内容就是最好的证明[4]。《汉武故事》中就曾记载：“并四夷之乐，杂以奇幻，有若鬼神。”可以看出在当时的角抵表演中，首先是扩大了配乐的内容，其次增加了化装的儿童做各种戏剧性的表演。而角抵戏虽源于此却又不仅限于此，其中“并四夷之乐”又记载并突出了汉武帝之后汉代角抵戏的另一种变化，即角抵戏开始吸收西域各国与南方少数民族的乐舞杂

---

〔1〕（东汉）班固撰《汉书》上，岳麓书社，2008，第 462 页。

〔2〕（西汉）司马迁：《史记》，岳麓书社，2002，第 518 页。

〔3〕任艳花：《汉代武舞研究》，硕士学位论文，福建师范大学，2013。

〔4〕刘克：《出土百戏题材汉画中的戏剧表演因子》，《中南民族大学学报》（人文社会科学版）2021 年第 1 期。

技内容，并在原有的基础上增加了马术、射箭以及少数民族特有的舞蹈。角抵戏成为包含文化艺术、运动竞技等元素的综合竞技表演形式，可以说汉代角抵戏的蓬勃发展直接推动了民族文化的大融合，又在文化碰撞中促成了那一时期艺术形态的多元化。其中，在舞蹈和器乐的演奏下进行简单故事叙述的角抵戏《东海黄公》更是成为中国戏曲雏形的一部分。

角抵戏的开展离不开扎实的经济基础和物质条件，经过“文景之治”的休养生息，汉朝于汉武帝时期国力逐渐强盛。汉武帝为开发西域，招待西域到长安城的使者观看角抵戏表演，并经常“设酒池肉林以飨四夷之客，作《巴俞》（舞蹈）、都卢（爬竿）、海中《砀极》（歌舞）、漫衍鱼龙（戏曲）、角抵之戏以观视之”[1]。在宴会之后，用角抵戏招待友好邻邦使者，这开创了我国用体育文艺表演招待外宾的先例。为了迎合西域使者的喜好，角抵戏中开始加入大量的其他类型或形式的表演，换言之，角抵戏是在角抵表演的基础上发展起来的。必须说明的是，汉代的角抵戏是包括了角抵表演在内的，是杂技、歌舞、漫衍鱼龙以及武打戏等演出的总称，而角抵则仅仅是两人“角力相抵触也”，角抵不过是角抵戏中的一个节目而已。在这样的背景下，角抵戏实际上已经成为荟萃百艺的代名词。于是汉代角抵戏便在秦代的基础上得到了充实和发展，成为一种无所不包的文娱、体育表演形式。早期的角抵戏包含了杂技、舞蹈、幻术、化装戏剧等内容。

角抵戏常和乐舞融合并带有乐舞成分。比如常见的长袖盘鼓舞与执巾盘鼓舞等，表演者踏盘或踏鼓属于百戏，长袖与执巾则

---

〔1〕（东汉）班固撰《汉书》，岳麓书社，2008，第 1465 页。

属乐舞[1]。汉代角抵戏包含的具体内容，从张衡的《西京赋》可窥一斑。张衡是东汉著名的科学家与文学家，曾在 17 岁时去过西汉的都城长安，有幸看到了长安角抵戏的表演盛况。12 年后，29 岁的张衡把所见盛况写入《西京赋》中。根据张衡的记载，角抵戏包括了杂技、戏曲、武艺、角力等。其中以杂技居多，有都卢寻植（爬竿、爬绳）、冲狭（钻带矛的唐筒）、燕濯（鱼跃动作）、跳丸、走索、叠集（在案上手倒立）、画地成川（幻术）等；歌舞有总会仙倡以及盘鼓舞、蹴鞠舞等；戏曲有《东海黄公》（表演人跟虎斗）等；武艺有弯弓西羌（射箭）、百马同辔（驾车）、乌获杠鼎（举重）等。东汉百戏名目不仅在《西京赋》等文献中有较详细的记叙，而且在山东、河南、陕西、江苏、四川等地出土的汉画像石砖图像中多见[2]。从中可以看出汉代角抵戏包括的内容很多，涉及的面也很广，所以对后世的如杂技、举重、摔跤、武术、舞蹈、戏剧等的发展都产生了影响，研究杂技史、武术史、舞蹈史、戏剧史的学者也都会从汉代角抵戏中寻找其各自的渊源。

汉代角抵戏由于其内容丰富多彩且老少咸宜，在当时赢得了不少观众。据《汉书·武帝纪》记载："元封三年（前 108）春，作角抵戏，三百里内皆观"[3]，"（元封六年，前 105）夏，京师民观角抵于上林平乐馆"[4]。史书记载了长安周围三百里内的人都去观看角抵戏，这或多或少有些虚夸，但又多少反映了

---

〔1〕尹德锦、严桦莎：《汉代乐舞文化的多元形态》，《中华文化论坛》2019 年第 5 期。
〔2〕郝勤、张济琛：《秦始皇帝陵 K9901 出土角抵俑及铜鼎考——兼论战国秦汉角抵百戏的演变》，《体育科学》2019 年第 6 期。
〔3〕（东汉）班固撰《汉书》上，岳麓书社，2008，第 62 页。
〔4〕（东汉）班固撰《汉书》上，岳麓书社，2008，第 63 页。

这种带有戏剧情节的角力表演在当时是广受欢迎的。到了东汉，角抵戏随着内容的增多而被称为“百戏”，举凡古代歌舞、杂技幻术、角力较武、赛车走马，无不囊括其中，成为中国古代歌舞、杂技表演、运动竞技的综合表现形式。也正是由于角抵内容上的日益丰富，后来便产生了“百戏”的名称，但这种演化更多地走向了舞蹈和审美文化，武术格斗技击的意象则被淡化了。

第五节　儒道法哲学影响下的武术文化思想

秦汉特殊的政治架构使得先秦诸子百家那种以传经言治为业、以明道作人为倡的理想主义传教方式发生了重大转变，一切思想与理论开始为一个统一的国家之政治服务。汉初君臣虽缺少学术修养，但却善于吸取经验教训。他们来自民间底层，故深知百姓疾苦，极欲与民休息，黄老道家清静无为之说遂乘时兴起，竟一时成为国策，在汉武帝掌权之前未遇挑战。然无为而治毕竟不可长久，尤其对于体量庞大的国家而言更是无法维持，董仲舒以此为契机向汉武帝献策，力言复古更化。复古为“复周公”的礼乐之古，即在政治生活中采取儒家所崇尚的周礼；更化为“更秦国”之法制化，即在官僚体系和军队建设中承续法治之轨辙。显然历代君王均实质上采用了董氏之理念，致使有汉一朝“外儒内法”的治理技术被统治者运用得近乎登峰造极，因而让两汉维持了 405 年的国祚。

一、技道并举的儒家礼兵思想

在秦汉大一统的政治大环境和思想合聚于儒道法的时代潮流之下，诸子百家影响下的武术文化思想逐渐趋于同质化。剑客、游侠虽犹在，但由追求独立人格的墨侠转变成了以尊义尚礼、服务主上为核心理念的儒侠，学成文武艺与货与帝王家成为相胥配套的观念整体。钱穆在《朱子学提纲》中指出："先秦儒在汉儒心目中，亦属百家言而已，而汉儒传经，乃即所谓王官之学。先秦儒者兴起于民间，而汉儒则主张于朝廷。"[1] 这就使得武术技艺的学习、传授与传播本质上成为大一统王朝的秦汉国家治理术的一部分。而杀人用的技击技术和兵器演化为治理之术，即转化成为更为成熟的人类文化——凝聚大型人类共同体的文化样式。

因而，寓有汉代儒家文化的武士、侠士、剑客，常修身于经世，把武艺作为成就一番政治理想和事业的敲门砖。当时的很多任侠之人以儒家的理念为自身行为的圭臬，比较著名的如大侠朱家，《汉书·游侠传》载："鲁人皆以儒教，而朱家用侠闻，……终不伐其能，歆其德，诸所尝施，唯恐见之。振人不赡，先从贫贱始。家亡余财，衣不兼采，食不重味，乘不过軥牛。专趋人之急，甚于己私。"[2] 朱家的"不伐其能"很明显是源自《论语》"劳而不伐，有功而不德，厚之至也"的理念。朱家的简朴又似仿颜回"一箪食，一瓢饮，在陋巷，人不堪其忧，回也不改其乐"的人生态度。在司马迁的笔下，能称得上侠的人都应是孔子所说

---

〔1〕钱穆：《朱子学提纲》，生活·读书·新知三联书店，2002，第4页。
〔2〕（东汉）班固撰《汉书》，岳麓书社，2008，第1372页。

的“仁者”，他们救人于难，济人于贫，不失信用，不背诺言，唯义是举，廉洁退让，名不虚立，士不虚附。而这些人格品质恰恰是儒家所尊崇的。

不仅在习武者的个人行为上，连他们使用兵器也被赋予了儒家的思想阐释。司马迁在《史记·太史公自序》中写道：“非信、廉、仁、勇，不能传兵论剑，与道同符，内可以治身，外可以应变，君子比德也焉。”〔1〕东汉经学家服虔注曰：“代善剑也。”〔2〕剑作为汉代兵礼一体的“重器”，在司马迁看来，与儒家的“仁义礼智信，忠孝廉耻勇”具有内在一致性，所以剑术可以近乎于道，是君子修身、防身、止暴、救人的“自我的技术”。从儒者的视域出发，武术之攻与防，首先是对身体发肤的爱护，而以“身”作则才是有所成就的前提。换言之，剑承载了儒家所提倡的一切“善”的人格取向与德性价值。李尤在《铠铭》中说：“甲铠之施，扞御锋矢；尚其坚刚，或用犀兕。内以存身，外不伤害；有似仁人，厥道广大。好德者宁，好战者危；专智恃力，君子不为。”〔3〕对于一名君子，武术之道内必存身，外不害人，一切行为都是基于“止戈为武”的“仁”，君子好德，克己复礼，行仁义礼智，才是武术习练者的根本。不难发现，自汉代始，我们当今所认知的儒者之武侠方才诞生。

“剑”特殊的意义对汉儒而言几乎与君子的精神气质相一致。汉代大儒、辞赋家扬雄爱好剑术，早年博览群书，自感“壮夫不为”，转而深入研究儒家哲学思想，他模仿《论语》作《法言》，

---

〔1〕（西汉）司马迁：《史记》，岳麓书社，2002，第747页。
〔2〕邹德金整理《名家注评史记》下卷，天津古籍出版社，2010，第1258页。
〔3〕（清）严可均辑《全后汉文》上，商务印书馆，1999，第514页。

模仿《易经》作《太玄》，提出以“仁”“礼”作为人安身立命的基础之学说。他的《法言义疏·吾子卷》载：

剑客论曰：“剑可以爱身。”曰：“狴犴使人多礼乎？”言击剑可以卫护爱身，辞赋可以讽谕劝人也。曰：“狴犴使人多礼乎？”言狴犴使人多礼，辞赋使人放荡惑乱也。[1]

汉代儒者认为，剑术技击防身的实质是“爱身”。《左传·僖公九年》云：“吾与先君言矣，不可以贰。能欲复言而爱身乎？”[2]“爱身”对于实现仁义而言是必要条件，所以君子应当重视武备。《汉书·隽不疑传》载：“剑者，君子武备，所以卫身。”[3]爱身即卫身之意，“狴犴”读为“批扞”，击虚谓之批，坚不可入谓之扞，皆为剑术之要。所谓为剑者，示之以虚，开之以利，后之以发，先之以至。隽不疑爱剑，认为剑保卫自身的核心要义在于“批扞”之技艺，即“击敌人虚而坚不可入”，即所谓“示之以虚，开之以利，后之以发，先之以至”[4]。“爱人”需要得法、守则、循道，扬雄继而把先秦就已经形成的剑术理论与儒者的修身术紧密结合起来[5]。

东汉人许慎在《说文解字》中解释说“批反手击也”，“狴犴”可解释为一种防身、卫身的剑术技艺——反手一击。《史记·孙

〔1〕陈志坚主编《诸子集成》第五册，北京燕山出版社，2008，第 15 页。
〔2〕（春秋）左丘明：《左传》，杨伯峻前言，蒋冀骋标点，岳麓书社，1988，第 58 页。
〔3〕（东汉）班固撰《汉书》下，岳麓书社，2008，第 1132 页。
〔4〕宋继民、高秀昌注译《庄子》，中州古籍出版社，2008，第 446 页。
〔5〕《汉书·隽不疑传》中并没有记载隽不疑对剑术的详细解释，此处内容是扬雄借隽不疑之名提出的。

子吴起列传》对“狴犴”的解释为“批亢捣虚”[1]，“亢”读为“坑”，坑也是虚的意思，狴犴就是示之以虚、击不备之虚的意思。《淮南子·说林训》提出：“故解捽者不在于捌格，在于批伉。”高诱解释说“推击其要也”，郑玄注“扞格，坚不可入之貌”[2]，颜师古认为“扞，距也。此扞之说也。盖击人之虚，而自为坚不可入以距人，是为批扞”[3]。他们均提出了剑术之要在于“虚”，因为作为短兵，有虚才有可变、可走位的身法空间，而给敌人展示虚，本质上是为了后发先至，从对方主动的动作中发现他的虚，然后一击即中。如果自以为坚不可摧，只看到了对方的虚，必然遭遇失败。这是汉代理论家们达成共识和凝练出的成果。由此也能够发现，早期儒侠的佩剑并不仅仅是礼仪化的装饰物，而是武礼不分的“载道之器”。

扬雄认为“以狴犴字为之者，疑亦出剑客论”，所谓“狴犴使人多礼乎”[4]，实质上也暗含了击剑之道的现实表达形式——礼仪，所以“坐作进退，咸有法则，犹礼之于升降上下，皆有节文，故为此术者，必有学剑使人多礼之说”[5]。由此可见，剑术的技法在汉儒的视角下，不仅是一门形而下的武术技艺，更是具备了很强的形而上的象征意义，即剑术进退有度、虚实相生的法则与儒家的揖让进退的礼仪内涵相通。传说狴犴不仅急公好义，仗义执言，而且能明辨是非，秉公而断，这就使得剑派生出了政治法律的含义。扬雄在《法言义疏·问道卷》中提出：“刑

---

〔1〕（西汉）司马迁：《史记》，岳麓书社，2002，第 395 页。
〔2〕汉语大词典编纂处整理《康熙字典》，汉语大词典出版社，2002，第 21 页。
〔3〕陈志坚主编《诸子集成》第五册，北京燕山出版社，2008，第 18 页。
〔4〕（西汉）扬雄：《法言》，韩敬译注，中华书局，2012，第 30 页。
〔5〕陈志坚主编《诸子集成》第五册，北京燕山出版社，2008，第 18 页。

名非道邪？何自然也？曰：'何必刑名？围棋、击剑、反目、眩形，亦皆自然也。由其大也，作正道；由其小者，作奸道。'"[1]由儒及道法，将击剑之道作为解释刑名即自然准则之外在化表现的其中一个例子。

长于治学、注经、作传的汉儒们不仅把孔子、孟子、荀子的思想转化成了政治话语与概念，更是把这些话语与概念用于阐释一切旧有的传统。周王朝遗留的先儒对于剑的情感与传统观念在汉代得到了空前的理论化，而且是把技艺与道德伦理、政治哲学深入结合的理论化，这也就使得儒家礼仪化的刀剑文化在这一时期高度成熟。《盐铁论》的编撰者就曾把"仁义"比为剑，"道德"比为"甲胄"，载曰：

所谓利兵者，非谓吴越之铤、干将之剑也。言以道德为城，以仁义为郭，莫之敢攻，莫之敢入，文王是也。以道德为胄，以仁义为剑，莫之敢当，莫之敢御，汤武是也。今不建不可攻之城、不可当之兵，而欲任匹夫之役，而行三尺之刃，亦细矣。[2]

古代君子必佩剑，佩剑是君子彰显自身基本修养和道德水平的符号，《左传·定公十年》记载"吾以剑过朝，公若必曰，谁之剑也"[3]。《礼记·少仪》也载"观君子之衣服、服剑、乘马，弗贾"[4]，意思就是说观赏君子的服装、佩剑和车马，不要谈

[1] 陈志坚主编《诸子集成》第五册，北京燕山出版社，2008，第 18 页。
[2] 林振翰校释《盐铁论》，商务印书馆，1934，第 169 ～ 170 页。
[3] （春秋）左丘明：《左传》，杨伯峻前言，蒋冀骋标点，岳麓书社，1988，第 382 页。
[4] （元）陈澔注《礼记》，金晓东校点，上海古籍出版社，2016，第 406 页。

论它们的价格，而是借衣着、宝剑等感受对方的人格魅力。《礼记》作为儒家推崇的经典，非常细致地规定了人们生活各个方面的礼仪，对于佩剑的描写说明剑在汉代地位之崇高，也说明汉儒是把剑推上神坛的重要力量，甚至最终演变为一种政治制度。《晋书·舆服志》载“汉制，自天子至于百官，无不配剑”[1]，以取其“岂徒振武，义和金声”之意涵。此外，与剑的意义相似，由剑衍生出的汉刀到了东汉也成为重要的礼器，东汉刘熙的《释名·释兵》有记载：“佩刀，在佩旁之刀也。或曰容刀，有刀形而无刃，备仪容而已。”[2]

在此时代文化浸润下，东周列国时期流行的“玉具剑”就成为汉代以后有地位、有品行的士人彰显其身份最优的象征物。《左传·恒公十年》就有记载：“初，虞叔有玉，虞公求旃，……又求其宝剑。”[3]在春秋时代就已然把玉与剑的价值等同起来。而到了汉代玉具剑的地位尤为特殊。汉代刘向的《说苑》中就有多处记载和解释了玉具剑的特征与价值。如《说苑·反质》在描绘身处富贵乡的经侯时载：“经侯往过魏太子，左带羽玉具剑，右带环佩，左光照右，右光照左，事具衣冠部觖佩篇。”[4]可见其当时的地位和不可一世的身形姿态。《说苑·善说》中还提到楚国的王族襄成君“始封之日，衣翠玉、带玉剑，履缟舄，立

---

〔1〕（唐）房玄龄等撰《晋书》卷一～卷三六，曹文柱等标点，吉林人民出版社，1995，第435页。

〔2〕（东汉）刘熙，（清）毕沅疏证，（清）王先谦补《释名疏证补》卷七，祝敏敏、孙玉文校，中华书局，2008。

〔3〕（春秋）左丘明：《左传》，杨伯峻前言，蒋冀骋标点，岳麓书社，1988，第21页。

〔4〕（西汉）刘向《说苑》，转引自卢元骏译注《说苑今注今译》，天津古籍出版社，1977，第714页。

于游水之上”[1]，体现了襄成君身份的贵重。《史记·田叔列传》载：“诏募择卫将军舍人以为郎，将军取舍人中富给者，令具鞍马绛衣玉具剑。”[2]《后汉书》载光武帝刘秀在建武二年（26）赐冯异乘舆七尺玉具剑，《匈奴传》也记载汉宣帝甘露三年（前51）曾赐玉具剑给呼韩邪单于，以表彰其归顺汉朝。可见，玉具剑不仅为地位极高的贵族所佩戴，还被作为国礼赠送。

玉具剑的产生，把儒家正统思想推崇备至的两种“进道之器”合二为一，更加健全了君子张弛文武之道的品格修炼方法。孔子说“君子如玉”（《礼记·聘义》），佩戴玉石的目的与佩剑的目的一致，是时时警醒自己，道德修养与品格应像玉石一样。在儒家的核心理念中，君子应当是外带恭顺，内具坚韧，宽以待人，严于律己，光华内敛，不彰不显。玉与剑的结合——玉具剑更能体现儒者刚柔一体、刚健有为与厚德载物不分的品格。儒家所大力提倡的“以玉比德”“君子必佩玉”“无故，玉不去身”等不仅使佩玉制度化，还使得佩玉与佩剑完成结合。到汉代时，佩玉的制度化与佩剑的制度化在玉具剑上终于得到了统一，成为最高道德的政治象征，但近乎礼器化和技击性的降低却是难以阻遏的趋势了。

关于剑的政治化、礼仪化，董仲舒在《春秋繁露》中写道：

剑之在左，青龙之象也；刀之在右，白虎之象也；韨之在前，赤鸟之象也；冠之在首，玄武之象也；四者、人之盛饰也。夫能

---

〔1〕（西汉）刘向：《说苑》，转引自卢元骏译注《说苑今注今译》，天津古籍出版社，1977，第366页。

〔2〕（西汉）司马迁：《史记》，岳麓书社，2002，第589页。

通古今，别然不然，乃能服此也。盖玄武者，貌之最严有威者也，其像在后，其服反居首，武之至而不用矣。圣人之所以超然，虽欲从之，末由也已！夫执介胄而后能拒敌者，故非圣人之所贵也，君子显之于服，而勇武者消其志于貌也矣。故文德为贵，而威武为下，此天下之所以永全也。[1]

刀剑甲胄在董仲舒的思想体系中的形而上之义，明显已经盖过原本的器型和功用。大一统的稳定政局，对于汉代儒者而言，终于可以假君主之手实现“武之至而不用”“文德为贵，而威武为下”的理想，武士“执介胄而后能拒敌”不再是圣人应该追求的理想。然而，汉儒显然也没有完全放弃尚武的情结，以武术及其器械比拟国家治理、政治生活、道德理念的材料非常丰富。因为汉儒最为擅长权变，权变可“反经”，但必须“合道”，必须符合能够实现仁义的一切之政治军事手段。

汉代儒者为了展现德性的先在性，把周代以来的“武舞”更为深刻地阐释为“武德之舞”。汉高祖刘邦在秦始皇把《大武》之舞修改为《五行之舞》的基础上，又把《大韶之舞》改称《文始之舞》，把《五行舞》改为《大武舞》，还在汉高祖四年（前203）命人创作了《武德之舞》。《礼乐志》曰：“以象天下乐已行，……至于持以待敌者温纯之德耳，此武舞之道”[2]，《文献通考·乐考》载“汉高祖令舞人执干戚，舞《武德之舞》，光武迎秋气，亲执干戚，舞《云翘育命之舞》，亦庶乎近古也”[3]。

〔1〕王心湛校《春秋繁露集解》，广益书局，1936，第44～45页。
〔2〕（东汉）班固撰《汉书》下，岳麓书社，2008，第452页。
〔3〕（元）马端临撰《文献通考》卷一百四十四《乐考》，浙江古籍出版社，1988。

可见干戚舞这种武舞在汉代初仍旧存续，不同的是，汉代的武舞成了儒家政治化和礼仪化的外部形式。

更重要的是，在汉儒的视域下，一切高超的武术格斗技术，根本目标均不能脱离政治性。无论是张仲、曲城还是越女的剑术多么高超、多么“有术”，都不是让国家长治久安、民众安居乐业的根本。所以武术之“术”应当与政治之“道”相统一。王充在《论衡·别通》中指出：

剑伎之家，斗战必胜者，得曲城、越女之学也。史记褚补日者传曰：“齐张仲、曲成侯以善击刺学用剑，立名天下。”吴越春秋句践阴谋外传：“越有处女，出于南林，越王使使聘之，问以剑戟之术，号曰越女，乃命教军士。当此之时，皆称越女之剑。”盼遂案：越女善剑事，人习知之。曲成者，汉将虫达也。汉书高惠功臣表“曲成圉侯虫达，从起砀，定三秦，破项籍，击燕、代”，拔之。知达精于剑术矣。两敌相遭，一巧一拙，其必胜者，有术之家也。孔、墨之业，贤圣之书，非徒曲城、越女之功也。成人之操，益人之知，非徒战斗必胜之策也。故剑伎之术，有必胜之名；贤圣之书，有必尊之声。县邑之吏，召诸治下，将相问以政化，晓慧之吏，陈所闻见，将相觉悟，得以改政右文。[1]

随着秦汉疆域的空前拓展，中原地区与少数民族的融合持续加深，汉王朝的武舞开始向周边文化拓展，少数民族也开始通过武舞进行着礼仪化和文明化的转型。班固的《白虎通》载：

---

〔1〕（东汉）王充：《论衡》，陈蒲清点校，岳麓书社，1991，第210页。

乐元语曰：“东夷之乐曰《朝离》，万物微离地而生。乐持矛舞，助时生也。南夷之乐曰《南》。南，任也，任养万物。乐持羽舞，助时养也。西夷乐曰《味》。味，昧也，万物衰老，取晦昧之义也。乐持戟舞，助时养也。北夷乐曰《禁》，言万物禁藏。乐持干舞，助时藏也。”又曰：“先王推行道德，和调阴阳，覆被夷狄，故制夷乐。何不制夷礼？礼者，身当履而行之，夷狄不能行礼也。”〔1〕

儒家之圣王制礼作乐，把中华文明塑造为“礼乐文明”之形态。武术的礼乐化，说明其“属中华”的文化性已经成熟，而《白虎通》所载之内容更是显示，武礼一体的文化样态已然辐射至周边文化群。像西汉益州郡治所的“滇”地就有执干戚而舞的习俗，舞人一手持盾，另一手执斧或刀，头上插长羽，上身赤裸，下穿前短后长的幅裙，裸腿跣足。汉代文明的扩展，使得周边少数民族的矛舞、戟舞、干舞被深深地打上了汉代儒文化之烙印。

二、道法家的方术与武术文化

汉代的黄老道家实质上是先秦之道家与法家思想以及谶纬方术完成合流后的“道法家”〔2〕。学派既论道法自然，也不离法制刑名之说。其逻辑根底则在《易经》，其中不乏善于运用阴阳五行的谶纬之术解释世间万物的方士，而他们所使用的方术逐渐成为道教创立的文化资源。先秦道家的宗教化，并不局限于滋长了迷信，而是为中华文化创造了一种新的形态。对武术而言，

---

〔1〕（清）陈立撰《白虎通疏证》，吴则虞点校，中华书局，1994，第 108 ～ 110 页。
〔2〕张富祥：《黄老之学与道法家论略》，《史学月刊》2014 年第 3 期。

秦汉宗教化的道法家让武术更多地表现为一种具有神秘仪式的技艺形式。

道家与儒家一样推崇剑的地位，对格斗技术的分析也更为精到，但与儒家礼乐道德化的剑术思想不同，它更关注剑可能包含的自然要素以及其中的转化，因而剑最终也演化为道家重要法器。其中尤有代表性的是东汉赵晔所提及的铸剑技术。关于铸剑，《吴越春秋》中叙述了名匠干将与妻莫邪为吴王阖闾铸剑“使童女童男三百人鼓橐装炭”〔1〕，莫邪还虔敬地将自己的头发、指甲剪下投入熔炉中以砾金，这种类似歃血、献牲的仪式化的行为与当时的方术非常相似，或者说其本身就是一种宗教方术。《吴越春秋》还记载，吴国的另一个工匠甚至“杀其二子，以血衅金”〔2〕而铸剑；干将的师父铸名剑时也是“夫妻俱入冶炉中，然后成物”〔3〕。不仅是铸剑，剑的佩带本身就含有谶纬的成分。云梦秦简《日书》中就曾记载某日利于带剑或勿以某日带剑之类简文，为的是趋利避害、趋吉避凶。另据《汉书决疑》载：“凡救日食，皆著赤帻，以助阳也。日将食，天子素服避正殿，内外严。日有变，伐鼓闻音，侍臣著赤帻，带剑入侍，三台令史已（下）皆持剑立其户前，……日复常，乃皆罢之。”〔4〕说的是汉代的救日仪式盛况，每当日食发生时，天子便身着素服佩剑出席，将剑作为消除日食灾异之象的吉物。因此，判别刀剑之为吉物抑或凶物，是汉代道家和道教的重要知识内容，也被称作“相剑术”。

汉代的铸造刀剑本身就是一种与天地自然相合的“政治+宗

〔1〕（东汉）赵晔：《吴越春秋》，时代文艺出版社，2008，第25页。
〔2〕（东汉）赵晔：《吴越春秋》，时代文艺出版社，2008，第26页。
〔3〕（东汉）赵晔：《吴越春秋》，时代文艺出版社，2008，第25页。
〔4〕徐蕊：《汉代服饰的考古学研究》，大象出版社，2016，第151页。

教”活动，《宝刀赋》载：

建安中，家父魏王乃命有司造宝刀五枚，三年乃就，以龙、虎、熊、马、雀为识，太子得一，余及余弟饶阳侯各得一焉，其余二枚，家王自仗之。赋曰：

有皇汉之明后，思潜达而玄通。飞文藻以博致，扬武备以御凶。乃炽火炎炉，融铁挺英。乌获奋椎，欧冶是营。扇景风以激气，飞光鉴于天庭。爰告祠于太乙，乃感梦而通灵。然后砺以五方之石，凿以中黄之壤。规圆景以定环，摅神思而造像。垂华纷之葳蕤，流翠采之晃养。陆斩犀革，水断龙舟。轻击浮截，刃不纤流。逾南越之巨阙，超西楚之太阿。实真人之攸御，永天禄而是荷。[1]

在道家文化中，铸造刀剑，实质上是顺应自然的创造，需要符合道法自然的基本思想架构。“龙、虎、熊、马、雀”并不仅仅指的是一些原始图腾，更是充满道教隐喻的比拟。“中黄之壤”指的是“中央之地”，也包含仙人“中黄子”居于四方之中的道教宗教意蕴；“五方”有“五方上帝”之意，即东方青帝、南方炎帝、中央黄帝、西方白帝、北方黑帝，而且“五方之石”还是风水方术的重要意象；赋中的“太乙”“真人”“天庭（太微星）”也都是道教名词。此《宝刀赋》为曹植后期所作，他在这一阶段深受道家和道教思想影响，一首赋更是把刀剑文化内涵的丰富性

---

〔1〕（清）严可均辑《全上古三代秦汉三国六朝文》，陈延嘉、王同策、左振坤等校点，河北教育出版社，1997，第 147 页。

表达得淋漓尽致。

出自铸剑之乡和剑侠之地的楚越思想文化的代表《越女论剑》中讨论剑术技艺的内容也深具道家思想意蕴，文曰：

其道甚微而易，其意甚幽而深。道有门户，亦有阴阳，开门闭户，阴衰阳兴。凡手战之道，内实精神，外示安仪，见之似好妇，夺之似惧虎。布形候气，与神俱往。杳之若日，偏如滕兔。追形逐影，光若佛仿。呼吸往来，不及法禁。纵横逆顺，直复不闻。[1]

其中，剑术技艺的至高境界被用“道”指代，并被表述为“微”“易”，与《道德经》关于“道”的比拟用法相通，而这种表述也成为后世对于武术技艺近乎于道状态的重要言说方式，指的是习武者对至微至几的准确把握。类似“一羽不能加”“蝇虫不能落”等都是对掌握技击之“微”的描摹；“易”指的是技击格斗的根本原则，即随时变换、随即摄化、因势利导，在“变易”中凝练“简易”，最终掌握总体原则“不易”。在具体的格斗技术上，《越女论剑》则最早提出乃至奠定了身体的“门户”“阴阳”“逆顺”等格斗的基本术语，提炼出了格斗的身形和呼吸模式，还总结了格斗搏击时内外的精神状态，可以说是最早和最系统的武术理论。吴越和楚地既有老子和庄子（庄子长期在楚国游历）这样的哲学家，也涌现了大量铸剑师、剑客和相剑师，正所谓“皆荆楚勇士、奇才剑客”，这就使得剑的技艺水平和理论水

〔1〕（东汉）袁康、吴平辑录《越绝书》，上海古籍出版社，1985，第 80 页。

准在汉代达到最高。

剑术在汉代的高度成熟，也催生了一批格斗技术高超的剑术师、剑术家和相剑术士。据曹丕的《典论》所载，曹丕击败邓展后，与其分享格斗心得时说：“昔阳庆使淳于意去其故方，更授以秘术。今余亦愿邓将军捐弃故伎，更受要道也，……夫事不可自谓己长。余少晓持复，自谓无对。俗名双戟为坐铁室，镶盾为蔽木户。后从陈国袁敏学，以单攻复，每为若神。对家不知所出。先曰，若逢敏于狭路，直决耳。”[1]所谓“秘术”不仅仅指代类似以短胜长、身法变换这样高超的格斗技艺，其中也含方术之意蕴。当然，带有方术特征的道法家，也并不全是宗教神秘主义的呓语，其中也不乏理性主义的相剑技术。《居延汉简》中就记载了当时的相剑技术，包括相剑的标准和相弊剑的标准，以及相剑的花纹和剑的硬度与韧性，载曰：

欲知剑利善、故器者，起拔之，视之身中无推处者，故器也。

视欲知利善者，必视之身中有黑两桁不绝者。

其逢如不见，视白坚未至逢三分所而绝，此天下利善剑也。

又视之身中生如黍粟状，利剑也，加以善。

欲知敝剑以不者报，及新器者，之日中骍；视白坚随逢上者；及推出黑、白坚分明者；及无文、纵有。

文而在坚中者；及云气相遂；皆敝合人剑也。

刀与剑同等。

〔1〕宋效永、向焱点校《三曹集》，黄山书社，2018，第156页。

右善剑四事。

右币剑六事。

利善剑文，县薄文者、保双蛇文皆可，带羽、圭中文者皆可。

剑，谅者利善，强者表恶，弱则利，奈何。

恶、新器剑文，斗鸡、征蛇文者，粗者，及皆凶不利者。右敝剑文四事。〔1〕

简文对鉴别剑的标准与方法做了非常精辟的总结。其中，把优质的剑称为“善剑”“利善剑”，质量差的剑称为“弊剑”，并以“故器”为优，“新器”为劣，而且还认为不锋利的“弊剑”是为“不报”，会给剑的主人带来不祥，反之“善剑”则会带来福报，带有明显的谶纬之说。在是否善剑的标准中，出现了术语“白坚”“黑坚”，指的是剑身表面的形态分白、黑二色，其实是在百炼钢刀剑的制造过程中，将坯铁反复折叠锻打后自然形成的纹样。

秦汉之后，百炼钢刀剑的制造主要有两大流程：一是对坯铁反复折叠锻打，锻打之后的刀坯铁质呈层状，高低碳层相间分布；二是将刀坯打磨制成成品刀，在打磨时，坯铁中经反复折叠锻打而形成的高碳层和低碳层的断面便显现出来，因为含碳量不同，刀剑表面自然呈现出黑白相间的样貌，就是所谓“黑坚”和“白坚”。百炼钢在反复锻打融合过程中使得钢铁分层不那么明显，反之则愈加明显，因此“善剑”的主要标准是剑端锋利，不见光

〔1〕甘肃省文物考古研究所等编《居延新简》，文物出版社，1990，第98页。

点，白坚与黑坚界限不分明，黑坚不断，白坚止于距剑端三分处，剑身有米粒状星点；而“弊剑”的主要标准是白坚与黑坚界限分明，白坚直抵剑端，无花纹，或虽有花纹也隐于白坚和黑坚之下，花纹为斗鸡纹、征蛇纹及线条粗劣或带凶象的花纹。

从汉简对相剑标准和使用的术语看，秦汉时代对武术兵器的制造鉴别已经高度理论化，其中蕴含着宗教理性主义的思想形态。秦汉的道法家思想与方术的结合，使得武术兼具技击格斗与祈福祭祀文化的双重特征，并且这种影响一直持续到明清之后。

第五章

魏晋南北朝武术的多样化发展

魏晋南北朝时期（220—589）是中华民族文化大融合时期，汉民族少数民族化与少数民族汉化同时发生，政权更迭频繁，战乱多发，社会秩序崩坏，匈奴、鲜卑、羯、氐、羌等多个北方少数民族政权轮番登上历史舞台。动乱的局势和少数民族文化随政权自上而下地扩散，促使武术兵器向更加多态化的方向发展，铸造更加简单、更加适用于骑兵破甲技击的马矟（同“马槊”，下文根据文献记载用字，两种用法会交替出现）与戟并雄，成为这一时代的主战兵器。汉代创造的环首刀铸造工艺和格斗技艺进一步成熟，棒、斧、钩镶等也在格斗中运用，而剑术除了民间格斗使用外还进一步向礼器嬗变。秦汉严格禁武的法令松弛，北朝普遍尚武的风气促使民间格斗术再次发展起来，角抵术演化为相扑，侠客阶层重新崛起，任侠风气再起，女性也更多地参与到武术活动中。在思想领域，儒家理法式微，玄学的兴起，佛教的输入，道教的勃兴及波斯、东罗马文化的汇入，使得中国武术文化受到中外多元文化的交叉影响，吸收了更多的文化元素，产生了新的思想形态。

第一节 战争与技术进步推动的武术器械发展

魏晋南北朝时期战争频繁，各政权都面临着外有战争、内有篡弑的危机局面，使得它们都对兵器的数量和质量要求愈加迫切。加之这一时期煤炭冶铁、灌钢技术的发明以及马镫的普遍使用，使得武术兵器发生了变化，朝更加实用化和大量化趋势发展。刀的制作更加精良，矛的进化体马槊成为主流骑兵用技击兵器。《晋书·刘曜》载：

（陈）安与壮士十余骑于陕中格战，安左手奋七尺大刀，右手执丈八蛇矛，近交则刀矛俱发，辄害五六；远则双带鞬服，左右驰射而走。乎先亦壮健绝人，勇捷如飞，与安搏战，三交，夺其蛇矛而退。……安善于抚接，吉凶夷险与众同之，及其死，陇上歌之曰："陇上壮士有陈安，驱干虽小腹中宽，爱养将士同心肝。骣骢父马铁瑕鞍，七尺大刀奋如湍，丈八蛇矛左右盘，十荡十决无当前。战始三交失蛇矛，弃我骣骢窜岩幽，为我外援而悬头。西流之水东流河，一去不还奈子何！"曜闻而嘉伤，命乐府歌之。[1]

从陈安与诸壮士作战时使用的兵器和运用之游刃有余的描摹可以看出，七尺大刀、丈八蛇矛的刀矛俱发是一种非常实用的格

〔1〕（唐）房玄龄等撰《晋书》卷八二～卷一〇三，曹文柱等标点，吉林人民出版社，1995，第1631页。

斗方法。长刀、矛得以批量装备军队，依赖于魏晋南北朝时期冶铁技术的进一步成熟。该时期的冶炼行业开始使用煤炭炼钢，耐火材料和鼓风技术的发明极大提升了金属冶炼的工艺和产量。为了保障工艺稳定和技术持续进步，魏国还产生了专门负责冶铁的官职“司金中郎将”。从历史脉络看，冶炼技术经历了块炼法—百炼钢—炒钢法的发展。从北齐开始，兵器锻造采用了新的技艺——灌钢法，发明这种方法的綦毋怀文曾制成十分锋利的“宿铁刀”。《北齐书》载：“以道术事高祖，……又造宿铁刀，其法烧生铁精以重揉铤，数宿成钢。以柔铁为刀脊，浴以五牲之溺，淬以五牲之脂，斩甲过三十札。”[1]可见使用该方法铸造的兵器之锋利。灌钢法的主要优点有：以生铁作为原料直接渗碳，因熔化后温度高，加快了向熟铁中渗碳的速度，缩短了冶炼时间，提高了生产率；生铁脱碳直接生成钢，增加了钢的产量；在高温下，液态生铁中的碳、硅、锰等杂质与熟铁中的氧化物夹杂发生反应被祛除，纯化了金属以提高金属品质；操作简便，容易掌握，只要把生铁和熟铁按一定比例配合好，加以熔炼，就可获得。灌钢法促使兵器铸造在东汉“百炼钢”的基础上精益求精，达到前所未有的尺寸和锋利程度，更是极大地刺激了兵器生产技术的提高与发展，使兵器的质量与制造数量又经历一次飞跃[2]。

一、具装骑兵[3]的矛槊

西晋开始，出现了矛头短而尖的改进型长矛，其头部较汉代

---

〔1〕（隋）李百药撰《百衲本二十四史·北齐书·列传第四十一》，商务印书馆，1934。

〔2〕沈融：《中国古兵器集成》，上海辞书出版社，2017，第 48 页。

〔3〕马的铠甲被称为“具装”。

的矛头要短，整体轻锐，使用灵便，刺杀效果更好，而且比较节省金属，制作也较简便，容易大量装备，因而被广泛使用。然而，随着魏晋政权因为不断的政治动乱而崩溃，大量游牧民族政权乘虚入主中原地区，导致骑兵化水平进一步提升，这促使拥有具装骑兵的政权或民族，在发展骑兵作战方法的同时，也不得不推动自己的重型骑矛技术，以便在大规模骑兵作战时拥有更强的破甲能力。相对于秦汉这类中原王朝军队中的习惯于使用戟的具装骑兵，北方游牧民族受中亚诸国尤其是波斯帝国的影响，出现了使用矛的具装骑兵，后来居上的鲜卑人更是善于此道。鲜卑人吸收了汉王朝和与汉王朝长期作战的游牧民族武术兵器和技击方式的各自优点，摈弃了马戟，将东汉末年到西晋使用的矛改造为一种更具实用性的新型兵器——马槊〔1〕。之后在南朝还诞生了一部规格很高的武学著作——萧纲编纂的《马槊谱》，其《序》记载“马槊为用，虽非远法，近代相传，稍已成艺”〔2〕。《说文解字》释曰“槊，矛也。亦作矟”。《通俗文》解释说“矛长丈八尺曰矟。马上所持，言其稍便杀也”〔3〕。也就是说，马槊与马矟相通，只是名称有所不同，北朝的相关历史记载基本称其为“槊”，而南方则是“槊”“矟”并用。马槊作为一种长度达到八尺的矛，杀伤力大，破甲能力更强，所以有“稍便杀”的含义，由“矛＋稍”构词，这可以说是对槊的一种极好的定义；还有一种说法认为，由于槊为北朝鲜卑人改造而成，很多南朝人只知其音而不知其

---

〔1〕唐代诗人元稹曾在其为杜甫撰写的《唐故工部员外郎杜君墓系铭》中写道：“建安之后，天下文士遭罹兵战，曹氏父子鞍马间为文，往往横槊赋诗。故其抑扬怨哀悲离之作，尤极于古。” 其中的“横槊赋诗”指的就是马槊。但从考古和文献证据看，东汉末年并没有真正出现马槊， 因为元稹是唐人，所写墓志铭只是借器以怀古。

〔2〕(宋）李昉等编纂《太平御览》第三卷，夏剑钦校点，河北教育出版社，1994，第 1134 页。

〔3〕王先谦：《释名疏证补》，上海古籍出版社，1984，第 345 页。

字，鉴于这种武器类矛，因而造出一个形声字“矟”。

相比秦汉时代的长矛，马槊的金属矛头不再被铸造为八边形或六边形的截面，而呈现为一种更加扁平的形状。如此一来，马槊就更加容易刺入对方铠甲的缝隙，产生破甲的功效。马槊在南北朝时期的激烈战争中，矛头演化得越来越长，早期约30厘米，到了南北朝晚期，一些矛头甚至达到了80多厘米。如此既有助于增加马槊前端的重量，平衡整体重量，让重心更加稳定，又有助于持槊者在格斗时更加便捷地操控，同时也能够防止马槊的杆被对方用刀剑在侧方斩断。从集安三室墓壁画《攻城图》(图5–1)、敦煌莫高窟第285窟《五百强盗成佛之一》（图5–2）等壁画中，都能够看到具装骑士持矟战斗的生动姿态。

图5–1 集安三室墓壁画《攻城图》[1]

图5–2 敦煌莫高窟第285窟《五百强盗成佛之一》局部[2]

马矟在战争中的大量运用，使得无论是北朝少数民族政权的军队还是南朝以汉民族为主要成分的军队中都涌现出不少善于用此兵器作战的将领。而且在北朝史书记载中，常常以能否熟练运用矟作为评判是否英雄豪杰之标志。《魏书·昭成子孙》载：“(陈

〔1〕吴广孝：《集安高句丽壁画·攻城图》，山东画报出版社，2006，第 141 页。
〔2〕敦煌研究院：《敦煌壁画·魏晋南北朝（1）》，江苏美术出版社，1998，第33页。

留王）虔姿貌魁杰，武力绝伦。每以常矟细短，大作之犹患其轻，复缀铃于刃下，其弓力倍加常人。以其殊异于世，代京武库常存而志之。”[1]从中可知，陈留王不仅善用矟，还以其过人的膂力闻名于世。《太平御览》另有记载说北齐安州刺史卢胄在海岛得到一神人的胫骨，长达两丈，卢胄将其打造为矟，献于高欢，诸将都无法运用，只有名将彭乐能够运用自如，众人皆称其英雄[2]。不仅如此，南朝的史书记载中，用矟也是勇武的重要标志，《梁书》载“大同三年，车驾幸乐游苑。（羊）侃预宴时，少府奏新造两刃矟成，长二丈四尺，围一尺三寸。高祖因赐侃马，令试之。侃执矟上马，左右击刺，特尽其妙”[3]。梁武帝萧衍为此非常欣赏羊侃，称“吴闻仁者有勇，今见勇者有仁”[4]。与羊侃同时代的周铁虎也是膂力过人，善于使用马矟，以勇敢闻名，被梁河东王萧誉拜为府中兵参军。《南齐书·高帝十二王列传》载：“世祖尝幸钟山，晃从驾，以马矟刺道边枯檗，上令左右数人引之，银缠皆卷聚，而矟不出。”[5]也以将矟刺入石头无法拔出为勇武的象征。后赵的一支所向披靡的精锐部队——高力禁卫因为善用槊被称为黑槊龙骧军，其组成主要是羯族统治下的匈奴人。

从魏晋开始至南北朝，马镫和马鞍演化得更为成熟，让骑兵能够牢牢地与马匹固定为一个整体，继而催生了更具冲击性的马上格斗方法，人马都着重铠的冲击型骑兵与弓弩骑兵一并成为战

〔1〕（北齐）魏收撰《魏书》，吉林人民出版社，1995，第 239 页。
〔2〕车吉心主编《中华野史：先秦至隋朝卷》，泰山出版社，2001，第 415 页。
〔3〕（唐）姚思廉撰《百衲本二十四史·梁书》卷第三十九，商务印书馆，1944。
〔4〕（唐）姚思廉撰《百衲本二十四史·梁书》卷第三十九，商务印书馆，1944。
〔5〕（梁）萧子显：《南齐书》卷三十五，中华书局，1936。

场的主角。冲击型骑士的主要杀伤方式是不断策马冲入敌阵，反复接敌，利用马匹奔跑的动能和马槊锋利扁平的刃部破开敌人骑兵战甲、冲散敌军步兵阵形。马槊刺杀的部位不像汉代画像石中所表现的那样从侧面或背面击刺，而是正面冲刺、突刺敌人的胸、腹等关键部位。如果双方属于同类具装骑兵，格斗方式则为“交槊而斗”，在作战中称之为骑兵“合战”。早在战国时期“合战”的术语就已诞生，《荀子·强国》载“合战用力而敌退，是众威也”〔1〕。从杀伤效果看，“合战”产生的冲击力非常强悍，据《宋书·孟龙符传》载“龙符乘胜奔逐，后骑不及，贼数千骑围绕攻之，龙符奋矟接战，每一合辄杀数人”〔2〕，又据《南齐书·陈显达传》载“显达马矟从步军数百人，于西州前与台军战，再合，大胜，手杀数人，矟折”〔3〕。可见“合战”的每一次冲击都能杀数人，其冲击力之大致使矟自身也被折断。

由于这一时期马矟格斗地位的重要，因而除了马矟之外，还演化出一种步兵用矟，这种矟实际上源自步兵用长矛，被称为“步矟”。《宋书·朱龄石传》载：“龄石所领多鲜卑，善步槊，并结陈以待之。贼短兵弗能抗，死伤者数百人，乃退走。会日暮，众亦归。”〔4〕从中不难发现，步槊虽然不能借助马匹的冲击势能，但其长度、使用灵活性、穿透力等特征使其一样能够具有很好的杀伤作用。

矟（槊）的出现、广泛列装与流传，不仅加速了铠甲、马具

〔1〕（战国）荀况：《荀子》，（唐）杨倞注，耿芸标校，上海古籍出版社，2014，第188页。
〔2〕（南朝梁）沈约撰《百衲本二十四史·宋书》卷四十七，商务印书馆，1944。
〔3〕（梁）萧子显：《南齐书》卷二十六，上海中华书局，1936。
〔4〕（南朝梁）沈约撰《百衲本二十四史·宋书》卷一，商务印书馆，1944。

等周边武术装备的发展，也改变和丰富了中华武术的格斗方法。矟独特的使用方式、技击和战术动作的实用性与有效性受到当时的武术家乃至唐代及之后武术家的强烈关注，善于用矟的习武者成为当时同行业者模仿和崇拜的对象，《南齐书·沈文季传》就记载陈天福善于用马矟，诸将无不效仿。由此，用矟的战斗姿态和使用经验都逐渐被记录下来，成为隋唐冲击型骑兵继续发展的重要基础。

二、刀盾俱发的格斗术

具装骑兵的格斗方式为刀矛俱发或矟的冲击突破，杀伤力很大，而为了应对这种威胁性极大的骑兵兵器，步兵采用了刀盾俱发（图 5-3）的应对策略。《太平御览》载：“（朱伺）小为牙门将，……内涉江夏，便鞍马、弓弩、刀盾、涉猎。”〔1〕《宋略》载：“宁朔将军益州刺史刘豪，少工刀盾，勇冠三军。”〔2〕除此之外，仅《宋书》中记载善使刀盾者就有数十人，像宋宗岳、任农夫、刘亮等无不是以刀盾大破敌军而被载于史册。刀盾俱发的格斗方法从汉代就已经出现，至两晋南北朝达到高峰，这与刀的铸造技艺进步不无关系。

---

〔1〕（宋）李昉等撰《四部丛刊三编·太平御览》卷三百五十七，上海书店出版社，1936。
〔2〕（宋）李昉等撰《四部丛刊三编·太平御览》卷三百五十七，上海书店出版社，1936。

图 5-3 敦煌莫高窟第 285 窟五百强盗成佛壁画局部本[1]

在刀的铸造方面，魏晋南北朝均继承了汉代以来的环首刀，而新的灌钢技术的出现，进一步提升了环首刀的制成工艺与水准，也为军队大量装备环首刀奠定了基础。这使得这一时期刀取代剑成为近身格斗必配武兵，一时间名刀辈出。陶弘景《古今刀剑录》载："后燕慕容垂以建兴元年造二刀，长七尺，一雄一雌。"[2]除七尺的长刀外，也有五尺短刀，如北朝乐府民歌《琅琊王歌》载"新买五尺刀，悬著中梁柱"[3]。刀的量产让士兵几乎人手一把环首刀，格斗效果佳、质量优异、数量充足的环首刀成为衡量军力的重要指标，而刀法也成为判断习武者格斗水平的标准。鉴于其重要性，北周还设有司甲、司槊、司刀盾的专门官职。

从西晋开始，汉代产生的环首刀形态发生了变化，刀身的长度变短，刀刃的厚度增加，出现了切刃造，刀尖向背部收拢，护

---

〔1〕杨泓：《古代兵器通论》，紫禁城出版社，2005，第 193 页。
〔2〕（梁）陶弘景：《古今剑录》，载季羡林、张岱年主编《四库家藏》，山东画报出版社，2004，第 2 页。
〔3〕程章灿撰《南北朝诗选》，商务印书馆，2017，第 274 页。

手加长，刀环扩大并呈下垂状。《晋书·世宗景帝》中记载，李丰因不满司马氏专权，预谋以夏侯玄代司马师辅政，结果司马师秘密探得消息，命令舍人王羡以车迎李丰，在言语冲突下，司马师下令勇士“以刀镮（环）筑杀之”〔1〕。用“刀环”能够杀人充分说明这一时代环首刀刀环的重量之大。与东汉时代动辄 1.2 米甚至一米三四长的环首刀相比，魏晋和南北朝的刀铸造得相对要短。从刀装看，魏晋之后的刀镡较小，明显不是为了防御对手，而是用于区分刀刃和刀把。

刀长度缩短和刀刃增厚的变化导致该时代的环首刀并不利于破甲与骑战，因而逐步不再承担具装骑兵主要作战任务，而是用于步战或私人格斗。《北齐书·安德王高延宗传》载：“尚书令史沮山亦肥大多力，捉长刀步从，杀伤甚多。”〔2〕更为重要的是，环首的重心向刀柄位置缩进，普遍在握把前 15 厘米之内。环首刀成为运用讲变求快的私人决斗技术的利器。一个时代盛行的武艺必定和同时代盛行的武器相互适应。所以，魏晋环首刀已经不再是单纯的战场武器，而有了很强的私斗属性，从魏晋之后的文献看也是如此。刀形制的改变也促使舞刀、刀盾并舞的“套路”出现在历史长河中，譬如《晋书·王如》载“如诣棱，因闲宴，请剑舞为欢，棱从之。如于是舞刀为戏，渐渐来前”〔3〕。又如《南齐书·桓康传》载“宜与拳捷，善舞刀楯，回尝使十余人以水交洒，不能著”〔4〕，其舞刀盾技艺之精湛，已经到了水洒不入的境地。

---

〔1〕（唐）房玄龄等撰《晋书》卷一～卷三六，曹文柱等标点，吉林人民出版社，1995，第 15 页。

〔2〕（隋）李百药撰《百衲本二十四史·北齐书·列传第三》，商务印书馆，1934。

〔3〕（唐）房玄龄等撰《晋书》卷八二～卷一三〇，曹文柱等标点，吉林人民出版社，1995，第 1583 页。

〔4〕（梁）萧子显：《南齐书》卷三十，中华书局，1936。

《梁书·王神念传》也记载：“神念……尝于高祖前，手执二刀盾，左右交度，驰马往来，冠绝群伍。”[1]虽然王神念是驰马舞刀盾，但其形式本质上还是表演。从河南博物院馆藏的武士画像砖（图 5-4）中可以看到，四名武士均一手持环首刀、一手持盾，步行趋前。

图 5-4　南北朝时期武士画像砖[2]

在魏晋南北朝历史上，西南地区铸造刀的工艺最优。魏蜀并立期间诸葛亮就曾命一位名叫“蒲元”的人造刀。蒲元在斜谷开工，为了造出好刀，还特地指定要使用涪江水来为刀刃淬火，所造的三千口刀非常精良，被称为“神刀”。《太平御览》记载：

（蒲元）君性多奇思，得之天然。象类之事出若神，不尝见锻功，忽于斜谷为诸葛亮铸刀三千口。镕金造器，特异常法。刀成白言：“汉水钝弱不任淬，用蜀江爽烈，是谓大金之元精，天分其野。”乃命人于成都取之。有一人前至，君以淬刀言：“杂

〔1〕（唐）姚思廉撰《百衲本二十四史·梁书》卷第三十九，商务印书馆，1944。
〔2〕《中国画像砖全集》编辑委员会：《中国画像砖全集 2：河南画像砖》，四川美术出版社，2005，第 133 页。

涪水不可用。”取水者犹悍言不杂。君以刀画水云：“杂八升，何故言不？”取水者方叩头首伏云：“实于涪津渡负倒覆水，惧怖，遂以涪水八升益之。于是咸共惊服，称为神妙。”刀成，以竹筒密内铁珠满其中，举刀断之，应手灵落，若雉生刍，故称绝当世，因曰神刀。今之屈耳环者，是其遗范也。[1]

蒲元铸刀的这则记载以叙事化的笔法体现出当时四川地区兵器制造工艺之先进，尤其是淬火工艺已然被工匠掌握并被量化和程序化，这对当时批量化大规模生产环首刀起到了积极的推动作用。从形制看，四川忠县（今重庆忠县）涂井蜀汉墓出土的9把环首刀刀长在101～124厘米，刀刃以极小的角度向前斜收，至近前锋处呈弧线形收刹成锋，横截面呈楔形，刀茎上下缘与刀身直线连贯，身、茎交界处无刀镡。因为采取了更先进的灌钢技术和淬火技术，其材质和生产工艺优于西汉时期环首刀，是当时环首刀制造水平较高的很好例证。

三、戟的技术变化

戟在魏晋南北朝虽然不像汉代应用得那么广泛，但仍是骑兵技击格斗的重要兵器。司马氏建立的晋朝为世家大族的王朝，当时各个家族拥兵自重，与强大的庄园主经济互为表里，建立起自给自足的内循环机制，在帝国中央控制之外打造出强大的军队。这种社会机制体现在战争模式上，就是精锐的重装骑兵在北方平原上纵横驰骋，步兵部队重视大盾重戟。《太平御览·陶侃表》记载，东晋建国之初，陶侃就上表，称应精选兵器，奉献“金铃

[1]（宋）李昉等撰《四部丛刊三编·太平御览》卷三百四十五，上海书店出版社，1936。

大戟”50支。《太平御览》还记载，戟也是民间禁止持有的兵器，持有“十枚”以上要遭受重罚。在冬寿墓的壁画中，也能够看到军队前列的士兵肩戟持盾而行（图5–5）。《晋书·石季龙载记》记载，冉闵与慕容恪展开骑兵决战，“所乘赤马曰朱龙，日行千里，左杖双刃矛，右执鉤戟，顺风击之，斩鲜卑三百余级”〔1〕。在戟和矛的连续冲击下，鲜卑人伤亡惨重。《资治通鉴·晋纪七》也有记载说西晋义阳人张昌，蛮族人，武勇过人，尚力好斗。他曾“绛头毛面，挑刀走戟，其锋不可当”〔2〕。元人胡三省注曰：“善舞戟，左奔右赴，为击敌之势。又环身盘戟，迴转如萦。又以戟矜（柄也）柱地，跳过矜上，特为环捷，此所谓走戟也。”〔3〕可见张昌用戟的技击术之高超，能够左右捭阖，周身环走，既能够利用马的冲击势能突刺对方骑兵，也能够灵活地刺杀周围步兵。东晋武术家葛洪能够使刀盾、单刀以及双戟。西晋诗人张协还曾写过《手戟赋》，曰：“锬锬雄戟，淬金炼刚，名配越戟，用过干将，严锋劲柲，摛锷耀芒。”这些栩栩如生的描述，都是戟在该阶段应用的证据。

此历史阶段，戟的形制开始由“卜形戟”向“ㄐ形戟”变化，无论从冬寿墓壁画的画像图，还是北魏宁懋石室的画像图（图5–6）中，都能够看出戟为向前翘翻的ㄐ形双叉戟。ㄐ形戟从技击方法上发生了变化，不再是钩刺结合，而是改为叉刺，其中短端用于防止刺入太深而无法拔出，这与铍和铩的刃下端的突耳作用相似。

---

〔1〕（唐）房玄龄等撰《晋书》卷八二～卷一三〇，曹文柱等标点，吉林人民出版社，1995，第1694页。

〔2〕（宋）司马光编撰《资治通鉴》，邬国义校点，上海古籍出版社，2017，第3103页。

〔3〕（宋）司马光著，（元）胡三省音注《资治通鉴》，中华书局，1956，第2681页。

图 5-5　冬寿墓壁画（局部）

图 5-6　北魏宁懋石室武士图[1]

然而，随着马槊和双刃矛制造和使用技术的成熟，戟的使用开始减少，功用也发生了变化，由主战兵器向礼器和明器转化。从北魏时期开始，戟常用于仪仗，这种现象一直到隋唐。北魏前期的禁卫武官出现了“虎贲幢将”“虎贲中郎将”等职务，大致与汉代的羽林卫类似。《魏书·职员令》中记载有虎贲幢将和虎贲中郎将，又具体分为戟盾虎贲将军、募员虎贲将军、高车虎贲将军等，其中的“戟盾虎贲将军”手持的戟和盾实质上是一种仪仗兵器，戟上绑有幡，用于列队。北周时期，高级官吏的门前出现了列戟，它由于排列在门口也被称为门戟，就是仪仗，戟也嬗变为了仪仗用礼器。

四、棍棒、斧和钩镶

从技击实用性和史料记载两方面看，棍棒作为兵器，尤其是

〔1〕郭建邦编《北魏宁懋石室线刻画》，人民美术出版社，1987，第 1 页。

军事上使用的兵器并不多见，但魏晋南北朝时期却出现了在特定环境的战场上使用棍棒格斗的现象。棍棒在武术器械中又被称作杖、棓（大杖）、梃。作为一种专门用于习武练功的武器，棍棒最迟在晋代已经出现，并在民间得到不断传承，也曾作为兵器投入到战场，其技击技术至南北朝时期走向成熟。

北魏孝明帝武泰元年（528）九月，起义军首领葛荣带兵号称百万，包围邺地（今河南省安阳市邺镇），攻打相州，前来镇压起义军的北魏大将尔朱荣部的军中就有批量使用棍棒代替刀兵用于战斗的战例。据《魏书·尔朱荣传》记载：

葛荣自邺北列阵数十里，箕张而进，荣潜军山谷，为奇兵，分督将已上三人为一处，处有数百骑，令所在扬尘鼓噪，使贼不测多少。又以人马逼战，刀不如棒，密勒军士为马上各赍神棒一枚，置以马侧。至于战时，不听斩级，以棒棒之而已，虑废腾逐也，乃分命壮勇所当冲突。号令严明，战士同奋，荣身自陷陈（阵），出于贼后，表里合击，大破之。[1]

从这则史料所描述的战斗环境看，在“人马逼战”的拥挤状态下，产生了“刀不如棒”的情况。密勒军士把棒置于马的一侧，在空间逼仄的格斗中，由于长刀和矛戟施展不开，以钝器棒棒击反倒成为最实用的方法，加上尔朱荣军令严明、身先士卒，士兵同仇敌忾“表里合击”，最终取得胜利。因此，棒之所以能够在军事作战中使用，是有特殊条件的。另据《周书·王罴传》载：

---

〔1〕（北齐）魏收撰《魏书》，吉林人民出版社，1995，第1013页。

齐神武遣韩轨，司马子如从河东宵济袭罴，罴不之觉。比晓，轨众已乘梯入城。罴尚卧未起，闻外汹汹有声，便袒身露髻徒跣，持一白梃，大呼而出。敌见之惊，逐之东门，左右稍集，合战破之，轨众遂投城遁走。[1]

这里记载王罴击敌所用的"白梃"指的就是棍棒。从史料的叙事可以窥见，王罴用棒击败敌人也是在特定情境下，最重要的是他本人临危不乱和骁勇过人，能够一跃而起，光头赤脚，操械搏战。敌人始料未及，继而仓皇逃走。但这并不能够说明棍棒在军队中的格斗价值。此外，葛洪在《抱朴子》中的一则有关剿灭山贼的记载也提及"贼中有善禁者，每当交战，官军刀剑不得拔，弓弩射矢皆还向，辄致不利"[2]，贺将军思虑后提出：我听闻金有刃所以能被禁咒所束缚，虫有毒的也可以被咒语所禁，但如果使用无刃之兵器、无毒之虫，就不能被禁，于是命令用劲木制作了很多白棒，选取异力精卒五千人为先头部队，以白棒击杀，将棓彼山贼一网打尽。这则记载虽然充满了神秘主义和宗教叙事，但也说明，棍棒作为格斗兵器，只能在特定场景使用。山贼所在地区必然也是空间逼仄不利于长兵展开，所以采用棍棒作为格斗兵器。但在开阔的战场上，棍棒必然不能作为主要兵器使用。此外，所谓"禁"而无法抽出刀剑，还有可能是磁山所致。

鉴于此，与很多未从事过武术训练的历史学者所得出的结论不同，棍棒在两晋南北朝时期实际上并不可能真正作为军中阵战

〔1〕（唐）令狐德棻等撰《百衲本二十四史·周书·王罴传》，商务印书馆，1934。
〔2〕（东晋）葛洪：《抱朴子》，转引自冯国超主编《中国传统文化读本·抱朴子内篇》，吉林人民出版社，2005，第90页。

时使用的武器，更多是存在于民间，为习武的器械之一，加之不禁棍棒于民间，进而使得民间习棍棒者甚众。葛洪在《抱朴子·外篇·自叙》中所言，他“又学七尺杖术，可以入白刃，取大戟”〔1〕，这种可以与刀戟对打取胜的“自我叙事”如果是真实的，或许是因为葛洪武艺过于高强，抑或只能在某些不利于长兵器施展的环境下才可能发生。

除了棍棒之外，还有一种在中华原始文明时期就产生的兵器——斧，在魏晋南北朝史料和考古发掘中也有少数记录。《晋书·石季龙载记》：“高力等皆多力善射，一当十余人，虽无兵甲，所在掠百姓大斧，施一丈柯，攻战若神，所向崩溃，戍卒皆随之，比至长安，众已十万。其乐平王石苞时镇长安，尽锐距之，一战而败。”〔2〕虽然，春秋之后斧就已经作为礼器和刑器而很少用于战场，但部分游牧民族在刚刚与中原地区接触时，由于金属冶炼技术很不发达，使用斧作为兵器的现象也一直存在，少数膂力惊人的将领也会使用重量很大的斧作为近战破甲的辅助兵器。实际上，斧钺从未在历史长河中消失，但也未曾成为中华武术的主流兵器。

钩镶在历史上最后一次出现是两晋，自此之后便难觅踪影。西晋张华在《博陵王宫侠曲二首》中写道：“……吴刀鸣手中，利剑严秋霜。腰间叉素戟，手持白头镶。腾超如激电，回旋如流光。奋击当手决，……”〔3〕其中的“白头镶”指的就是钩镶。除此之外，

---

〔1〕（东晋）葛洪：《抱朴子》，转引自冯国超主编《中国传统文化读本·抱朴子内篇》，吉林人民出版社，2005，第98页。

〔2〕（唐）房玄龄等撰《晋书》卷八二～卷一三〇，曹文柱等标点，吉林人民出版社，1995，第1681页。

〔3〕逯钦立辑校《先秦汉魏晋南北朝诗》上，中华书局，1983，第612页。

1972 年 3 月，江苏省镇江市发掘出的东晋晚期墓葬的画像砖中有一兽首人身画像砖（图 5–7），其画面为：兽首有双尖耳，双角，圆睛凸出，左手前伸执钩镶，右手向后张握环柄铁刀，两腿前后分开，一屈一直呈箭步，腿臂上均缠有带束[1]。尽管该画像砖所描绘的是蚩尤兵败的神话故事，但是神兽所持兵器，势必正是现实生活的反映，否则刻工也无法表现得那么准确。因而可以认为，钩镶到东晋晚期仍在使用，后随着重装骑兵的发展而自然退出战场。

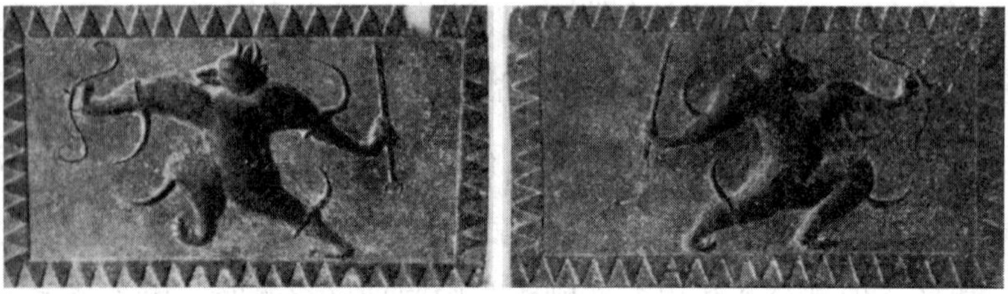

图 5–7　镇江出土东晋晚期兽首人身画像砖

五、承上启下的南北朝铠甲

魏晋南北朝时期，与西域联系密切的北方少数民族不断南下进入中原，有一部分汉族百姓为了躲避战乱迁居西域与当地百姓杂处，由此形成了一条连接中亚的大陆文化桥。这使得中亚地区和东罗马帝国的技术文化传播到中国，并影响了南北朝时期的铠甲形态。早在汉末三国时期，中原地区就改良出了筩袖铠，铠甲上有明显的龟背文或鱼鳞纹刻痕，长度可至臀部。它的优点在于防护面积大，但明显的缺陷是灵活性差，特别是肩部，穿上这种

〔1〕陆九皋、刘兴：《镇江东晋画像砖墓》，《文物》1973 年第 4 期。

铠甲之后身体关节只能进行小范围的活动。而拜占庭式札甲甲片却是均匀地贴在皮衬上，纵向或前后串联，这样的设计使关节部位的活动不受影响。

在东西方交流过程中，东方工匠在改良汉末筩袖铠的基础上，制成了鱼鳞筩袖铠，其主要构成部分就是鱼鳞札甲。汉代的札甲与两晋南北朝鱼鳞札甲最主要的区别在于，札甲是由皮条串联而成的纵向或横向叠压甲片的甲胄；鱼鳞札甲是甲片缀于织物、皮、锁子之上的甲胄。《初学记》载："晋《建武故事》曰：'王敦死，秘不发丧。贼水南北渡，攻宫垒栅，皆重铠浴铁。都督应詹等出精锐距之。'车飏《秦书》曰：'苻坚使能邈造金银细铠，金为綖以缧之。'"〔1〕所谓金银细铠指的就是缀于衣服上的鱼鳞札甲。

鱼鳞札甲不仅有腿裙，还有覆盖腿部的裤型下甲，因而加强了对士兵下身的防护，也被称为"两当铠"或"裲裆铠"。"其一当胸，其一当背"，由一片胸甲与一片背甲组成，肩部加结，腰上束带，铠甲的材料为"重铠浴铁"的百炼钢。早在曹魏初期，以优质钢材制作铠甲就已经非常流行。《作刚铠教》就有记载："（诸葛亮）勅作部皆作五折刚铠，十折予以给之。"〔2〕而诸葛亮命人制作五锻钢铠的方法，直到南北朝及之后仍然延续使用。

据《太平御览》收录的《上铠表》载："（曹植）先帝赐臣铠，黑光、明光各一领，两当铠一领，赤炼铠一领，马铠一领，今世已平，兵革无事，乞悉以付铠曹自理。"〔3〕其中就提到了魏晋南北朝主要的几种铠甲：黑光铠、明光铠和两当铠。其中，"黑

〔1〕（唐）徐坚等：《初学记》，中华书局，1962，第535～536页。
〔2〕李伯勋撰《诸葛亮集笺论》，陕西人民出版社，1997，第275页。
〔3〕（宋）李昉等撰《四部丛刊三编·太平御览》卷三百五十六，上海书店出版社，1936年。

光铠”是在汉代玄甲的基础上发展而来；“明光铠”指的是胸前背后都装有大的金属圆护，像明镜而闪光的白玄甲，其甲上刻画出鱼鳞纹或龟甲纹，属于两当铠的进化产物，铠下裙和披膊多数也都以札甲片组成（图5-8）。这些铠甲都是魏晋南北朝时骑兵流行的铠式，虽然还未达到成熟形态，但隋唐的铠甲却都由此发展而来。南北朝铠甲具有非常明显的承上启下的作用和价值。

图5-8　山东省临朐县出土墓葬壁画《武士图》

第二节　多民族文化诞育的武术群体

魏晋南北朝时期，军队制度经历了由征兵制到世兵制再到府兵制的变化，北方少数民族轮番建立政权，将各自的文化带入中原地区，在汉民族少数民族化和少数民族汉化的交互过程中逐步完成了民族融合。在这一背景下，中原练习武术的群体也融合了少数民族文化的特质，尤其是游牧民族尚武的风气，这促使早已衰弱的武侠精神复兴。少数民族对于女性相对开放的态度使得这一时期女性习武者的形象在历史中尤为突出。更为重要的是，该时期文化与制度下产生的武术群体对隋唐产生了深远的影响。

一、武侠风气复起

魏晋南北朝时期虽然兵连祸结，但走马灯一样更换的各政权治理能力的羸弱，却间接为武侠风气的短暂复兴提供了良好的土壤。在内外交替的战乱过程中，西晋门阀士族构建的权力集团被摧毁，过去依存于门阀士族之下的政治军事力量随之瓦解，正所谓“旧时王谢堂前燕，飞入寻常百姓家”。从“十六国”时期开始，与汉族混居的少数民族凭借自身优势建立起军事力量，形成了新的地方豪强势力——乡兵集团，这些势力又进一步依附某些政权构成军镇。譬如《文献通考》载，前秦的苻坚就曾迁徙关东豪杰及诸杂夷十万户于关中建立军镇，而最为著名的则是北魏的武川镇。从这一阶段起，北朝诸政权进入乡兵集团和豪强社会控制基层权力的时代，乡闾豪杰则成为这一时期重要的习武群体，其中就不乏崇尚侠义精神的任侠、轻侠者。

相对于两晋的门阀贵胄，乡兵集团中崛起的有名将领都是后发的军事领袖，被称作“乡帅”。但如果注意乡帅个人的秉性及为人就会发现，他们不仅擅长武艺，文化修养也很高。《周书》载，北魏时的李玚在孩提时代就善于玩战争游戏，郡守赞曰：“此小儿必为将军，非常人也”[1]。成年后的他不但武艺非凡，气尚豪爽，有大志，好饮酒，笃于亲知，还颇具文采。李玚不仅德洽乡间，还“招募雄勇，其乐从者数百骑”[2]。东魏安东将军刘豐“少有风气，颇涉文史”[3]，叔父刘粹则被史书点评为“少尚气侠”，也属于文化水平较高的武侠。另据《北齐书·列传第十三》载，名将高乾“少时轻侠，数犯公法，长而修改，轻财重义，多所交结”，其弟高昂“幼稚时，便有壮气。长而俶傥，胆力过人，龙眉豹颈，姿体雄异”[4]，高乾、高昂两兄弟豪侠有风神，为州里所崇敬。北齐名将薛脩义“少而奸侠，轻财重气”，很具武侠风范。《北史·列传第二十六》载，北周名臣裴侠有轻侠之风，最初被举为秀才，个人文化素养颇高，曾在率领乡兵参加沙苑之战时，以其勇敢的性格为当时身为主将的宇文泰所赞赏，称其“仁者必有勇”，并令其改本名“裴协”为“裴侠”。

无独有偶，北朝大将郑伟“少倜傥有大志，每以功名自许。善骑射，胆力过人”；李长寿“性雄豪，有武艺”；韩雄“少敢勇，膂力绝人，工骑射，有将率材略”；陈忻“少骁勇，有气侠，姿貌魁岸，同类咸敬惮之”；杨摽寸也是“少豪侠有志气”；敬珍“伟容仪，有气侠，学业骑射，俱为当时所称”；敬祥“亦慷慨有大志，唯以交结英豪为务”……最为著名的以任侠为人生信条的乡帅当属宇文泰和兰陵王高长恭。《周书·文帝纪上》载，宇文泰

〔1〕（唐）令狐德棻等撰《百衲本二十四史·周书·李贤弟远传》，商务印书馆，1934。
〔2〕（北齐）魏收撰《魏书》，吉林人民出版社，1995，第719页。
〔3〕（唐）李延寿撰《北史》，转引自许嘉璐、安平秋等《二十四史全译》，汉语大词典出版社，2004，第1238页。
〔4〕（隋）李百药撰《百衲本二十四史·北齐书·列传第十三》，商务印书馆，1934。

“陵生系，系生韬，并以武略称。韬生肱，肱任侠有气干”[1]，除此之外，宇文泰在武川镇时期热爱“交结”同乡人中有侠义情结、武艺高强的朋友，如“少雄豪有节义，北州咸敬服之”的独孤信，“少豪侠，有志度”的侯莫陈。高长恭温良敦厚，貌柔心壮，音容兼美，而且武艺非凡，爱结交侠客。义侠赵五本是洛阳胡太守的杀手，几次奉命暗杀高长恭未得逞，却被高长恭的人格魅力感动，在得知胡太守又派人刺杀长恭的消息后，赵五救下了他。高长恭敬佩他深明大义，便不计前嫌，收为义子。

根据大量史料记载，北朝的各政权中出身乡帅的名将中大都有任侠和轻侠的情结与行为，虽然他们与汉代的武侠都具有豪侠的特征，同样轻财利、重情义，但他们与汉代门阀贵族出身的豪侠却不同。他们很大程度上不以学问、教养而自立（即使他们的素养确实不低），而是以“在乱世中保卫乡里，最终做出一番功业”为人生信条，尤其是出身武川镇的“豪侠”更是如此。因此，北朝的豪侠是一群不再直接依靠汉代之后由皇权构建的自上而下的学问系统而获得政治地位和社会地位的团体。对于他们而言，汉代之后的皇帝集权政治所构建的各种制度已经不能限制他们的成长，反使他们更加相信人定胜天的力量。因此，北朝豪侠习练武术，很大程度上是期望通过自己的力量，消除因政治秩序混乱而造成的诸多人间惨剧，这也是汉代豪侠无法企及的高度。当然，时势造英雄，也正是南北朝混乱的局势，让武侠群体得以复兴。

与北朝相比，南朝诸代仍然采取西晋以来的募兵制，司马氏与江南世家大族共治天下的政治格局一直延续到之后的王朝。在

---

〔1〕（唐）令狐德棻等撰《百衲本二十四史・周书・文帝纪上》，商务印书馆，1934。

这样一种氛围之下，南朝的武侠之风气与北朝大相径庭。南朝的侠也称“豪侠”“游侠”，但他们大多出身于衣冠南渡的北方旧门阀和原住江南的世家，其中以“闻鸡起舞”和北伐数次大捷闻名于世的祖逖为代表。这位收复黄河以南大片领土、使得石勒不敢南进的著名将领，就是出身范阳祖氏的北方旧贵。据《世说新语·赏誉第八》记载，其家族曾在西晋担任大司马掾、骠骑祭酒、太子中舍人等职，于永嘉之乱后率领亲党避乱于江淮。祖逖与挚友刘琨虽均以“雄豪”闻名，但究其根本，仍属雅士文人，与汉代中期之后依附皇权的豪侠具有明显的身份和文化传承关系，只是身处乱世，不得不投身行伍才能实现政治抱负。而像南齐名臣刘绘那样，虽然身为豪侠，却“常恶武事”，反而“善飞白，言论之际，颇好矜诩”的“侠”亦为数不少。

南朝的豪侠或游侠在青少年时既受魏晋风度影响，又受汉及之前的侠义精神感染。由于他们中的很多人出身大族，往往带有纨绔子弟、闾里少年的特征。《宋书·列传第七》载，龙符“骁勇果敢，有胆气，干力绝人，少好游侠，结客于闾里”[1]。《梁书·列传第四》载，邓元起“少有胆干，膂力过人，性任侠，乡里年少多附之”[2]。《陈书·列传第七》载“（周敷）为郡豪族，胆力劲果，超出时辈，性豪侠，轻财重士，乡党少年任气者咸归之”[3]。这群豪侠少时放浪不持操行、不事产业，好逸游、结交乡党。即便如此，他们成年后大都能成就一番事业，出将入相，但其中也有比较极端的，如《孝思赋序》所载“刺史崔慧景，

〔1〕（南朝梁）沈约撰《百衲本二十四史·宋书》卷四十七，商务印书馆，1944。
〔2〕（唐）姚思廉撰《百衲本二十四史·梁书》卷十，商务印书馆，1944。
〔3〕（唐）姚思廉撰《百衲本二十四史·陈书·鲁悉达传》，商务印书馆，1944。

志怀翻覆，远招逋逃，多聚奸侠，大猾凶丑，莫不云集”[1]，则呈现为“奸侠”的历史形象。

与北朝豪侠善用刀、戟、弓马不同，南朝的侠客常以剑为兵器。南朝名臣江淹在《到主簿日笺诣右军建平王》中自述道：“淹乃庸人，素非奇士，既惭邹鲁儒生之德，又谢燕赵侠客之节，徒以结发卫次，暂闻仁义，常欲永辞冠剑，弋钓亩壑，……”[2]其中就提及了“冠剑”。当然，这里的剑主要指的是政治场所中用的礼仪之剑。但在他的另一首诗《效阮公诗·十五首·之一》中写道：“少年学击剑，从师至幽州。燕赵兵马地，唯见古时丘。登城望山水，平原独悠悠。寒暑有往来，功名安可留？”[3]可见，江淹的确学习过击剑之术，但在他看来功成名就不如归返自然更让他心驰神往，其思想中的魏晋道家影响可见一斑。

在李白写出名作《侠客行》之前两百余年，南朝文学家王筠就创作了诗篇《侠客篇》，曰“侠客趋名利，剑气坐相矜。黄金涂鞘尾，白玉饰钩膺。晨驰逸广陌，日暮返平陵。举鞭向赵李，与君方代兴”[4]。王筠诗歌中提及的侠客就是用剑的武士，但从“白玉饰钩膺”的装饰看，又具有玉具剑的特征，又似乎是儒侠的礼兵。此外，他还不忘揶揄针砭一下趋名利的南朝豪侠，夙夜忧叹效忠君王，结果落得与皇权“兴也勃焉其亡也忽焉”的命运，其思想中也暗藏有道家思想的影子。

虽然魏晋时代名教自然思想的延续性影响较深，但实际上对

---

〔1〕（清）严可均辑《全梁文》上，商务印书馆，1999，第2页。
〔2〕（清）严可均辑《全梁文》上，商务印书馆，1999，第402页。
〔3〕逯钦立辑校《先秦汉魏晋南北朝诗》，中华书局，1983，第1582页。
〔4〕逯钦立辑校《先秦汉魏晋南北朝诗》，中华书局，1983，第2010页。

于儒侠的倾慕和崇尚，在南朝中也不乏其人。如南朝梁人徐悱在其《白马篇》中写道："妍蹄饰镂鞍，飞鞚度河干。少年本上郡，遨游入露寒。剑琢荆山玉，弹把随珠丸。闻有边烽息，飞候至长安。然诺窃自许，捐躯谅不难。占兵出细柳，转战向楼兰。雄名盛李霍，壮气能彭韩。能令石饮羽，复使发冲冠。要功非汗马，报效乃锋端。日没塞云起，风悲胡地寒。西征馘小月，北去脑乌丸。报归明天子，燕然石复刊。"[1]从中就迸发出作者舍身卫国、报效君王的热烈情感和恢复儒家秩序的思想。

除此之外，墨家虽然在秦汉之后已经衰亡，但其对于侠的影响仍然存在。梁人萧子云的《赠吴均诗》载："欲知健少年，本来最轻黠。绿沈弓项纵，紫艾刀横拔。谁持命要宠，宁知敌可杀。有功终不言，明君自应察。"[2]其中体现了萧子云不矜其身，不爱其名，主持正义的墨侠情结。

二、府兵制度下的军队武术

自魏晋始，地方豪强门阀林立，世家大族们为了捍卫自身利益不受威胁，征发农民建立私人武装。从"十六国"起，北朝诸代的制度设计中汉代的征兵制丧失了其地位，演化为由军府负责，集中管理士兵的"士家""军户"体制——世兵制。为了保障兵源，西魏宇文泰改进世兵制的"兵农分离"形式，建立了"兵农合一"的府兵制。自此，西魏及之后的北齐、北周乃至隋唐都延续了这种自下而上的层级化组织体系。这种层级化的制度架构包含：六

〔1〕《古诗纪》卷九十九，《四库全书》文渊阁版。
〔2〕逯钦立辑校《先秦汉魏晋南北朝诗》，中华书局，1983，第 1886 页。

柱国，从属六柱国的十二大将军，十二大将军开设的二十四府。这种层层递进的制度设计不仅保障了北朝的兵源，高效地调动了基层军事力量，还充分融合了关陇豪右的少数民族和汉族民众的群体，这无疑极大地将民间习武的力量和风气培养了起来。

无论是世兵制还是西魏之后建立的府兵制，士兵都没有其他赋役，更能够专职于军事训练。每一名府兵所配备的马匹、粮食，由六家供给。府兵平时耕种土地，农隙训练，战时打仗，参战武器中弓箭、刀和马匹自备，马矟、矛、铠甲、弩等由国家提供。府兵需要日常习武，由全国性机构“折冲府”总体负责考核和选拔。其中考核和选拔最主要的指标就是武艺水平。《通典·兵典》载：

> 选士之科……巧思出人，制造五兵及攻守器械者；引强彻札，戈鋋剑戟，便于利用，挺身捕虏，搴旗斩将，堪陷陈者；趫捷若飞，踰城越堑，出入无形，堪窥觇者；往返三百里不及暮至者；破格舒钩，或负六百斤行五十步，四百斤行百步者……[1]

其中考核选拔武士的标准，既要求他们精于戟、鋋、矛等长兵技术，也要求会使用刀、剑等近身格斗的短兵，还要有拳术搏击之类的捕虏擒拿的技艺；既要有“若飞”、逾城越壕、出无踪入无影、攀登跳跃的能力，又要有长途行军、负重跋涉的身体素质。可以说，无论在兵器格斗、拳术格斗还是体能素养上，都有着很高的要求。这么高的考核选拔标准，也间接说明北朝士兵日常训练的整体水平之高。这很大程度上是因为府兵没有赋税负担，

---

〔1〕（唐）杜佑：《通典》下，岳麓书社，1995，第2006页。

能够专心于训练。其他平民为了免去沉重的赋税，也会参与其中，客观上加速了民间武术的发展。值得注意的是，虽然制度要求接受考核选拔者需自备马匹，但显然并不是绝对必要的条件。《魏书·敬宗孝庄帝》载：“若武艺超伦者，虽无私马，亦依前条；虽不超伦，但射槊翘关一艺而胆略有施者，依第出身外，特优一大阶，授实官。”〔1〕也即是说，如果自己没有马匹，但武艺超群，精于用槊，一样能够被选拔为合格的军士。

训练方面，在未被选拔之前，身为军户的百姓日常练习弓马和刀剑，而一旦被选拔为士兵就要五兵皆习练，尤其是长兵——矛、戟和马槊。在具体训练方法上，采用对个体单位仿真刺杀的方式进行训练，即模拟持矟骑士在战场上两军合战时相互冲刺的情境，其冲刺之方法在当时的文献中称作“拟”，即以马槊“拟”敌人。《语林》载，桓温“上马持矟”“或向刘，或拟殷”〔2〕。《北史·斛律金传》也有记载：“帝（高洋）晚年败德，尝持矟走马以拟金胸者三，金立不动，于是赐物千段。”〔3〕又有高洋“持矟走马”拟老将斛律金的胸。说明当时的持矟骑士“拟”某个体目标，是常见的训练形式。同样，合马矟的对练训练，也成为当时主要的骑战集体训练形式之一。除日常训练之外，将帅间还会进行武艺切磋与交流，《南齐书·高帝纪上》载“（高）道庆素便马，（沈）攸之与宴饮，于听事前合马槊，道庆槊中破攸之马鞍，攸之怒，索刃槊，道庆驰马而出”〔4〕。沈攸之与高道庆宴

〔1〕（北齐）魏收撰《魏书》，吉林人民出版社，1995，第167页。
〔2〕（晋）裴启撰，周楞伽辑注《裴启语林》，文化艺术出版社，1988，第103页。
〔3〕（唐）李延寿撰《百衲本二十四史·北史》，商务印书馆，1935。
〔4〕（梁）萧子显：《南齐书》卷一，中华书局，1936。

饮时的“合马槊”，实际上就是双方切磋交流马槊的技艺。其中值得注意的是，沈攸之被高道庆刺中马鞍后，怒而“索刃槊”，说明双方“合马槊”时使用的是无刃之槊。可以推测当时持矟骑士进行训练时，应当也是持无刃之矟捉对厮杀的。

除了日常训练，阅军讲武活动也是军队保持和提升战斗力的重要手段，甚至皇帝都会亲临视察。《周书·武帝纪》就有记载：“冬十月癸亥，祠太庙。丙戌，太白入氐。丁亥，上亲率六军讲武于城南，京邑观者，舆马弥漫数十里，诸蕃使咸在焉。”[1]又于天和六年(571)“冬十月壬午，壬寅，上亲率六军讲武于城南”[2]。这里的讲武指的就是军事训练与演习，武术自然是其中非常重要的组成部分。北朝良好的军事制度建设和统治者的大力倡导，使得基层习武基础牢固，练武之风气浓厚，这让北朝的习武活动盛极一时。据《北史》记载，在当时的军队中“每一团，仪同二人。自相督率，不编户贯。都十二大将军。十五日上，则门栏陛戟，警昼巡夜；十五日下，则教旗习战。无他赋役。每兵唯办弓刀一具，月简阅之。甲槊戈弩，并资官给”[3]。在没有其他徭役的前提下，士兵专心训练，优质的槊、矛、铠甲等兵器由国家统一生产配给；也能够看出北朝军队武术训练的主要内容是槊，这也符合南北朝开始槊作为主战兵器的史实。

与北朝不同，南朝诸时期的兵制延续了西晋时期的募兵制，兵源仍然依靠旧式的豪族门阀势力提供。据《晋书·马隆传》载：“隆曰：‘臣请募勇士三千人，无问所从来，率之鼓行而西。……

---

〔1〕（唐）令狐德棻等撰《百衲本二十四史·周书》，商务印书馆，1934。
〔2〕（唐）令狐德棻等撰《百衲本二十四史·周书》，商务印书馆，1934。
〔3〕（唐）李延寿撰《百衲本二十四史·北史》，商务印书馆，1935。

自旦至中，得三千五百人。’”[1] 马隆招募勇士充填军队实质上就是募兵制的形式。募兵的人口来源在两晋南北朝时期被称作“部曲”，由豪族、世家控制和垄断，带有私人武装的色彩。这种募兵模式是南朝权力架构模式所决定的，因为无论是政治权力还是军事权力，南朝皇帝与江南世家大族都是共有的。《南史·张瓌传》载：“瓌宅中常有父时旧部曲数百。”[2] 实际上，张瓌之所以能够在宋、齐获得高官厚禄，除了因为他自己有军事政治才能外，还因为他的家族是当地豪族，有大量依附他们的军事人口。另据《宋书·武帝上》载：“主上，宫于寻阳。镇北参军王元德等，并率部曲，保据石头。扬武将军诸葛长民，收集义士。”[3] 皇帝也需要王元德等率部曲保卫，南朝豪族的影响力可见一斑。又据《陈书·列传第十六》载：“彪将沈泰、吴宝真、申缙等皆降，而子隆力战败绩，世祖义之，复使领其部曲，板为中兵参军。”[4] 从中也能够看出部曲作为南朝军队的主体地位。

南朝梁人刘孝威在其《结客少年场行》中写道：“少年本六郡，遨游遍五都。插腰铜匕首，障日锦屠苏。鸷羽装银镝，犀胶饰象弧。近发连双兔，高弯落九乌。边城多警急，节使满郊衢。居延箭箙尽，疏勒井泉枯。正蒙都护接，何由惮险途。千金募恶少，一麾擒骨都。勇余聊蹙鞠，战罢戏投壶。昔为北方将，今为南面孤。邦君行负弩，县令且前驱。”[5] 诗中“少年本六郡”中的

---

〔1〕（唐）房玄龄等撰《晋书》卷三七～卷八一，曹文柱等标点，吉林人民出版社，1995，第 918 页。

〔2〕（唐）李延寿撰《百衲本二十四史·南史》，商务印书馆，1935 。

〔3〕（南朝梁）沈约撰《百衲本二十四史·宋书》，商务印书馆，1944 。

〔4〕（唐）姚思廉撰《百衲本二十四史·陈书》，商务印书馆，1944 。

〔5〕（宋）郭茂倩编撰《乐府诗集》下，聂世美、仓阳卿校，上海古籍出版社，2016，第 818 页。

六郡指的是募兵制下优秀习武者的主要来源地。在汉代，这些少年习武者被称作“良家子”。汉代募兵的基础——良家子不在七科谪内，是非医、巫、商贾、百工之子女。南梁的刘苞在《九日侍宴乐游苑正阳堂诗》中也有：“六郡良家子，幽并游侠儿。立乘争饮羽，侧骑竞纷驰。鸣珂饰华眊，金鞍映玉羁。膳羞殚海陆，和齐胝秋宜。”[1]也就是说，这些良家子很多有游侠的身份背景。南朝六郡良家子与汉代相较，在募兵制度和士兵身份上非常相似，其主要的区别在于，汉代良家子辈出的六郡指的是陇西、天水、安定、北地、上郡、西河，而南朝指的是吴郡、会稽郡、丹阳郡、豫章郡、庐陵郡、庐江郡。

迫于北朝的军事压力，南朝也非常重视军事训练，为此建立了“阅武堂”，用于军队习武和阅兵。齐高帝每逢有重要事件发生，都会前往阅武堂。《南史》载：“三年春正月丙申朔日有蚀之，帝与宫人于阅武堂”，又“（齐高帝）四年春闰正月癸巳立皇子子贞为邵陵王，……甲寅幸阅武堂”[2]。与北朝军阵双方对抗性演习不同的是，南朝非常缺乏战马，应对北朝主要采取防守态势，因而尤其注重对水军的训练和检阅，其中玄武湖成为南朝各代训练水军的场所。在这样一种背景下，虽然南朝军队也有具装骑兵和长兵器，但刀盾配合的武术格斗更适合水战，所以在日常的武术训练中南朝更多会将短兵与盾进行配合使用。

---

〔1〕（清）陈祚明评选《采菽堂古诗选》中，李金松点校，上海古籍出版社，2019，第 885 页。
〔2〕（唐）李延寿撰《百衲本二十四史·南史》，上海商印印书馆，1935 年 。

三、妇女武术群体

魏晋南北朝时期的北方少数民族尚武风气甚盛，女性地位较高，且女性也参与狩猎与征战。但在汉化的过程中，北方少数民族潜移默化间接受了儒家思想的浸润，由此产生了花木兰替父从军这类女性习武者的孝女形象。在真实的历史记载中，这一时期确实存在大量女性习武的现象。随着这些少数民族南迁，逐步与中原文明融合，从西晋开始，中原王朝“妇人不入军”的限制已然被打破了。

据《华阳国志·南中志》载：“晋惠帝末，西南夷叛，宁州刺史、龙骧将军李毅遭围困，救援不至，病死于穷城。文武以毅女秀，明达有父才，遂奉领州事。……秀奖励战讨。食粮已尽，人但樵草炙鼠为命。秀伺夷怠缓，则出军掩破。”[1] 史料中这名李姓将军之女“秀”肩负军事指挥重任达三年之久。这需要她具备良好的指挥能力和作战经验，还能在关键时刻运用精湛武功掩杀敌军，这绝不是一朝一夕能够做到的，显然经过了长年累月的训练和磨炼。另据《晋书·荀崧小女灌传》记载，襄城太守荀崧有小女名灌，永嘉之乱时，杜增随新野王司马歆的牙门将胡亢在湖北起义，过程中包围襄城，城内力弱食尽，荀崧欲求救于故吏平南将军石览，却无法派人出城送信。这时年仅十三岁的荀灌率勇士数十人，逾城突围而出。贼兵追击紧迫，荀灌督励将士，且战且前，最后得以躲入鲁阳山逃出生天，最终找到了旬阳县侯周访，周访让儿子周抚带领三千士兵会同襄城郡太守石览，出兵解救宛城于水火之中。其中，荀灌起到了非常关键的作用。

---

〔1〕（晋）常璩撰《华阳国志校注》，刘琳校注，巴蜀书社，1984，第 371 页。

自东汉末年起，少数民族开始与汉民族杂居，接壤的地区常有小规模战争爆发，修习战备成为地方性风俗。女性习武者也为数不少，《魏书》就有记载，西北地区妇女“载戟挟矛，弦弓负矢”[1]。北魏崔鸿的《十六国春秋·北燕录》载：“城内皆高丽军，大肆摽掠，五月乙卯，弘率和龙见户东徙焚烧宫殿，火一旬不灭，令妇人披甲居中，阳伊等勒精兵居外。”[2]妇人披甲作战在当时的北方少数民族群体中并不少见。这种豪放、刚强的尚武风气，很大程度上源自部分少数民族母系氏族社会形态的遗存。实际上，直到金元时代，部分少数民族政权女性的地位仍然较高，修习武术也属常态。鲜卑民族建立的魏政权（北魏、东魏、西魏）和齐政权中，关于女性习武的记载最为丰富。《南齐书·魏虏传》记载北魏“太后出，则妇女著铠骑马近辇左右”[3]，可见其尚武之风甚强。《魏书》还有记载说，当时的妇女袴衫束带，乘马骑射，与丈夫无异。杨大眼之妻潘氏，穿着戎装齐镳战场，当时的人称其为“潘将军”。《魏书·李安世传》也有记载，广平李波宗族强盛，其妹尤善武术。纵观整个北朝，女性形成了较为浓厚的习武风气，统治者也倡导女性习武。《北齐书·帝纪第四文宣》记载，西魏末期，宇文觉接受禅让称帝，在城东马射，敕令京师妇女悉赴观看，不参加的以军法处置，活动持续了七天。据不少学者研究，北朝民歌《花木兰》中的花木兰形象就是源自鲜卑族女性。

在宇文泰建立府兵制之前，两晋和北魏盛行世兵制，世兵的称谓不同，两晋称军户或营户；“十六国”至西魏有的被称为士

---

〔1〕（晋）陈寿撰《三国志》，（南朝宋）裴松之注，上海古籍出版社，2011，第 451 页。
〔2〕（清）汤球撰《十六国春秋辑补》，商务印书馆，1958，第 688 页。
〔3〕（梁）萧子显：《南齐书》卷五十七，中华书局，1936。

家，有的名曰兵户，也有的被称为阵户、府户、城民。尽管名称不同，但制度形制相同，其中不乏女性士兵。世兵制规定整户为兵，女性与男性士兵一样都属军户，有专门的户籍和军籍，除了负责屯田、杂役等后勤事务，也参加习武训练。因此世兵制的基本特点决定了兵户中的妇女，无论其身份、地位以及职责，都与男性士兵无异。

南北朝两大政治集团之间的频繁战争，让南朝女性也不能置身事外。“魏晋风度”的持续影响使得社会风气原本文弱的南朝非常缺乏作战力量，此时的女性军人因而借势异军突起，成为南朝军队中重要的组成部分。在历史记载中，那些女性军人甚至比部分男性还要英勇，其搏击能力和征战沙场的战斗力不让须眉。还有一些女军士担负军屯、生产和运送军粮等后勤工作，以及从事守卫屯营、修筑城防工事、拱卫后宫、组成仪仗队、修理兵器、做杂役等与作战相关的工作。面对北朝少数民族政权的不断南下袭扰和自身作战力量低下的状况，偏安一隅的南朝统治者不得不在世兵的群体之中招募部分英勇和身体强健的女性充入军队，让她们参与戍边甚至前线作战。刘宋永初二年（421）的诏书载：“兵制峻重，……合举户从役者，便付营押领。”〔1〕把包含女性的整个兵户都征调服兵役，使得她们也不得不参与到军事活动中去。在很多情况下，女性还会因为家人犯罪而被充入军队，《文献通考·刑考四》有“劫身皆斩，妻子补兵”〔2〕的记载，刘宋时期还存在“法以代公等母存为期亲，则子宜随母补兵”〔3〕。

〔1〕（南朝梁）沈约撰《百衲本二十四史·宋书》卷三，商务印书馆，1944。
〔2〕（元）马端临撰《文献通考》卷一百六十五《刑考四》，浙江古籍出版社，1988，第332页。
〔3〕（南朝梁）沈约撰《百衲本二十四史·宋书》卷六十四，商务印书馆，1944。

在南朝，女性不仅作为普通士兵参与武术活动，还出现了女性将领。《隋书·列女谯国夫人传》载："夫人幼贤明，多筹略，在父母家，抚循部众，能行军用师，压服诸越。每劝亲族为善，由是信义结于本乡。……海南、儋耳归附者千余洞。……后遇陈国亡，岭南未有所附，数郡共奉夫人，号为圣母，保境安民。"[1]生于南梁年间的谯国夫人骁勇善战，不仅凭借其杰出的领导力与武艺保境安民，还"亲披甲，乘介马，张锦伞，领彀骑"，参与平定侯景之乱、平定怀集百越叛乱、阻击广州刺史欧阳纥谋反、平定王仲宣和陈佛智叛乱等战事，直到隋朝还屡立战功。宋人苏东坡有诗赞曰：

冯冼古烈女，翁温国于兹。
策勋梁武后，开府隋文时。
三世更历险，一心无磷缁。
锦伞平积乱，屡渠破余疑。
庙貌空复存，碑版漫无辞。
我欲作铭志，慰此父老思。
遗民不可问，偻句莫余欺。
爆性菌鸡卜，我尝一访之。
铜鼓葫芦笙，歌此迎送诗。[2]

更为重要的是，北朝女性习武的风气一直持续到隋唐时代。

---

[1]（唐）魏征撰《百衲本二十四史·隋书》，商务印书馆，1935。
[2]（宋）苏轼：《苏文忠公海外集》，（清）王时宇重校，郑行顺点校，海南出版社，2017，第65页。

北周文帝宇文泰外孙女太穆皇后所生之平阳昭公主，下嫁柴绍。隋末唐初，唐高祖李渊兴兵反隋，平阳昭公主发挥了重要的作用，《新唐书·列传第八·诸帝公主》载：

初，高祖兵兴，主居长安，绍曰："尊公将以兵清京师，我欲往，恐不能偕，奈何？"主曰："公行矣，我自为计。"绍诡道走并州，主奔鄠，发家赀招南山亡命，得数百人以应帝。于是，名贼何潘仁壁司竹园，杀行人，称总管，主遣家奴马三宝喻降之，共攻鄠。别部贼李仲文、向善志、丘师利等各持所领会戏下，因略地盩厔、武功、始平，下之。乃申法誓众，禁剽夺，远近咸附，勒兵七万，威振关中。帝度河，绍以数百骑并南山来迎，主引精兵万人与秦王会渭北。绍及主对置幕府，分定京师，号"娘子军"。[1]

平阳昭公主组建与带领"娘子军"战斗而威震关中的事迹表明，南北朝时期女性习武善兵的风尚在隋唐时代也得到了传承与延续，而且这种传承与延续兼有文化与血统双重内涵，进一步表明了南北朝时期很多女性习武者具有较高的技艺与身份地位。

〔1〕（宋）欧阳修、宋祁撰《新唐书》，中华书局，2000，第2964页。

第三节　多民族文化诞育的徒手技击文化

古代的徒手格斗如角力、角抵、手格等在魏晋南北朝时期开始受到王公贵族的喜爱，自晋代以后更名为“相扑”。“相扑”本是源自佛教的外来词，原指古代印度的一种搏击术。“相扑”与“角抵”在动作技巧方面并不等同，但同属徒手肉搏一系，所以“相扑”传入不久，便与“角抵”产生含义融合，用来专指“角抵”中的近身徒手搏斗。新名称“相扑”的引入，表明人们已经注意到作为体育运动的“角抵”与舞台表演的“角抵”、歌舞杂技混同的“角抵”之间的区别[1]；它既是军中习武的内容之一，也是一项单独的竞技活动。东晋葛洪在《抱朴子》一书中曾提到一般“贵游子弟”，“计渔猎相掊之胜负”[2]，其中的“相掊”就是相扑。除相扑外，还有手格、拳勇等别称。如《魏书・羯胡石勒》就曾记载了一种叫拳勇的技击术：“（刘渊族子）曜，字永明。少孤，见养于渊。颇知书计，志性不恒。拳勇有膂力，铁厚一寸，射而洞之。”[3]但无论是手格也好，拳勇也罢，其本质无非还是一种徒手的技击术，在这一点上与其同一时期的相扑其实并无二致。

到南北朝时，北方民间仍流行着以上古时代“蚩尤戏”为名的运动。进入中原的少数民族喜好角力摔跤。北齐文宣帝高洋常到贵戚家中与之进行徒手搏斗，且不限搏斗者的身份贵贱。魏晋

[1] 郑春：《“角抵”辨》，《社会科学战线》2011年第7期。
[2]（晋）葛洪：《抱朴子》，上海书店出版社，1986，第113页。
[3]（北齐）魏收撰《魏书》，吉林人民出版社，1995，第1255页。

南北朝时期是中华南北方民族文化大交流的时代，摔跤既有南方赤裸身体的形式，又有北方着装的形式。敦煌莫高窟北周时期壁画《相扑图》（图 5-9）中的两人赤裸着上身、只着短裤，正相互搂抱扭摔，两旁各站一人，身着长袍，腰束带。大同市出土的北朝石砚上的《相扑图》中，则是两个身着长衣的人互相扭摔。这说明南北方的摔跤同时并存，且互相交流。从魏晋之后，南北方的摔跤文化一直在交流，这促进了之后唐宋相扑的成熟[1]。

图 5-9　敦煌莫高窟北周时期壁画《相扑图》

受北方少数民族的影响，相较于大一统时期汉代统治者们偏爱的演绎形式的角抵戏，魏晋南北朝的统治者们则更加喜爱徒手搏斗中野蛮的“原汁原味”，以彰显其尚武精神。在这样的前提下，以角抵为主要形式的徒手格斗时隔多年后又重新回到了血性且残酷的实战格斗之中。当然，这并不是说魏晋南北朝时期就没有角抵戏了，当时角抵戏的主要内容之一还是角抵，杨衒之在《洛阳伽蓝记》中就曾记载：

〔1〕阮哲：《古代相扑渊源考略》，《兰台世界》2013 年第 1 期。

禅虚寺在大夏门御道西，寺前有阅武场，岁终农隙，甲士习战，千乘万骑，常在于此。有羽林马僧相善角抵戏，掷戟与百尺树齐等。虎贲张东渠掷刀出楼一丈。帝亦观戏在楼，桓令二人对为角戏。[1]

《魏书·乐志》也有记载，北魏道武帝拓跋推于“天兴六年（403）冬，诏太乐总章鼓吹，增修杂伎，造五兵角抵”[2]。这些都充分反映了当时盛行角抵的情况。且在那一时期各地的相扑也都有自己的特点，相扑甚至成了不同门阀、不同地区之间进行联欢交流的工具，《角力记》引《荆楚岁时记》就曾记载：“荆楚之人，五月间，相伴为相攒之戏，即扑也。”[3]《九家旧晋书辑本》中也曾记载了这样一个故事：

颍川、襄城、二郡班宣相会。累欲作乐。谓角抵戏。襄城太守责功曹刘子笃曰：“卿郡人不如颍川人相扑。”笃曰：“相扑下技。不足以别两国优劣。”请使二郡更论经国大理。人物得失。[4]

这段记载虽说将相扑称为“下技”，但也不难看出，刘子笃此话只不过是为自己的失职遮丑，也能从侧面窥见当时的统治者已经开始不再把相扑视为单纯个人徒手格斗技术的较量，而是将

〔1〕尚荣译注《中华金典名著全注全译丛书·洛阳伽蓝记》，中华书局，2012，第 339 页。
〔2〕（北齐）魏收撰《魏书》，吉林人民出版社，1995，第 1649 页。
〔3〕调露子：《角力记》，转引自翁士勋《〈角力记〉校注》，人民体育出版社，1990，第 45 页。
〔4〕（清）汤球撰《二十五别史》10《九家旧晋书辑本》，齐鲁书社，2000，第 351 页。

相扑上升到了地区之间的比拼，颇有现代“体育是国家之间一场没有硝烟的战争”的意味。与相扑同为徒手格斗的还有一种被称为“拍张”的运动。对于拍张的具体形式可以从《南史》的记载中窥见一二：

（齐高帝）后幸华林宴集，使各效伎艺。……于是王敬则脱朝服，袒，以绛纠髻，奋臂拍张，叫动左右。上不悦曰：“岂闻三公如此！”答曰：“臣以拍张，故得三公，不可忘拍张。”时以为名答。[1]

从这段史料透露出两个重要信息：首先便是关于拍张的形式，王敬则在进行拍张前首先脱了朝服，裸露出了上半身，随后便用丝线编织成的带子将头发绑起来，举起双臂在众人的吆喝声中做“拍张”的动作。这一形式是不是像极了如今的相扑？结合史料可以大胆推断，“拍张”很有可能就是相扑的另一种称谓，又或是说拍张与相扑本就是同源，只是在具体的格斗技巧上有着略微的不同。《角力记》作者调露子就认为：“拍张亦角力也，齐书言戏，则徒手相拍击，而后角力也。”[2]其次便是王敬则在齐高帝“岂闻三公如此”的苛责下，答道“臣以拍张，故得三公，不可忘拍张”。也就是说，王敬则完全是依靠拍张才获得了三公的官职。这其中当然与王敬则本身在为辅佐齐高帝萧道成代宋建齐的事业中立下了汗马功劳不无关系，但相较于秦汉从事角抵者只能是服务宫廷的奴隶或戏子，南北朝时期的拍张不仅不是社会

〔1〕（唐）李延寿撰《百衲本二十四史·南史·列传第十二》，商务印书馆，1935。
〔2〕调露子：《角力记》，转引自翁士勋《〈角力记〉校注》，人民体育出版社，1990，第34页。

底层用于表演供宫廷贵族娱乐的运动，甚至还能够作为平民阶层晋升仕途的工具，这不得不说是一种很大的进步。此外，从隋朝史书中记载南北朝时期各国的典礼中，也能看到摔跤高手担任仪仗卫士的例子。梁武帝受禅时的礼仪侍卫中，既有精通刀剑棍棒等兵器的勇士，也有摔跤高手。对此，《隋书·礼仪七》就有记载：

兼有御仗、铤槊、赤氅、角抵、勇士、青氅、卫仗、长刀、刀剑、细仗、羽林等左右二百七十六人，以分直诸门。行则仪卫左右。[1]

同样的例子也发生在北朝。北齐开国皇帝文宣帝称帝后，仿照后魏的制度，成立了保卫皇宫的警卫队伍，其中也有专门的“摔跤高手队”，由此可见北魏、北齐皇帝都会聘用摔跤高手担任近身保镖：

齐文宣受禅之后，警卫多循后魏之仪。及河清中定令，宫卫之制，左右各有羽林郎十二队。又有持钑队、铤槊队、长刀队、细仗队、楯铩队、雄戟队、格兽队、赤氅队、角抵队、羽林队、步游荡队、马游荡队。[2]

但必须要指出的是，相较于秦代之前的角抵，魏晋南北朝时期的“相扑”已初现竞技体育雏形，为之后隋唐相扑的兴起打下了基础。

---

〔1〕（唐）魏征撰《百衲本二十四史·隋书》，商务印书馆，1935。
〔2〕（唐）魏征撰《百衲本二十四史·隋书》，商务印书馆，1935。

敦煌莫高窟的壁画和藏经洞的白描画、幡绢画中，均有反映古代角抵的图像。例如：西魏第288窟中心塔柱下，绘有药叉相扑。北周第290窟顶人字披上《佛本行经》中绘有悉达太子与人角抵。结合史料能够在一定程度上还原魏晋南北朝时期徒手技击的实战效果与比赛规则。据史料记载，北齐刺史高绰因亲信诬陷其谋反，并奏“此犯国法，不可赦”，齐后主不忍心将高绰在大庭广众下处死并陈尸示众，于是便指使其非常宠爱的摔跤高手——一个名为何猥萨的胡人与之在后花园进行相扑比赛，何猥萨趁机将高绰搤杀之，其中的“搤杀”即掐死的意思。由此推断，这时的相扑比赛很可能允许有掐人或勒脖子的动作，才会让何猥萨有机可乘。《史记·刘敬叔孙通列传》记载：“夫与人斗，不搤其亢，拊其背，未能全其胜也。”[1]可见，“搤”这种斗力方法常被相扑手用作置对方于死地的手段，相当于现代终极格斗冠军赛（Ultimate Fighting Championship，UFC）中的锁喉法。同样类似的记载还有《太平御览》引《晋书》中所记载的庾阐的父亲庾东“以勇力闻”，又载：“武帝时，有西域健胡矫捷无敌，晋人莫敢与校。帝募勇士，惟东应选，遂扑杀之，名震殊俗。”[2]这段记载虽然并没有说明庾东在相扑比赛中用什么招式扑杀了来自西域的相扑好手，但不难推断的是，在两个相扑高手进行的徒手技击比赛中，除在摔跤的过程中摔到了对手的要害（如头先着地）以外，可能还是通过绞技或裸绞的方式才能将对方快速杀死。上述记载说明了当时无论是少数民族还是中原地区皆有大批的相扑好手，也说明在那一时期相扑运动确实极为昌盛。

---

〔1〕（西汉）司马迁：《史记》，岳麓书社，2002，第570页。
〔2〕（宋）李昉等撰《四部丛刊三编·太平御览》卷四百三十五，上海书店出版社，1936。

第四节　多元宗教文化影响下的武术文化与思想

魏晋南北朝时期，中原文明受多元文明的影响愈加深入。佛教真正扎根到中华文化的基因当中，道教的发展也已经非常成熟。虽然儒家总体上式微，但儒家礼仪之影响仍然非常深刻。汉代产生的经学注释学发生了重大转向，魏晋玄学形而上学式的经学解释学兴起。而这些混合了多元宗教文化的思想也深刻影响了武术文化的样态和武术思想的走向。北方少数民族的儒化促使更多的武术兵器向礼器与舞器转化，道教与武术融合后产生了带有神秘主义色彩的思想形态，习武行为与佛教初步结合。这一切都促使武术文化与思想朝向更加多元的文化样态发展，也为隋唐武术思想文化的基本形式的形成做好了前期准备。

一、儒家礼仪化的武术文化与制度

自魏晋开始，刀剑作为仪仗与武舞的礼器形态更加突出，其兼具护卫与礼仪作用。曹植《七启》一诗曰："步光之剑，华藻繁缛；缀以骊龙之珠，错以荆山之玉。"〔1〕其中提到的剑，明显是制作精美华丽的儒家玉具剑。《全晋文·艺文类聚》载有晋裴景声的墓志铭——《文身剑铭》，其中的铭文曰"器以利显，实以名举，长剑耿介，体文经武，陆断玄犀，水截轻羽，九功斯像，七德是辅。晋张协太阿剑铭曰：太阿之剑，世载其美，淬以

〔1〕（唐）徐坚等辑《初学记》下，韩放主校点，京华出版社，2000，第 214 页。

清波，砺以越砥，如玉斯曜，若影在水，不运自肃，率土从轨”[1]。可见，在儒家的意识形态中，习练剑术与成就“九功”“七德”有着密不可分的关系。像太阿宝剑这样的礼器，象征着作为君子要不断砥砺自身，才能达到从心所欲不逾矩的境地。正如《全晋文·艺文类聚》所载：“文身刀铭，宝刀既成，穷理尽妙。敛文波回，流光电照。”[2]武术技击用的刀剑承载了儒家“穷理尽性”“刚柔并济”的文化精神。

而且，不仅汉民族传承了儒家化的刀剑文化，北朝少数民族在汉化过程中也接受了这一文化形态的浸润。譬如，北周的皇宫护卫所持的环首刀便有龙环、凤环、麟环、狮子环、象环、兕环、熊环、貔环、豸环等多种刀环样式，既包含少数民族的图腾象征，也带有浓厚的儒家礼制的特征。除此之外，儒家的武舞在南北朝仍然兴盛，如在魏晋的乐府诗中有载“惟圣皇，德巍巍，光四海。礼乐犹形影，文武为表里。乃作《巴俞》，肆舞士。剑弩齐列，戈矛为之始。进退疾鹰鹞，龙战而豹起。如乱不可乱，动作顺其理，离合有统纪”[3]。从中不难发现，古典儒家的武舞虽然形态发生了变化，但手持兵器而舞的礼仪仍旧延续了下来。

除刀剑之外，另一种汉代非常重要的作战兵器——戟也蜕变为兼具儒家礼仪性质的礼器。实际上，早在《汉书·韩延寿传》就载有“建幢，植羽葆”，晋代尚书郎晋灼注解说“幢，旌幢也；棨，戟也”，颜师古则说“幢，麾也”[4]，二者所注释的“幢”实际

[1]（清）严可均辑《全晋文》上，商务印书馆，1999，第 331 页。
[2]（清）严可均辑《全晋文》中，商务印书馆，1999，第 907 页。
[3]（宋）郭茂倩编撰《乐府诗集》下，聂世美、仓阳卿校，上海古籍出版社，2016，第 674 页。
[4]（东汉）班固撰《汉书》卷三八～卷七二，（唐）颜师古注，吉林人民出版社，2000，第 2170 页。

上指的就是挂着旌旗的长戟。原本“幢”是用作仪仗的一种旗帜,《通典·职官十八·魏官品》就有记载说“第八品有金鼓、幢麾”[1]。这里所提到的“金鼓、幢麾”指的就是在禁卫仪仗中击金鼓、持幢麾的低级武官。戟与旌旗结合，作为一种仪仗用的兵器在魏晋南北朝被逐渐确立下来，这主要是因为马槊的大量运用，让军队训练与作战对于戟的需求大大减少。另外，从东周至汉代的仪仗队伍中，旌幢本是挂在戈上的，既然戟是装了矛头的戈之变种，加上戟的长度更长，能够充当仪仗还兼具防卫格斗之用途，取代戈成为挂旌幢的兵器也就顺理成章了。

西晋《中朝大驾卤簿》中有“麾幢独揭”“伞扇麾幢”[2]，都是挂在戟上象征权力的旌旗。前秦控制代北地区后，苻坚进库仁广武将军，给幢麾鼓盖，礼仪排场堪比诸侯王，可见十六国开始的北朝继承了西晋插旌旗而列戟的仪仗方式。至北魏建国之初，中央设立了幢将一职和以幢为军事编制单位的麾幢。《魏书·韩茂传》载：“茂年十七，膂力过人，尤善骑射。太宗曾亲征丁零翟猛，茂为中军执幢。时有风，诸军旌旗皆偃仆，茂于马上持幢，初不倾倒。”[3]此处之幢指旌旗，即麾幢或幢麾，一幢当指一个麾幢或幢麾为代表的军事编制单位。所谓“幢将”，指的是统率君主身边仪仗侍卫的将领，而带幢的戟也开始作为军事单位或禁卫领导者的代名词，这也是北魏在礼兵方面的一种制度创新。自此，带幢的戟或矛正式作为带有权力象征的礼兵制度登上历史舞台。在山西太原王郭村出土的“北齐武士仪仗图”（图5–10）

---

〔1〕（唐）杜佑：《通典》上，岳麓书社，1995，第530页。
〔2〕（清）王鸣盛撰《十七史商榷》，黄曙辉点校，上海古籍出版社，2013，第555页。
〔3〕（北齐）魏收撰《魏书》，吉林人民出版社，1995，第687页。

中就绘制了数名持幢麾的武士，能够概观其貌。

图 5-10　“武士仪仗图”中持幢麾的武士〔1〕

另据《通典·卤簿》记载：“天赐二年（405）初，改大驾鱼丽雁行，更为方陈卤簿。列步骑，内外为四重，列标建旌，通门四达，五色车旗，各处其方。诸王导从在钾骑内，公在幢内，侯在步稍内，子在刀盾内，五品朝臣使列乘舆前两厢，官卑者先引。王公侯子车旒麾盖、信幡及散官构服，一皆绛黑。”〔2〕据此能够推断出，北魏仪仗陈卤簿方阵中之“幢”正是禁卫军兵种之一，这些持戟幢的武士与“钾骑”及“步稍”“刀盾”共同构成皇宫禁卫军，属于都统长领殿内之兵及六幢将统三郎卫士之制度发展的产物，也是北朝少数民族政权与儒文化的礼仪融合的结果。同时，这种制度的建立也为之后隋唐的列戟、步兵仪卫的文化形态之形成奠定了文化样式。甚至在此之后的墓葬中，带幢列戟成为一种明器随葬。

除了戟产生礼兵化的演变之外，自上古时期诞生的兵器——

〔1〕徐光冀主编《中国出土壁画全集》2《山西》，科学出版社，2012，第 54 页。
〔2〕（唐）杜佑：《通典》中，岳麓书社，1995，第 954 页。

钺，在南北朝时期并未消失，仍然作为礼兵和刑兵的共同体而存在。周代以来“武王左杖黄钺，右秉白旄”的政治隐喻与南北朝的多元文化融合，形成了更加独特的“武礼一体”的文化现象。据《北史·齐宗室诸王》记载，赵郡王琛子睿“天平三年，又赠假黄钺、左丞相、太师、录尚书事，晋爵为王，配享神武庙廷”[1]。这里所谓的“假黄钺”指的是重臣出征前被授予帝王之全权的象征。因为黄钺在正统儒家的意识形态里是古代帝王的仪仗礼器，以黄钺借给大臣，即代表给予其行使皇帝征伐之权之意。在魏晋南北朝时期，地位最高的大臣出征时常加此称号。拥有了“假黄钺”（假节钺）的权力，不但可以斩杀触犯军令的士卒，而且还拥有斩杀节将的权力。

除了北朝的诸政权继承了这一传统，南朝更为重视黄钺的礼兵制价值。据《通志》记载，汝南文成王亮“为侍中、大司马、假黄钺”[2]，另据《通典·职官十四》载“江左以来，都督中外尤重，唯王导等权重者乃居之。宋氏人臣无居者，唯江夏王义恭得假黄钺”[3]，《宋书·武帝中》也载有“天子又申前命，（桓玄）公固辞。于是改授太尉、中书监，乃受命。奉送黄钺，解冀州”[4]。在南北朝频繁的战争中，权臣被君主授予黄钺的记载相比之前的任何时期都要频繁。但具有讽刺意义的是，无论南朝还是北朝，手握黄钺的将领反叛、禁卫军叛乱甚至成为难以打破的死循环。《南史·齐本纪上第四》记载，齐高帝时期“太尉，

---

〔1〕（唐）李延寿撰《百衲本二十四史·北史》，商务印书馆，1935。
〔2〕（唐）房玄龄等撰《晋书》卷三七～卷八一，曹文柱等标点，吉林人民出版社，1995，第942页。
〔3〕（唐）杜佑：《通典》上，岳麓书社，1995，第470页。
〔4〕（南朝梁）沈约撰《百衲本二十四史·宋书》卷二，商务印书馆，1944。

都督十六州诸军事，高帝表送黄钺。三月己酉，增班剑四十人、甲仗百人入殿”[1]，而这之后不久，南齐就被梁取代。由此可见，儒家的礼兵制度虽然被传承下来，但是在早已经礼崩乐坏的时代，作为象征物的武术兵器在本质上无法阻止任何权力更替时暴力的发生。

在武术理论与思想方面，儒家“文武相济”理念的影响仍然受到当时一些精英的推崇。西晋名臣傅玄就非常尊崇儒家的理念，认为应该将恢复儒学意义上的“武”看作当务之急。他在《晋宣武舞歌·穷武篇》中写道：“穷武者丧，何但败北。柔弱亡战，国家亦废。秦始徐偃，既已作戒。前世先王鉴其机，修文整武艺。文武足相济，然后得光大。乱曰：‘高则亢，满则盈，亢必危，盈必倾。去危倾，守以平，冲则久。浊能清，混文武，顺天经。’”[2]从儒家天行健与地势坤相胥互有的理论出发，赋予习武之精神以强有力的古典政治文化意蕴。

二、道教宗教化的武术文化

魏晋南北朝是道家文化与道教成熟的重要时期，著名玄学家和道士辈出，武术兵器和技艺与道家思想及道教之宗教文化深度嵌合，形成了独具中华本土宗教文化特色的武术样态。

到了两晋南北朝时，剑在官方层面已经完全失去了技击格斗用途，人们甚至已经不再佩带金属剑。《晋书·舆服志》记载：“汉制，自天子至于百官，无不佩剑，其后惟朝带剑，晋世始代

---

〔1〕（唐）李延寿撰《百衲本二十四史·南史》，商务印书馆，1935。

〔2〕（宋）郭茂倩编撰《乐府诗集》下，聂世美、仓阳卿校，上海古籍出版社，2016，第674页。

以木剑。”[1]所以产生这样的变化，既是由于马槊等长兵器的发展导致了剑在战场上完全丧失了其格斗价值，也是由于上层社会尚武风气的衰退。关于其技击威力的描述仅存于诗词歌赋当中，如《乐》《乐府诗》《晋诗》都载有“剑为短兵，其势险危。疾逾飞电，回旋应规。武节齐声，或合或离。电发星骛，若景若差。兵法攸象，军容是仪”[2]一诗，但剑的象征含义已明显远大于其实战格斗功用了。

对于扎根于民间的道教而言，剑是最有价值的法器，从而也形成了有关剑的文化与思想。《晋书·邓岳列传》载：“遐字应远，勇力绝人，气盖当时，时人方之樊哙。恒温以为参军，数从温征伐。历冠军将军，数郡太守，号为名将。襄阳城北沔水中有蛟，常为人害，遐遂拔剑入水，蛟绕其足，遐挥剑截蛟数段而出。”[3]从中不难发现，道教文化的象征性标志——蛟龙与剑。围绕西晋末年著名道士，号称“四大天师”之一的许旌阳，就流传有在彭蠡湖（今鄱阳湖）斩落蛟龙的叙事。他在斩蛟之后还将斩杀蛟龙的宝剑留存后世。此外，许氏还著有《灵剑子》等道教经典，他以“剑”作为修炼身体的法器，具体介绍和描述了修炼“四季配五脏”的16个动功姿势套路，其序言载曰：

余自修道，方明气术为先，阴功为首，顷获灵剑，荡妖精。蛇蜃之毒，伤害于民，滋潭之上，铸铁纂以封蜃穴，夜使鬼神铸二铁柱，暗锁豫章一柱在于南。……斩大蛇于西平建昌之界，有

[1]（唐）房玄龄等撰《晋书》卷一～卷三六，曹文柱等标点，吉林人民出版社，1995，第435页。
[2]（明）钟惺、谭元春选评《诗归》上，湖北人民出版社，1985，第193页。
[3]（唐）房玄龄等撰《晋书》卷三七～卷八一，曹文柱等标点，吉林人民出版社，1995，第1279页。

子从腹而出，走投入海，遂飞神剑逐之，缘此蛇子无过，致神剑不诛。……上足回剑斩南湖石兽，飞剑入兽眼中，其兽虽吐气如云，秖引出其面受诛，兽不动眼，如此兽无过，剑不诛之。妆剑而回。以此之功，故号灵剑子，而传授后来得仙之士。[1]

以身为剑，或将身体譬喻为剑进行修炼，正是魏晋南北朝道教修身的重要方法，这其中就融入了武术技击的一些运动方式，像“回剑”“飞剑”等也是民间剑术活动的运动方式。由练剑而练功、养身，所以称之为“灵剑子”。

另据《晋书·张华传》载：

斗牛之间常有紫气，道术者皆以吴方强盛，未可图也，惟华以为不然。……豫章雷焕曰：“宝剑之精，上彻于天耳。”华曰：“君言得之。吾少时有相者言，吾年出六十，位登三事，当得宝剑佩之，斯言岂效与！”因问曰：“在何郡？”焕曰：“在豫章丰城。”……华焕到县，掘狱屋基，入地四丈余，得一石函，光气非常，中有双剑，并刻题，一曰龙泉，一曰太阿。是夕，斗牛间气不复见焉。[2]

“紫气东来”是道教最为重要的象征。传说老子过函谷关之前，关令尹喜见有紫气从东而来，知道将有圣人过关，于是请老子留下了五千言《道德经》才将其放出关外。在《张华传》中，宝剑所含之剑气上升至星斗，让斗牛之间充盈紫气，意喻宝剑将要临世，可见在道教中，剑的宗教意味之浓厚。甚至在某些历史

〔1〕（晋）许逊撰《灵剑子》，商务印书馆，1926，第8页。
〔2〕（唐）房玄龄等撰《晋书》卷一～卷三六，曹文柱等标点，吉林人民出版社，1995，第621页。

叙事中，刀剑的铸造已经与“合道”产生了某种文化关联。如《北齐书》所载：“以道术事高祖，……又造宿铁刀，其法烧生铁精以重揉铤。”[1] 铸造刀剑等兵器本身就包含一种“道进乎术”的道家式修行方式。

道教化的武术文化自两晋南北朝开始产生，并逐步影响后世。东晋的葛洪（283—364）将道教的核心概念“炁（先天之气）”与武术技击格斗活动建立了深切联系，即使这一联系是带有宗教神秘主义色彩的。据《抱朴子・内篇》所载：

入山林多溪毒蝮蛇之地，凡人暂经过，无不中伤，而善禁者以炁禁之，能辟方数十里上，伴侣皆使无为害者。又能禁虎豹及蛇蜂。悉令伏不能起。以炁禁金疮，血即登止，又能续骨连筋。以炁禁白刃，则可蹈之不伤，刺之不入。……又以大钉钉柱，入七八寸，以炁吹之，钉即涌射而出。……昔吴遣贺将军讨山贼，贼中有善禁者。每当交战，官军刀剑皆不得拔，弓弩射矢皆还向，辄致不利。贺将军长智有才思，乃曰，吾闻金有刃者可禁，虫有毒者可禁；其无刃之物，无毒之虫，则不可禁。彼能禁吾兵者，必不能禁无刃物矣。……夫炁出于形，用之其效至此，何疑不可绝谷治病，延年养性乎！[2]

葛洪在《抱朴子・内篇》中提供了一则道教文化叙事，其中兵器能够“以炁禁之”“以炁禁白刃，则可蹈之不伤，刺之不入”，这可以说是最早关于“刀枪不入”的记载与说法了。不仅如此，

---

〔1〕（隋）李百药撰《百衲本二十四史・北齐书》，商务印书馆，1934。

〔2〕（东晋）葛洪：《抱朴子》，转引自王明《抱朴子内篇校释》，中华书局，1980，第99～100页。

禁术还能用于禁金属之刃，剿匪的官兵因禁术而“刀剑皆不得拔，弓弩射矢皆还向”，最后不得已用木棒剿灭土匪。葛洪推理认为，既然“炁”出于形，能够让身体坚不可摧、让外邪无法侵入，那么炼炁自然能够让身体强健无病、延年益寿。

从现实情况看，这位自号“抱朴子”的东晋道士葛洪，本身就是个武术家。《抱朴子·外篇·自叙》中记载，葛洪博学多才，精通武术，文武兼能。葛洪青年时既学道也学武术，他“体钝性驽，寡所玩好。自总发垂髫…… 又掷瓦、手搏，不及儿童之群，未曾斗鸡鹜、走狗马。……少尝学射，但力少不能挽强，若颜、高之弓耳。意为射既在六艺，又可以御寇辟劫，及取鸟兽，是以习之”。由此可见其性格中儒道并济的特征。在晋惠帝泰安年间，葛洪曾应召入军，因为武艺很高，善于作战，立下赫赫战功，获得了“伏波将军”称号。葛洪在军中学习了刀楯及单刀、双戟，晚年又自学了七尺杖术，甚至达到入白刃、取大戟的程度。由此实践经验和自身的道教修为出发，他提出习练和运用武术应“以待取人，乃有秘法，其巧入神。若以此道与不晓者对，便可以当全独胜，所向无前矣”[1]。换言之，武术是有一定规律和技法的，如果能够参透，则百战不殆。

除葛洪之外，南朝时期著名道士陶弘景（456—536）也是文武兼能并对武术思想发展有着重要贡献的名家。陶弘景一生历经宋、齐、梁三个朝代，早年曾短暂出仕，后来因为世道混乱、腐败横行而隐遁山中修道。《南史·陶弘景传》记载，由于陶弘景才能学识出众，因而深得数代帝王崇敬，有“山中宰相”之称。

---

〔1〕张松辉、张景译注《抱朴子外篇》上，中华书局，2013，第 1 页。

陶弘景的祖父陶隆和父亲陶贞宝都是文武双全的人，既善骑射，亦善于书法。陶弘景承其家传，在其修道之后仍不忘张弛文武之道，精研兵法与刀、剑的铸造，他自造宝剑十三柄，“用金、银、铜、铁、锡五色合为此剑，长短各依洞剑术”[1]，把春秋战国以来制剑的技术发挥到很高的水平，所造的每柄剑各有名称及用途，譬如一柄剑名曰“凝霜”，是“道家三洞九真剑”，上面刻真人玉女名字、风伯雨师形、蚩尤神形、六甲神形等道家神形及符箓，可以在神坛之上禳灾祈福、祭台之前呼风唤雨。

在叙事化的历史建构下，陶弘景赋予了剑道玄之又玄、神乎其神的法器之意蕴。也就是从这一时代起，剑之为物，从物质层次的兵器升华为精神层次的祭器。陶氏的《刀剑录》虽带有宗教神秘色彩，反映了道教神异观念与武术的结合，但也表明他很重视剑的作用，并对铸剑技术进行了研究，且炼出了有特色的宝剑。此外，陶氏也善于铸造良刀，曾炼宝刀两口，《南史・陶弘景传》记载，他所铸造的刀“其一名善胜，一名威胜，并为佳宝”[2]，曾献给梁武帝并受到嘉奖。陶弘景还根据自己所学和考证著成《刀剑录》一书，其中记载了自夏、商、周至汉、魏，历代帝王所铸宝剑名称及剑身铭文、剑的尺寸及特色等。虽然此书记载的历代名剑未必符合史实，也带有一定的道教神秘主义色彩，但他对刀、剑文化的发展起到了重要的促进作用。

魏晋南北朝时期，受当时文化风气影响，或是道士习武成风，或是习武者修道成性，道家思想与道教文化由此开始被镌刻到武

[1]（宋）李昉等编纂《太平御览》第三卷，夏剑钦校点，河北教育出版社，1994，第 1046 页。
[2]（唐）李延寿撰《百衲本二十四史・南史》，商务印书馆，1935。

术文化的基因当中，直到现代中国武术产生之后，其影响仍然不可小觑。

三、佛教门庭中武术的诞生

佛教自东汉进入中国，至两晋时已经发展成为遍地开花的六家七宗。东晋至南北朝的历任君主都笃信佛教，因为战乱和佛教徒的征兵豁免权，从承明元年（476）到兴和二年（540），仅在北朝，佛教徒就从不到八万增长至百万之巨。在佛教自身发展和躲避兵役需求的共同作用下，很多人投身寺庙出家为僧，其中也不乏武艺高强且深明佛法之人。《魏书·释老志》就有记载说："沙门惠始，姓张，家本清河。……惠始身被白刃，而体不伤。众大怪异，言于屈丐。屈丐大怒，召惠始于前，以所持宝剑击之，又不能害，乃惧而谢罪。"[1]《魏书》所载有关这位名为惠始的僧人未必真的"刀枪不入"，但之所以产生这样夸张的记载，也侧面说明此人应当是身怀武艺的，这也可能是佛教历史叙事中最早与武术产生关联的记载。

惠始圆寂后六十余年，在未来塑造并深刻影响中华武术的一座寺庙——少林寺在河南登封地区建立。北魏孝文帝太和十九年（495），为了安顿来自天竺国的高僧跋陀，孝文帝命人建设少林寺。近些年，研究者通过历史文献与实物史料的考据，认为少林寺创立后，最早的武僧是来自邺下（今河南安阳一带）寺院的稠禅师，这位禅师也是少林寺的第二任住持。道宣所撰《续高僧传·卷十六》记载，"（稠）后诣怀州西王屋山，修习前法，闻

〔1〕（北齐）魏收撰《魏书》，吉林人民出版社，1995，第1765页。

两虎交斗，咆响震岩，乃以锡杖中解，各散而去”[1]。这则记载重在表现稠禅师的神异，没有说明他会武术，但是他所持锡杖在佛教中也作降魔杵，能够驱散猛兽。这除了表现出禅师的佛法之外，也能够在一定程度上说明他身怀高超技艺，正所谓“艺高人胆大”。

虽然在南北朝佛教的典籍与历史记载中缺乏僧人习武的记载，但在《纪闻》《太平广记》《朝野佥载》等后世的笔记或传奇中都有关于少林寺僧人练习武术的记载，文曰：“（沙弥）时辈甚众，每休暇，常角力、腾趠为戏。”文中的“腾”指的就是邺下僧人在寺院内的各种蹿蹦跳跃之身体练习活动，而“角力”则是指包括“戏殴”在内的技击格斗方面的功夫内容。其中有关稠禅师的武术技艺则更为传奇，据《朝野佥载》载：

北齐稠禅师，邺人也。初落发为沙弥，时辈甚众，每休暇，常角力、腾趠为戏，而禅师以劣弱见凌。给侮殴击者相继，禅师羞之，乃入殿中闭户，抱金刚足而誓曰：“我以羸弱，为等类轻侮。为辱已甚，不如死也。汝以力闻，当佑我。我捧汝足七日，不与我力，必死于此，无还志。”约既毕，因至心祈之。初一两夕，恒尔，念益固。至六日将曙，金刚形见，手执大钵，满中盛筋。谓稠曰：“小子欲力乎？”曰：“欲。”“念至乎？”曰：“至。”“能食筋乎？”曰：“不能。”神曰：“何故？”稠曰：“出家人断肉故耳？”神因操钵举匕，以筋视之，禅师未敢食。乃怖以金刚杵，稠惧遂食。斯须入口，神曰：“汝已多力，然善

［1］（唐）道宣等撰《四朝高僧传》第三册《续高僧传》上，中国书店，2018，第 261 页。

持教，勉旃。”神去且晓，乃还所居。诸同列问曰：“竖子顷何至？”稠不答。须臾，于堂中会食，食毕，请同列又戏殴。禅师曰：“吾有力，恐不堪于汝。”同列试引其臂，筋骨强劲，殆非人也。方惊疑，禅师曰：“吾为汝试。”因入殿中，横蹋壁行，自西至东，凡数百步，又跃首至于梁数四。乃引重千钧劲。其拳捷骁武，动骇物听。先轻侮者，俯伏流汗，莫敢仰视。[1]

稠禅师顿悟，得到金刚赋予的力量，让同班大为惊异，他们拉着他的胳膊一试，发现他的筋骨强劲有力，根本不是平常人可以比的。禅师进入大殿，横卧在墙上往前爬行，自西往东，爬行了几百步远。他又连续几次跳起来用脑袋挂在房梁上，还能提千钧重的东西。他的拳脚迅疾敏捷，雄武有力，令人见了胆战心惊，过去轻视、欺侮过他的人，汗流浃背地匍匐在地上，不敢抬眼看他。附近的僧侣听闻这个消息纷纷向他拜师学武，顶峰时甚至达到几千人。北齐文宣帝听说此消息后非常愤怒，带兵征讨，禅师主动迎上，向皇帝表演了他的神奇技艺。文宣帝大为惊惶，于是敕令禅师指挥人建造寺院，不许任何人阻止。

虽然有关稠禅师得金刚传法而武艺高强的记载，多为后世笔记小说家的夸张描写，但从当时的历史背景看，像少林寺这样的寺庙，为了保护产业，聚集一些为躲避朝廷赋税而出家的习武者的做法已经产生。也就是说，虽然佛教思想在这一阶段没有直接影响武术文化，但不少寺庙确实已经呈现出日后发展成为武林重地的趋势。

---

〔1〕（明）冯梦龙评纂《太平广记钞》第一册，孙大鹏点校，崇文书局，2019，第 202 ～ 203 页。

第六章

隋唐五代多元王朝体系中的武术创造

隋唐五代（581—960）时期，中华文明进入了一个崭新的发展阶段，隋唐两个帝国对魏晋南北朝分裂局面的终结，造就的不仅仅是一个强大统一、文化昌明、经济发达的国家，更重要的是诞育了一个多民族文化共生、共融的民族共同体。这种多元一体的特征使得隋唐至五代时期的武术兵器技艺、武术制度、武术游艺和表演、武术思想都展现出新的形态。武术器械中出现了威力惊人的陌刀、防护效用极高的明光铠和山文甲；武举制的诞生开创了以武入仕的新道路，彻底改变了门阀贵族垄断高级军事职务的格局；武术文化出现了新形态，最早的武侠文学诞生；少数民族的尚武精神与秦汉之前武侠情结的深度嵌合，促使武侠风气与任侠行为得以复兴；儒释道的三足鼎立，使得武术思想萌发出了新形态。隋唐国力的空前强大，大城市的发展，让市民生活变得非常丰富，混合了汉民族、少数民族，中亚乃至印度文化的击剑、舞剑、相扑、使枪等活动在城市中大为兴盛。正是在这一时期，“中华武术”达到其发展的第一个高峰。

第一节 科技进步催生的武术兵器技术

隋唐时期科技的进步促进了冶铁技术的成熟与铁器的发展，故而这一时期的兵器制造业发展突飞猛进，兵器武备种类繁多。其中设立军器监来专门掌管缮造甲兵之事，使兵器制造拥有了完善的监管机构与制作标准，这进一步促进了兵器形制统一化、品类多样化、制造与使用制度化。

隋代和唐代中前期的征兵形式皆为府兵制，其中唐沿用西魏之后建成的制度，在全国共建立了600多个折冲府，负责考核选拔军人以及总体协调军队执行护卫京师、戍守边疆以及域外远征作战等任务。在各府兵之中，配备了各种兵器装备，例如铁马盂、布槽、镭、凿、碓、筐、斧、钳、锯、甲床、火镄、胸马绳、首羁、足绊等；另外，士兵个人装备还有胡禄、横刀、砺石、大熊、毡帽、毡装、行縢等。可见，在远距离战斗时，唐军士兵配备和使用弓弩、箭矢等远射兵器；在近战格斗中，唐军士兵配备和使用唐刀等近战武器。除此之外的甲、弩、矛、矟、具装等重装备仅为军队私有。数种类型的兵器配备支撑了隋唐时期军队在各种战事中的战术需求与布阵策略。

一、威名远播的唐刀

唐代的军刀总称为“唐刀”。唐刀主要分为四种形制，《唐六典·卫尉宗正寺》有载：“刀之制有四：一曰仪刀，二曰鄣刀，三曰横刀，四曰陌刀。”[1] 这四种不同形制的刀，不仅有着不同的功能与用途，其背后还隐喻着文明发展的灿烂与辉煌。在“唐刀”的四种形制中，“陌刀”的名气最大。据《唐六典》有载：“陌刀，长刀也，步兵所持，盖古之断马剑。”[2] 可见，陌刀形制多样，属于长柄刀类的制式刀具，是唐代步兵的配备兵器，作斩马之用，故又称“斩马剑”。

从唐代军事著作《神机制敌太白阴经》中可以发现有关唐代陌刀的使用情况。据《神机制敌太白阴经》记载：“一队布地三十六步，一阵二十二队，布地七百九十二步。方、圆、斜、曲、长、短皆如之。火长不预教习，其支器仗亦在分数之内。甲三十领六分，战袍二十领四分，枪五十根十分，牌十面二分，弩十张二分，陌刀十张二分，箭四十副八分，佩刀四十口八分，棓十具六分。”[3] 从中可以看到，枪与弩箭均占十分，陌刀只占两分，也就是说陌刀在唐军的装备配备率并不高。据《卫公兵法》记载：“战兵内：弩手四百人，弓手四百人，马军千人，跳荡五百人，奇兵五百人。左、右虞候各一军，每军各二千八百人，内各取战兵一千九百人，共计七十八队。”[4] 可见唐军的军事配备中以弩手、弓手与骑兵为主力，但这不能否定陌刀手的价值，其在唐军中的地位依然不容小觑。首先，在《唐六典》记载的四种制式的唐刀中，唯有陌刀是唯一禁止陪葬的兵器，其特殊地位可见一斑。据《唐会要》记载：“有陌刀利器等。伏以臣所管地。俯近官阙。兼有仓库。

---

〔1〕（唐）李林甫等撰《唐六典》，陈仲夫点校，中华书局，1992，第461页。
〔2〕（唐）李林甫等撰《唐六典》，陈仲夫点校，中华书局，1992，第461页。
〔3〕（唐）李筌：《神机制敌太白阴经》，商务印书馆，1937，第139页。
〔4〕（清）王宗沂辑《卫公兵法辑本》，中华书局，1985，第12页。

法驾羽仪。分投务繁。守捉人少。前件司卫。皆有刀枪防虞。所管将健。并无寸刃。其诸司卫所有陌刀利器等。伏请纳在军器使。如本司要立仗行事。请给仪刀。庶无他患。敕旨。宜令送纳军器使。令别造仪刀等充替。”[1]可以发现陌刀有着严格的监管制度，与仪刀有着不同的功用。

在实战能力方面，据《旧唐书》记载，“贼徒多醉，光远领百余骑持满扼其要，分命骁勇持陌刀呼而斩之，杀贼徒二千余人，虏马千匹，俘其渠酋一人”[2]，又有记载“（棱）善用大刀，长一丈，施两刃，名为拍刃。每一举，辄毙数人，前无当者”[3]。陌刀的威力可见一斑，其在战场上具有举足轻重的地位。据《新唐书》记载：“沧、赵已陷，史思明引众傅城，兴擐甲持陌刀重十五斤乘城。贼将入，兴一举刀，辄数人死，贼皆气慑。”[4]从中可以发现，由于陌刀属于重兵利器，重达数斤，其威力巨大，故其使用者皆为勇将。在安史之乱中，唐将张兴披甲持陌刀，举刀便杀数人。《旧唐书》有载：“天宝初，随募至安西，频经战斗，于时诸军初用陌刀，咸推嗣业为能。天宝七载，安西都知兵马使高仙芝奉诏总军，专征勃律，选嗣业与郎将田珍为左右陌刀将。”[5]又“仙芝归至，令诚索陌刀手百余人随而从之”[6]。唐军培养了众多“陌刀将”与“陌刀手”，以备战时之需。

在军事用途方面，陌刀与其他唐刀不同，陌刀并非一件兵器

---

〔1〕（宋）王浦撰《唐会要》，上海古籍出版社，2012，第1541页。
〔2〕（后晋）刘昫等撰《旧唐书》，中华书局，2000，第2073页。
〔3〕（后晋）刘昫等撰《旧唐书》，中华书局，2000，第1387页。
〔4〕（宋）欧阳修、宋祁撰《新唐书》，中华书局，2000，第4269页。
〔5〕（后晋）刘昫等撰《旧唐书》，中华书局，2000，第2236页。
〔6〕（后晋）刘昫等撰《旧唐书》，中华书局，2000，第2176页。

这么简单，它不仅具有多样的使用方式，还用作战术部署之用，是唐朝军队战术体系的重要一环。关于陌刀使用方式与用途的记载很多：在守城用途中，《卫公兵法》有载“又于城上以木为棚，容兵一队，作长柄铁钩、陌刀、锥、斧，随要便以为之备。若敌攀女墙踊身，待其身出，十钩齐搭掣入城中，斧刀助之”〔1〕；在运粮护送用途中，《旧唐书》有载“行俭行至朔州，知萧嗣业以运粮被掠，兵多馁死，遂诈为粮车三百乘，每车伏壮士五人，各赍陌刀、劲弩，以羸兵数百人援车，兼伏精兵，令居险以待之”〔2〕；在督战用途中，《通典》有载“队副一人擐兵后立，执陌刀，观兵士不入者便斩”，同卷又记载“诸军弩手，随多少布列。五十人为一队，人持弩一具，箭五十只，人各络膊，将陌刀棒一具，各于本军战队前雁行分立，调弩上牙，去贼一百五十步内战，齐发弩箭。贼若来逼，相去二十步即停弩，持刀棒，从战锋等队过前奋击，违者斩”〔3〕，督战的用途不仅为陌刀赋予了仪仗功能，还使陌刀具有了不同寻常的军事地位。

在战术战略方面，陌刀在唐军的作战系统中起着关键的作用。在应对骑兵作战的战术中，《旧唐书》中对战场上陌刀作用的描写为“人马俱碎”与“如墙而进”，可见陌刀应对骑兵时的惊人作战能力。在应对步兵作战的战术中，陌刀配合长柯斧进行协同作战，据《新唐书》载“步卒二千以陌刀、长柯斧堵进，所向无前。归仁匿兵营左，觇军势，王分回纥锐兵击其伏，嗣业出贼背合攻之，自日中至昃，斩首六万级，填涧壑死几半，贼东走，遂

〔1〕（清）王宗沂辑《卫公兵法辑本》，中华书局，1985，第 34 页。
〔2〕（后晋）刘昫等撰《旧唐书》，中华书局，2000，第 1898 页。
〔3〕（唐）杜佑：《通典》下，岳麓书社，1995，第 2135 页。

平长安”[1]。故陌刀不仅在军队中发挥着其武术兵器本身的作战功能，还在军事战术系统中成为战术部署的关键一环。然而，陌刀虽在唐朝时期威名远扬，时至今日却已失传。由于陌刀锻造工艺复杂、造价高昂，唐朝时期陌刀的装备率偏低，并且不允许用陌刀陪葬，所以迄今为止，国内还尚未出土过陌刀。

唐代除了创造出威力惊人的陌刀，还为士兵配备有护身应急的横刀。“横刀”又名直刀，为唐朝主要军刀之一。对横刀最早的记载是在《唐六典·卫尉宗正寺》中。卫尉寺是唐朝的武库，包罗了唐朝时期的各种兵器。据《唐六典·卫尉宗正寺》记载：“横刀，佩刀也，兵士所佩，名亦起于隋。”[2]可知横刀起于隋朝，多用于军中，作为士兵的佩刀。在唐人编纂的《隋书·礼仪志》中记载的“一百四十人，分左右，带横刀”[3]也印证了横刀的起源时间。

“兵仗者，谓横刀常带”[4]，唐朝时期钢铁工艺的发展，促使横刀的使用更为广泛。据《新唐书》记载：“高宗闻，赐绢百匹。除右千牛卫将军，帝曰：‘以尔忠谨，故擢三品要职。群臣非搜辟，不得至朕所。尔佩大横刀在朕侧，亦知此官贵乎？’”[5]可见将军与普通士兵的佩刀皆为横刀。在陕西长乐公主墓的墓道壁画中绘有数名身系佩刀的将士，其中刀柄为圆环的佩刀即为横刀（图 6–1）。在重庆市万州区驸马乡唐墓出土的青釉武士俑中也能发现，武士俑双手持刀，刀身杵地，刀柄同样

〔1〕（宋）欧阳修、宋祁撰《新唐书》，中华书局，2000，第 3628 页。
〔2〕（唐）李林甫等撰《唐六典》，陈仲夫点校，中华书局，1992，第 461 页。
〔3〕（唐）魏征撰《百衲本二十四史·隋书》，商务印书馆，1935。
〔4〕曹漫之主编《唐律疏议译注》，吉林人民出版社，2006，第 345 页。
〔5〕（宋）欧阳修、宋祁撰《新唐书》，中华书局，2000，第 3364 页。

带有圆环（图 6–2）。

图 6–1　陕西长乐公主墓壁画中的佩刀将士

图 6–2　重庆市万州区驸马乡唐墓出土的青釉武士俑

关于横刀在战场上的应用，史料记载却少之又少。通过分析唐朝兵器的记载和形制大概可知，横刀在战场上并非应用于正面冲杀。它在远距离进攻时没有弓、弩、箭的攻击范围广，在对战中没有枪、矛等长兵器的优势，在唐刀中没有陌刀“人马俱碎”的威力。故而，短柄的横刀在战场上并非首选兵器，而是属于辅助性兵器，与长柄兵器、盾牌等协同使用。据《卫公兵法》记载：“令士卒擐甲胄，櫜弓矢，佩刀剑，持矛盾，左右上下，以便习其事。”〔1〕可见这种攻防兼备的协同使用是横刀在战场上的常见运用方式。唐朝军队对敌时，首先用槊刺击，若槊折断后才是佩刀出场，其使用的主次顺序可见一斑。此外，横刀在军中还可作巡逻警卫之用，在《旧唐书·李愬传》中有载“令佩刀巡警，出入帐中，略无猜闲”〔2〕。

除了战场御敌外，横刀还被用于仪仗卫队之中。《旧唐书》

〔1〕（清）王宗沂辑《卫公兵法辑本》，中华书局，1985，第 34 页。
〔2〕（后晋）刘昫等撰《旧唐书》，中华书局，2000，第 2503 页。

记载了一段唐高宗李治与千牛卫将军王及善的对话：“他人非搜辟不得至朕所，卿佩大横刀在朕侧。”[1] 可见横刀是维护皇家权力的象征，也是体现“尊君肃臣”的重要手段。同时，对横刀定有严格的规章制度，不论是先王制法还是当朝明令，都明确规定进殿面圣必须摘下佩刀以表对皇权的尊敬。在《旧唐书》中曾记载：“贞观元年，迁大理少卿。时吏部尚书长孙无忌尝被召，不解佩刀入东上阁。尚书右仆射封德彝议以监门校尉不觉，罪当死；无忌误带入，罚铜二十斤。”[2] 反映了对宫廷中佩刀有着严格的规定，未解佩刀进东上阁的国戚长孙无忌因此触犯了律法，虽免校尉之死，但罪不能逃，可见皇权的威严与至高无上。

除此之外，唐刀还有一种被称为障刀的护身短兵，是用以障身的御敌之刀。在《唐六典》中认为障刀是“盖用障身以御敌”。但对于“障”的理解后世产生了两种不同的见解：一种认为，障为清除之意，障刀即用以清除敌人的意思；另一种认为，障为防御之意，障刀即用以近身防御敌人的意思。但不论“障”作何解释，障刀的产生都是为了更好地在战场上发挥功用。

二、百兵之王的枪

隋唐时期出现了大量精通枪术的“持枪将”，例如众人耳熟能详的秦琼（秦叔宝）、单雄信、尉迟敬德等人都是善于用枪的骁将。其中，秦琼为唐朝“持枪将”的代表人物。唐代名将秦琼，字叔宝，强悍有志节，精通枪法，屡立战功，曾拜左武卫大将军。

---

〔1〕（后晋）刘昫等撰《旧唐书》，中华书局，2000，第 1969 页。
〔2〕（后晋）刘昫等撰《旧唐书》，中华书局，2000，第 1708 页。

据《旧唐书·秦叔宝传》记载，“叔宝每从太宗征伐，敌中有骁将锐卒，炫耀人马，出入来去者，太宗颇怒之，辄命叔宝往取。叔宝应命，跃马负枪而进，必刺之万众之中。人马辟易，太宗以是益重之，叔宝亦以此颇自矜尚”〔1〕。可见秦叔宝枪术高明，身手不凡，可在骑马奔驰中运枪。同样为用枪骁将的哥舒翰在战场上也展现了惊人的武艺。《旧唐书·哥舒翰传》中有载，“（哥舒翰）以枪搭其肩而喝之，贼惊顾，翰从而刺其喉，皆剔高三、五尺而坠，无不死者”〔2〕。

由此可见，为适应战争的需要，长兵在军事战场中发挥了关键作用，其中矛、枪等长兵成为唐军中的重要兵器。枪由矛演变而来，在唐朝时期军队中广泛应用。据《唐六典》记载，唐代的枪制分为四种：漆枪、木枪、白干枪与模头枪。据《卫公兵法》记载：“马军五百人，跳荡四百人，奇兵四百人。马步通计，总当万四千人，共二百八十队当战，余六千人守辎重，十分枪，十分弓，八分佩刀，二分陌刀，二分棓，且以二万人为军。”〔3〕可见在军队中枪的配备率之高。在枪的技术发展中，从汉朝的“空手夺白刃”技术发展至隋唐时期增加了“避枪”“夺枪”的马上技术。《旧唐书·列传第十八》有载，“敬德善解避槊，每单骑入贼阵，贼槊攒刺，终不能伤，又能夺取贼槊，还以刺之”〔4〕。足见尉迟敬德的避槊、夺槊技艺之高超。

〔1〕（后晋）刘昫等撰《旧唐书》，中华书局，2000，第1688页。
〔2〕（后晋）刘昫等撰《旧唐书》，中华书局，2000，第2177页。
〔3〕（清）王宗沂辑《卫公兵法辑本》，中华书局，1985，第12页。
〔4〕（后晋）刘昫等撰《旧唐书》，中华书局，2000，第1684页。

三、铠甲与破甲之器

自古以来，铠甲在战场上捍卫着将士的生命。汉代之后的铠甲制成形式均以“札甲”为主，魏晋南北朝开始演化出鱼鳞札甲，即用编甲绳将众多甲片有序编织起来以获得防御效果。不同时代的札甲样式不同，札甲伴随了中国历史潮流的发展。上到王侯将相，下到兵卒都有不同形制的铠甲护身。科技的进步与工业的发展促进了唐代铠甲的更新与发展，在长乐公主墓臂画《甲胄仪卫图》中可见将士们均身披铠甲（图 6–3）。唐朝的铠甲分类多达 13 种。据《唐六典》记载：“甲之制十有三，一曰明光甲，二曰光要甲，三曰细鳞甲，四曰山文甲，五曰乌槌甲，六曰白布甲，七曰皂绢甲，八曰布背甲，九曰步兵甲，十曰皮甲，十有一曰木甲，十有二曰锁子甲，十有三曰马甲。”〔1〕这 13 种铠甲质地并非相同，明光甲、光要甲、细鳞甲、山文甲、乌槌甲和锁子甲为质地坚硬的铁甲，其中明光甲和山文甲是唐军的主要作战铠甲。在上海博物馆彩色釉陶天王着铠像中可以看到其胸前的两片明光甲（图 6–4），其重要作用是保护人体最为关键的脏器。山文甲早期只作为新式铠甲甲叶，多附着于明光甲之上。经过逐渐发展，至中晚唐时期，形成了独具特色的铠甲样式，除胸口仍保留明光甲的护心镜外，其余部件单独成器。山文甲外形美观、穿着贴身、修补方便、综合防护能力强，但由于制造成本过于高昂，只配备给高级武官穿戴，普及率较低。此甲的“札”法十分独特，被称为“错札法”，即通过甲片与甲片的枝杈咬错啮合成甲，优良的山文甲制成甚至不需一个甲钉和一缕丝线，可以称得上是中国铠

---

〔1〕（唐）李林甫等撰《唐六典》，陈仲夫点校，中华书局，1992，第 462 页。

甲的典范（图 6–5）。除此之外的白布甲、皂绢甲、布背甲的质地则为纺织品，多作装饰之用。

图 6–3　甲胄仪卫图

图 6–4　彩色釉陶天王着铠像（藏于上海博物馆）

图 6–5　山西平遥双林寺着山文甲韦陀像

铠甲凭借其重要的防护功能，能够抵挡绝大多数弓弩和兵器的攻击，大大提升了将士的生存率和战斗力，因而在隋唐军队中起着至关重要的作用。据《神机制敌太白阴经》记载："甲，六分七千五百领。"[1] 在官府兵库的铠甲记录中，《开元间州仓

[1]（唐）李筌：《神机制敌太白阴经》，商务印书馆，1937，第 97 页。

粟麦纸墨军械什物历》有载“壹佰肆拾伍领甲身、玖拾贰领铁，肆拾捌领皮，伍领布、陆拾伍事头牟。肆拾肆事铁，贰拾壹事皮、壹佰壹拾陆事覆膊。柒拾陆事铁，肆拾事皮、陆拾玖事掩腋。并铁。内壹拾陆事明光、贰拾玖事囤项。并铁、壹佰玖拾伍张枪、伍拾陆面弩弦、玖张戎祖弩弓、叁拾捌口陌刀、壹阡壹佰玖拾伍售弩箭、伍具钺斧、壹佰柒拾肆面扳排”[1]。可见铠甲在军事作战中的重要性。

军中骑兵配以铠甲被称为具装骑兵，在甲骑具装中的“甲”是人铠，而“具装”则是马铠。甲以布为里，黄絁为表，长短至膝盖之处。有学者认为：“由于对手为大纵深游牧为主，唐朝并没有具装骑兵。”同时还有些武术史书籍中提出：甲骑具装的机动性太差，这种重骑兵比不上马不披甲的轻骑兵，故而唐代多用轻骑兵[2]。但事实上，唐代的玄甲军就是超重装具装骑兵的代表，虎牢关之战便是玄甲军强大冲击力的典型战例。玄甲军追击刘武周、薛仁杲时表现了强大的追击能力。攻灭东突厥时，李靖更是带着三千玄甲军冒着严寒，长驱直入，闪电般进击突厥老巢定襄。这种机动性似乎根本不是具装骑兵能具备的。该观点其实是忽略了具装骑兵的马铠是可以拆卸的，不用时便可以存入后勤部队，使其变为无甲马。隋朝继承与发展了南北朝具装骑兵，一度影响了唐至五代的作战模式，据《通典》记载：

隋大业七年，征辽东。众军将发，御临朔宫，亲授节度。每

[1] 王进玉：《敦煌学和科技史》，甘肃教育出版社，2011，第 491 ～ 492 页。
[2] 郭玉成主编《中国武术史》，高等教育出版社，2019，第 175 页。

军，大将、亚将各一人。骑兵四十队，队百人。（百人置一纛。十队为一团，团有偏将一人。第一团，皆青丝连明光甲、铁具装、青缨拂，建狻猊旗。第二团，绛丝连朱犀甲、兽文具装、赤缨拂，建貔貅旗。第三团，白丝连明光甲、铁具装、素缨拂，建辟邪旗。第四团，乌丝连玄犀甲、兽文具装、黑缨拂，建六驳旗。前部鼓吹一部：大鼓、小鼓及鼙、长鸣、中鸣等各十八具□鼓、金钲各二具。后部铙吹一部：铙二面，歌箫及笳各四具，节鼓一面，笙箓、横笛各四具，大角十八具。）又步卒八十队，分为四团。团有偏将一人。（第一团，每队给青隼荡幡一。第二团，每队黄隼荡幡一。第三团，每队苍隼荡幡一。第四团，每队乌隼荡幡一。长槊楯弩及甲毦等，各称兵数。）受降使者一人，（给二马轺车一乘，白兽幡及节每一，骑吏三人，车辐白从十二人。）承诏慰抚，不受大将制，战阵则为监军。[1]

这段对具装骑兵分类的描述为我们重现了其真面目，不同的编队具有不同的铠甲质料，同一建制的编队所配备的铠甲装备相同，整齐划一。唐初与盛唐使用具装的相关资料记载了秦叔宝、程知节、尉迟敬德、翟长孙、李世民等人亲自身披玄甲，乘机进击，所向披靡，敌人无不畏惧的情景。而关于唐代骑兵甲胄的形态，还可以在《张议潮统军出行图》中直观地看到（图 6-6）。最后，也是最关键一点，唐朝骑兵武技优秀，其可以不依赖具装便能进行激烈的肉搏与冲击，正如《通典》所载：

---

〔1〕（唐）杜佑：《通典》上，浙江古籍出版社，2007，第 181 ～ 182 页。

开元十九年，诏武贡人与明经、进士同行乡饮酒礼。其课试之制，画帛为五规，置之于垛，去之百有五步，内规广六尺，橛广六尺；余四规，每规内两边各广三尺。悬高以三十尺为限。列坐引射，名曰“长垛”。弓用一石力，箭重六钱。又穿土为埒，其长与垛均，缀皮为两鹿，历置其上，驰马射之，名曰“马射”。鹿子长五寸，高三寸。弓用七斗以上力。又断木为人，戴方版于顶。凡四偶人，互列埒上，驰马入埒，运枪左右触，必版落而人不踣，名曰“马枪”。枪长一丈八尺，径一寸五分，重八斤。其木人上版，方三寸五分。皆以儇好不失者为上。兼有步射、穿札、翘关、负重、身材、言语之选，通得五上者为第。其余复有平射之科，不拘色役，高第者授以官，其次以类升。又制为土木马于里闾闲，教人习骑。[1]

图 6-6 《张议潮统军出行图》中可见身着甲胄的唐军骑兵

〔1〕（唐）杜佑：《通典》上，浙江古籍出版社，2007，第 181 页。

隋唐时期，具装骑兵在军队中具有核心地位并深受重视，进而推动了同时期兵器与防护装备的演变发展。杨广（隋炀帝）曾为其吟诗曰："白马金具装，横行辽水傍。曾令千载后，流誉满族常。"[1] 可见隋炀帝曾对具装骑兵寄予厚望。随着甲骑具装的发展，其功能演进为包括实战与仪仗两个方面。作为仪仗的甲骑具装外观华丽，带有团花装饰，这类甲骑具装不用于实战，而是彰显身份地位与威严的仪仗配饰。

有铠甲自然就有破甲之兵器。战场上具有绝佳防护能力的铠甲曾令刀枪剑戟束手无策，但铁锤这种重型钝器在唐末五代时期的出现，使破甲问题迎刃而解。铁锤属唐军击打性兵器的一种，用于作战兵器的铁锤种类繁多，有骨朵、蒺藜、瓜锤、铁挝等名目。众多名目的铁锤形状类似，均配有长约 50 厘米的手柄与带有突出钝刺的铁制或铜制圆头，这种设计大大增强了破甲杀伤力，成为战场冲杀的利器。据《新五代史》记载："存孝猨臂善射，身被重铠，櫜弓坐槊，手舞铁檛，出入阵中，以两骑自从，战酣易骑，上下如飞。初，存孝取潞州功为多，而太祖别以大将康君立为潞州留后，存孝为汾州刺史，存孝负其功，不食者数日。"[2] 描述了唐末著名猛将李存孝身披重甲，在战场上手舞铁锤上下如飞的雄姿。铁锤在战场的应用并非以利刃伤敌，而是以重力击打的方式造成对敌人身体的伤害。在现代出土的古代盔甲上还留有铁锤击打过的凹陷甚至孔洞，其威力可见一斑。

铁锤作为唐朝军队击打兵器的代表，在战场上发挥着巨大的

〔1〕（宋）郭茂倩编撰《乐府诗集》下，聂世美、仓阳卿校，上海古籍出版社，2016，第 792 页。
〔2〕（宋）欧阳修：《新五代史》，延边人民出版社，1998，第 125 页。

作用，据《通鉴纪事本末》记载：“河西、陇右节度使王忠嗣以部将哥舒翰为大斗副使，李光弼为河西兵马使，充赤水军使。翰父祖本突骑施别部酋长，光弼，契丹王楷洛之子也，皆以勇略为忠嗣所重。忠嗣使翰击吐蕃，有同列为之副，倨慢不为用，翰挝杀之，军中股慄；累功至陇右节度副使。每岁积石军麦熟，吐蕃辄来获之，无能御者，边人谓之‘吐蕃麦庄’。翰先伏兵于其侧，虏至，断其后，夹击之，无一人得返者，自是不敢复来。”[1]可见，铁锤在战场上是制敌取胜的利器。这一击打性兵器不仅具有巨大的杀伤力，还拥有强大的震慑力，哥舒翰等善用铁锤的将领在战场上无人能敌。唐末时期著名将领周德威也以善使铁锤闻名军中，据《新五代史》记载：

周德威，字镇远，朔州马邑人也。为人勇而多智，能望尘以知敌数。其状貌雄伟，笑不改容，人见之，凛如也。事晋王为骑将，稍迁铁林军使，从破王行瑜，以功迁衙内指挥使。其小字阳五，当梁、晋之际，周阳五之勇闻天下。梁军围晋太原，令军中曰：“能生得周阳五者为刺史。”有骁将陈章者，号陈野义，常乘白马被朱甲以自异，出入阵中，求周阳五，欲必生致之。晋王戒德威曰：“陈野义欲得汝以求刺史，见白马朱甲者，宜善备之！”德威笑曰：“陈章好大言耳，安知刺史非臣作邪？”因戒其部兵曰：“见白马朱甲者，当佯走以避之。”两军皆阵，德威微服杂卒伍中。陈章出挑战，兵始交，德威部下见白马朱甲者，因退走，章果奋槊急追之，德威伺章已过，挥铁槌击之，中章堕马，遂生擒之。[2]

〔1〕（南宋）袁枢撰《通鉴纪事本末》，上海古籍出版社，1994，第722页。
〔2〕（宋）欧阳修：《新五代史》，延边人民出版社，1998，第80～81页。

可见周德威将军为人勇敢且足智多谋，以佯败的策略诱敌深入后，挥铁锤将敌方将领陈章击落马下并活捉，彰显了其过人的军事策略与精湛的铁锤武艺。铁锤在军中不仅用以杀敌，还曾作为惩戒士兵的器物。据《新五代史》载："（史）弘肇为将，严毅寡言，麾下尝少忤意，立挝杀之，军中为股慄，以故高祖起义之初，弘肇行兵所至，秋毫无犯，两京帖然。迁侍卫亲军马步军都指挥使，领归德军节度使、同中书门下平章事。高祖疾大渐，与杨邠、苏逢吉等同授顾命。"〔1〕可见史弘肇将军严峻刚毅，在统率部众时有过必罚，部下指挥使曾因不听从指挥被史将军以铁锤杀之，将官们怕得两腿发抖，以致平定两京，无人敢冒犯他。

无论是杀敌还是惩戒，铁锤这一击打与防御并存的特殊形制兵器，在战场上频繁出现，成为唐朝军队武器配备中的重要兵器。同时，与铁锤同为击打兵器的铁鞭也曾在战场出现，据《新五代史》记载，"饶阳令刘岩献水鸟五色，重荣曰：'此凤也。'畜之后潭。又使人为大铁鞭以献，诳其民曰：'鞭有神，指人，人辄死。'号'铁鞭郎君'，出则以为前驱"〔2〕。可见，击打性兵器以其强大的杀伤力被唐朝军队认可，成为唐朝军队武器中的重要组成部分。

四、对外交流中的兵器

在唐朝与日本的交流中，日本不断派出遣唐使学习中国的文化与先进技术，在兵器技术方面的交流更为频繁。在中日兵器交

---

〔1〕（宋）欧阳修：《新五代史》，延边人民出版社，1998，第 82 页。
〔2〕（宋）欧阳修：《新五代史》，延边人民出版社，1998，第 105 页。

流中，据日本清水橘村氏的《刀剑大全》记载，“我国古代衣食住乃至工艺美术、百工之技皆由中国传来，刀剑既非本邦特有之器物，则其初之锻刀皆为舶来品，乃任何人不能争论者”[1]。在日本文献中曾出现关于“横刀”的记载，例如在《元明天皇和铜八年九月己卯诏》中曾记载，“禁文武百寮六位以下用虎豹罴皮、金银饰鞍具并横刀带端。但朝会日用者，许之。妇女依父夫荫服用，亦听之。凡横刀鋏者，以丝缠造，勿用素木令脆焉”[2]，但其是否与唐代的横刀为同一物还有待考证。

在骑兵训练作战的学习交流中，突厥军队的轻骑兵作战速度快，机动性极强。在《大唐创业起居注》中，李世民曾对突厥骑兵进行了深入的分析并与唐军骑兵做了对比——“突厥所长，惟恃骑射。见利即前，知难便走，风驰电卷，不恒其阵。以弓矢为爪牙，以甲胄为常服。队不列行，营无定所。逐水草为居室，以羊马为军粮，胜止求财，败无惭色。无警夜巡昼之劳，无构垒馈粮之费。中国兵行，皆反于是。与之角战，罕能立功。今若同其所为，习其所好，彼知无利，自然不来。当今圣主在远，孤城绝援，若不决战，难以图存。”[3]故唐军骑兵在日后的训练中不断向突厥骑兵学习，达到“饮食居止，一同突厥”的训练效果。这种唐军骑兵突厥化的训练策略在日后唐朝平定突厥的作战中发挥了关键作用。

唐朝与吐蕃的交流促进了“弯刀”的传入。在中唐吐蕃占领敦煌的时期，敦煌莫高窟第 154 窟的墙壁上画有横佩弯刀的天王

〔1〕周纬：《亚洲古兵器图说》，中国友谊出版公司，2009，第 36 页。
〔2〕［日］菅野真道：《续日本纪》，东京经济杂志社，1897，第 92 ～ 93 页。
〔3〕（唐）温大雅撰《大唐创业起居注》，上海古籍出版社，1983，第 32 页。

像[1]。唐朝时期弯刀的使用与兵器交流有着莫大的关系。永徽二年（651）八月始，大食国的遣唐使开始到唐朝进贡，据载大食国人“系银带，佩银刀”[2]，在从高宗到德宗的近150年中，随着进贡的频繁与文化的交流碰撞，加快了东、西方文明交流的步伐，唐军与呼罗珊军团的怛罗斯之战等大规模的军事战争促进了弯刀的传入，使弯刀在军事战争的马战中发挥了重要的作用。

第二节　武举制推动下的武术发展

周代国家的血缘贵族分封结构，经过秦汉的反复破坏，到了西汉中期已经消亡殆尽，虽然西晋司马氏曾经短暂地予以恢复，但政权迅速因“八王之乱”而灭亡。取而代之的是持续数百年的门阀贵族统治，国家化的武术教育被割裂成世家大族的家族教育，这无疑极大威胁了皇帝的集权统治，该现象一直到唐代也没有发生根本转变，虽然唐太宗自豪地声称“天下英雄尽入我彀中”，但实际上唐代皇帝的权力一直受到关陇贵族的极大限制，无论是官员选拔还是军事人才的培养与举荐，都被关陇士族所把持。身为皇帝的唐高祖李渊面对出身第一世家大族的宰相裴寂，也自觉矮人三分，一方面吹嘘“我李氏昔在陇西，富有龟玉，降及祖祢，姻娅帝王”，又不得不说“惟我与公，于载之后”[3]，以表明

[1] 霍巍：《从于阗到益州：唐宋时期毗沙门天王图像的流变》，《中国藏学》2016年第1期。
[2]（唐）慧超、（唐）杜环：《往五天竺国传笺释·经行记笺注》，张毅笺释，张一纯笺注，中华书局，2000，第50页。
[3]（后晋）刘昫等撰《旧唐书》，中华书局，2000，第1543页。

他们两家是同一个等级的家族；唐高宗甚至不得不通过限制赵郡李氏、陇西李氏、太原王氏、荥阳郑氏、范阳卢氏、清河崔氏、博陵崔氏互相通婚[1]来防止他们结成关系网从而架空皇权。

门阀大族对权力的控制，使得武则天掌权和称帝困难重重，她不仅面临着文官执政团队的不合作问题，长安的军事力量也不能逃脱关陇士人的控制。军事人才皆由世家大族出身的人举荐，这极大地威胁到了企图代李称帝的武则天。于是，武则天实施三大举措：一是先设立和营建东都洛阳，在地理上远离关陇地区；二是称帝之初任用酷吏，实施恐怖统治；三是于长安二年（702）设立武举制，其实质就是建立军事武装，维护皇权。武则天虽然是武举制的创立者，但实际上其制度的原始形态早在唐初就已经形成了。由于武举制设立前就已经有了较成熟的模式，因此在设立之初，考试就非常严格，考试科目也很全面，《新唐书·选举制》记载“长安二年，始置武举。其制，有长垛、马射、步射、平射、筒射，又有马枪、翘关、负重、身材之选……”[2]从中不难看出，武举制所培养的就是最实用的军事人才，直接服务于皇权。但是这种临时确立的制度，问题也比较严重，一是它不像文科举一样有常科（常科主要有秀才、明经、进士、明法、明书、明算）和制科这样层层选拔的体系，以及针对这种考试体系的教育体系，因此在刺激民间习武和武术教育的繁荣上作用非常有限；二是唐代虽然在皇权即国家层面一时间恢复了对武术人才的选拔，让习武者在某种程度上回到政权中心，但是主要是以护卫皇帝

〔1〕［美］姜士彬：《中古中国的寡头政治》，范兆飞、秦伊译，中西书局，2016，第60页。
〔2〕（宋）欧阳修、宋祁撰《新唐书》，中华书局，2000，第768页。

和军事作战为目的，其中周代最具文化教育价值的礼则几乎消失了。

尽管如此，武举制作为一种重要的选官制度，一方面培养了一批类似郭子仪这样的军事人才；另一方面其制度被后世朝代断断续续地继承下来，从而让武术在某种程度上没有完全从庙堂中消失，到了明清甚至还产生了武科举的乡试、会试（某些时期设有殿试），清代更是配套有与武举考试相关的教育系统，学生被称为“武生”。武生归儒学教官监管，随营武生则归营员将弁约束。武生的学习内容包括：常规的月课学习、骑射训练和研习兵家及儒家经典。武生的考试为三年一次，主管的学政会按临主试，考试合格的就能参加武乡试。相对文科举的童生，武生配有入伍的粮食，国家鼓励武生“举优升监、改应文试、改捐文职、呈请游学、佥运漕粮、入营效力”[1]，让他们有更多的机会历练和发展，以成就文武兼备的人才，最终成为合格的皇权护卫者。

科举制度的建立是打破世族大姓垄断的关键所在，为对抗关陇集团势力，武则天“不惜爵位，以笼四方豪杰自为助，虽妄男子，言有所合，辄不次官之，至不称职，寻亦废诛不少纵，务取实材真贤”[2]。武举的创立使不善文法的普通地主阶级子弟，也可凭借武艺与骑射入仕。同时，通过科举、军功、门荫、荐举、征召、从行伍中选拔等众多武官选任途径，以及来自庶人、卫兵、现役军官、文官等庞杂的科举应试者[3]，门阀大族对军队的全面控制逐渐衰弱。尽管到晚唐时期，历史舞台上最为活跃的仍然

---

〔1〕李林：《清代武生的管理、训练与考课》，《史学月刊》2015年第12期。
〔2〕（宋）欧阳修、宋祁撰《新唐书》，中华书局，2000，第2851页。
〔3〕刘琴丽：《唐代武官选任制度初探》，社会科学文献出版社，2006，第148、205页。

是名族与公卿贵胄，但从各类史书的传主数量来看，其比例已经明显下降，进士、明经、制科三科登科者中士族出身的官员分别下降至70%、63.3%、62.8%[1]，他们显然失去了在察举制与九品中正制制度下士族、世族近乎垄断的地位。

由于长期受到北方突厥入侵的威胁，整个唐代均鼓励民间习武[2]。武举制的创立，使军队人才和民间习武者看到了除科举以外的入仕途径，极大催发了民间的尚武风气。同时，以武入仕也扩大了武术人才的来源。武则天的武举措施并不专于培养自己的武装势力，同时也是借武举制以笼络人才。武举制与文举制一样，均是用来选拔人才入仕为官的制度。自此，武术高强之人也可以通过考试中举授官。根据《唐六典·尚书兵部》记载，武举的考试科目"一曰长垛，二曰马射，三曰马枪，四曰步射，五曰应对。以三奇拔其能，一曰骁勇，二曰材艺，三曰可为统领之用"[3]。玄宗天宝元年（742）对长垛进行了一定修改，"自今以后，应试选举人，长垛宜为十只箭为限，并入第一院，与两单上，八只入第一院，两只入第二院，与一单上次上；十只不出第三院，与单上；十只不出第四院，与次上。余依常式"[4]。由此可知，唐代武举只注重军事技艺，而没有文举的文化考试内容，这为一般军人子弟或普通百姓减少了文化障碍。武举将军事武术列为选拔人才的主要内容，利用武术来为统治者服务。通过将武术技能作为考试内容，还促进了军队武术走向规范化。同时，以武入仕

〔1〕王伟：《进退之际：唐代士族与科举取士制之关系及其影响》，《北方论丛》2010年第5期。
〔2〕国家体委武术研究院编纂《中国武术史》，人民体育出版社，1997，第147页。
〔3〕（唐）李林甫等撰《唐六典》，陈仲夫点校，中华书局，1992，第151页。
〔4〕（宋）王溥撰《唐会要》，上海古籍出版社，2012，第1210页。

不仅能投习武者之所好，还被武则天视为重要统治工具而刻意加以利用。

由于文举、武举选官方式不同、教育模式不同，也逐渐形成了除读书外的另一种教育形式，从此文、武并行。《通典》引周制云："凡始立学，必释奠于先圣先师。及行事，必以币。谓天子命之教始立学官者也。"〔1〕贞观年间，唐太宗就在磻溪建立了太公庙，史载"以太公兵家者流，始令磻溪立庙"〔2〕。并于玄宗开元十九年（731）四月赋予太公庙以武庙的名义，作为全国官方祭奠之一，诏令曰：

> 开元十九年四月十八日，两京及天下诸州各设太公庙一所，以张良配享，春秋取仲月上戊日祭。诸州宾贡武举人，准明经、进士，行乡饮酒礼。每出师命将，辞讫，发日，便就庙引辞。仍简取自古名将，功成业著，宏济生民，准十哲例配享……〔3〕

玄宗这一诏令包含几点信息：①长安、洛阳及诸州设太公庙，汉留侯张良配享，向天下人传达李唐王朝尚武之风；②每年春、秋两季的第二个月份，即二月、八月上戊日祭祀武庙，孔庙于春、秋仲月上丁日祭祀，玄宗将祭祀太公定于祭祀孔庙翌日，也充分证明了对武术、武举的重视；③提高武举的地位，诸州宾贡武举人时，其礼仪一同文举明经、进士，于太庙"行乡饮酒礼"，自此，武举应试者也像文举一样重礼制、崇先师；④凡有出师、任

〔1〕（唐）杜佑：《通典》上，岳麓书社，1995，第766页。
〔2〕（宋）欧阳修、宋祁撰《新唐书》，中华书局，2000，第247页。
〔3〕（宋）王溥撰《唐会要》，上海古籍出版社，2012，第507～509页。

命之时皆于太庙引辞，《大唐开元礼·卷八十八》规定“制遣大将出征有司告于齐太公庙”[1]，将太庙引辞列为出征仪式；⑤齐太公庙仿孔庙十哲例配，选取古今名将从祀太公。从此祭拜太公庙与祭拜孔庙一同成为官方祭典之一。同时颁布诏令：

帝王大业，文武所以垂范。故四序在乎平分，五材资于并用……分二柄而齐设，配两仪而共久……故宣尼大圣，立文以化成。尚父惟师，仗武而弘训。齐鲁之道，列亲贤之教，兴郁为政，源崇我王业，遂使金石之奏，永播于蹲龙之庭，蒸尝之享，不行于非熊之室，文武并设，斯不然矣。岂王风云季，礼没于前修。将帅是尊，庆彰于今日。式崇大典，垂裕后昆。[2]

礼仪制度的完善也昭示着唐朝对以太公信仰为代表的军功崇拜达到高峰[3]，由国家层面引导习武者拜太庙、供奉先圣，也奠定了整个唐朝崇尚军功的价值取向，尚武之风日渐高涨。而武举的创立才真正使文、武并驾齐驱，武庙的建立完善了武举的礼仪制度，激发了唐朝百姓的尚武精神，这对消除内忧外患、稳定政权、培养后备军事人才有极大促进作用，对提倡武风、发展武术、选任武官则有直接作用。唐代武举应试者身份复杂，武举制

〔1〕（唐）中敕撰《大唐开元礼》，民族出版社，2000，第9页。
〔2〕（宋）王钦若等编纂《册府元龟：校订本》卷三十三《帝王部·崇祭祀第二》，周勋初等校订，凤凰出版社，2006，第342页。
〔3〕王风翔：《唐朝武庙与太公崇拜》，《管子学刊》2014年第4期。

是向大众开放的，应考资格“不拘色役”[1]，即人人都可以报考。对于武举制考试，统治阶级极为重视，特下令兵部尚书“所设武举，以求材实，仕进之渐，期为根本，取舍之间，尤宜审慎”[2]。并由兵部侍郎主司其事。唐代文人也有尚武之士，由于武举应考不限身份，人人都可报考，也让不少擅长骑射且爱舞刀弄枪的文人跃跃欲试。每年参加文举的文人不计其数，而金榜题名的人少之又少，大量文人名落孙山。因此，有善武艺骑射者剑走偏锋，通过熟读兵书，习统帅之法，以武入仕。唐朝武举对文吏参加武选不仅没有限制，反而特别给予优惠政策，“取其躯干雄伟，应对详明，有骁勇才艺及可为统帅者，若文吏求为武选，取身长六尺以上，籍年四十以下，强勇可以统人者”[3]。有学者研究发现，文吏参加武选年龄不超过 40 岁，身高超过 177 厘米[4]，强壮勇猛、有统帅之才的即可入选。

唐朝崇尚军功，尚武之风兴盛，这也使唐朝文人乐于投笔从戎，建功立业。王昌龄写下“黄沙百战穿金甲，不破楼兰终不还”的豪言壮志，杨炯更是直言“宁为百夫长，胜作一书生”，同时借“丈夫皆有志，会见立功勋”表达了作为文人对于获取军功的愿望。王维在《少年行》中写下“孰知不向边庭苦，纵死犹闻侠骨香”。唐代文人的尚武任侠、追求军功都反映了整个社会的爱

〔1〕《通典》卷十五，注：色役是唐代徭役之一。色役在南北朝时即已存在。唐各级官吏和官衙使用仆役，都由官府佥派人户担当，分别拨给。种类很多，有防阁、庶仆、亲事、帐内、执衣、仗身、白直、士力、门夫等名目。应役户也很复杂，除普通课丁外，中男、残疾、品官子弟、工匠等都服不同名目的色役。如品官子弟充当为王公以下及文武职事三品以上带勋官服役的亲事、帐内。中男或残疾充当拨给仓库使用的门夫之类。起初，色役由应役户轮流应役，后来改纳实物或货币代役，名资课。

〔2〕（宋）王溥撰《唐会要》，上海古籍出版社，2012，第 1210 页。

〔3〕（元）马瑞临撰《文献通考》卷三十四《选举考七》，浙江古籍出版社，1988。

〔4〕（元）高明士《隋唐贡举制度》，文津出版社，1999，第 202 页。

国观念和尚武精神。尚武的意识形态，使武术在这一时期得到了良好的发展。

盛唐时期，李唐王朝立太公庙，全朝上下尚武之风高涨。然安史之乱后，统治阶级对兵权在握的武官心存忌惮，即便是平定安史之乱的武举及第者郭子仪与李光弼二人，平定叛乱后不仅没得到皇帝重用，反而被皇帝猜忌，最后李光弼因此郁郁而终，郭子仪也被闲置。德宗贞元十四年（798），谏议大夫田登奏报，以“兵部武举人持弓挟矢，数千百人入皇城，恐非所宜”，“上闻之矍然，乃命停武举”[1]。与此同时，德宗还将北衙禁军兵权交给宦官，极大削弱了兵部的权力，也对武官选任制度提出了挑战。元和三年（808），唐宪宗下令恢复武举。从702年设置武举，直至907年唐朝灭亡这200多年间，武举制为李唐王朝输送了大量武术人才，培养了一批又一批皇权护卫者。唐代尚武之风盛行，为推动武术的发展起了不可磨灭的重要作用，也推动了中国武术教育大步向前。

武举制度的创立为武术发展开辟了先河。唐朝初设武举制的目的是打破关陇贵族及门阀大族的军权垄断地位，其制度终有不甚完美之处。如唐朝虽倡导习武者参加武举，但并未建立统一的官学武术学校，习武者多是来自官宦之家或士族之后，使武术逐渐成了少数贵族的特权教育。随着时代的不断前进，武举制度，不断修改与完善。由于考试制度的逐渐完善，宋代武举制考试程序也趋于完善，不再像唐朝只论武技，还增加了军事理论等考试内容。明清时期武举制度更加完备、制度化，推动了武术向军事

〔1〕吕思勉：《隋唐五代史》上，北京理工大学出版社，2016，第334页。

化发展。

以武取仕的政治措施将习武、读书、应考、为官紧密联合在一起。武举制度的创立，为天下武者提供了一条加官晋爵、入朝为仕的途径。这种尚武、崇尚军功的价值取向受到习武者的拥护，极大促进了民间武术和军队武术的发展。与此同时，对统治阶级而言，武举制的创立将武官选任权从士族手中集中到中央政府，网罗天下英雄豪杰为我所用。一方面，巩固了政权，加强了中央统治集团权力；另一方面，为民间习武者提供了一条晋升之路，将习武者集中在朝廷统治的军队之下，有助于国家统一和民族团结。因此，武举制之于武术、习武者、百姓、朝廷都有利。通过武举及第为官者，在全国各地军事重地任职，不仅促进了民间的武术技艺发展，也有助于军队武术的发展。武举制的创立使军队武术流向民间，同时也将民间武术技艺融入军事战斗中，成为军队武术与民间武术的最佳契合点，促进了武术的交流与融合。

第三节 民族大融合下的武术格斗与表演

隋唐时期是中国历史上的民族大融合时期，角抵的迅猛发展作为大融合的缩影与产物，不但在名称上采用了外来佛教的“相扑”一词，而且在技法上传承了南、北角抵的技击特点，并出现了最早的专门培养相扑人才的机构——相扑朋。隋朝初年，角抵活动发展迅速，在宫廷、民间的节日庆典中都有角抵演练。但由于民间对于相扑喜爱之情较浓，每次相扑盛会都需花费大量物力、财力，以至于有官员上奏申请禁止这项民间活动。隋文帝时期，在大臣柳彧“或见近代以来，都邑百姓每至正月十五日，作角抵之戏，递相夸竞，至于糜费财力，上奏请禁绝之”[1]的建议下，隋文帝曾一度以“戎旅军器，皆宜停罢”[2]与“人间甲仗，悉皆除毁”[3]为由颁布了禁武令。这个禁武令除禁具有表演性质的角抵戏外，还加禁了杂技百戏，并遣散了技工乐人。除上述原因外，这一时期的角抵戏禁令也与儒家“男女大防”“伤风害政”等思想以及儒家提倡的“身体发肤，受之父母”的孝亲伦理相抵触有关。隋文帝对角抵的绝对禁止造成了角抵人才的匮乏，《续高僧传》曾记载了这么一则叙事：

隋高祖重之，有西蕃贡一人，云大壮。在北门试相扑无得者，帝颇恧之云：“大隋国无有健者？”召通来，令相扑。通曰：“何处出家人为此事，必知气力，把手即知。”便唤彼来，通任其把捉，其人努力把捉，通都不以为怀。至通后捉，总揽两手急搦，一时血出外濆，彼即蟠卧在地乞命。通放之，曰：“我不敢杀捉，恐尔手碎去。”于是大伏，举朝称庆。[4]

这则叙事实质上说明了相扑之术的流行，即便是皇帝试图禁止，都无法真正实施下去，仅仅是法通和尚击败外藩僧人，就能使得隋朝上下“举朝称庆”，这深刻反映了当时民族间相扑技艺

〔1〕（唐）魏征撰《百衲本二十四史·隋书》，商务印书馆，1935。
〔2〕（元）马端临撰《文献通考》卷一百五十一《兵考三》，浙江古籍出版社，1988，第1319页。
〔3〕（唐）魏征撰《百衲本二十四史·隋书》，商务印书馆，1935。
〔4〕（唐）道宣等撰《四朝高僧传》第三册《续高僧传》下，中国书店，2018，第193页。

的交流是无法阻遏的流行风尚，也表现了代表民族的体育比赛是如何激发民族情绪的。这则叙事虽说讲的是隋朝在面临外藩挑衅时，法通是如何挺身而出用一场酣畅淋漓的胜利为国家夺回荣耀的，但其中也难掩隋朝在那一时期相扑人才的匮乏，毕竟大壮未必就是一个顶尖的相扑高手，而法通的胜利也不是通过正式的相扑比赛，其获胜多少有点投机取巧。

此次事件之后，角抵在隋炀帝时期重新盛行了起来，隋炀帝本人对此也极为喜爱。这说明角抵的复兴终究还是与统治者以及百姓的喜好有关。如大业三年（607），突厥染干来朝，隋炀帝召回了曾被隋文帝遣散的角抵戏班，在芳华苑积翠池旁举行了角抵大戏，史书对此次角抵戏表演场面的记载是“千变万化，旷古莫俦”[1]。《隋书》载：“大业六年（610）春正月丁丑，角抵大戏于端门街，天下奇伎异艺毕集，终月而罢，帝数微服往观之。”[2]这段史料表明，隋炀帝本人较为偏爱以表演为主要形式的角抵戏，而这种偏爱也为隋唐角抵更多地朝向表演化发展埋下了种子。从历史谱系看，汉武帝以后，角抵戏一直是汉代至隋唐时期熔体育、文艺于一炉的表演节目。但随着角抵戏表演的场面愈大，耗资则愈惊人，致使一些比较开明的皇帝，在舆论压力下也不得不下令禁止表演。如汉元帝、隋文帝都曾颁布过严禁角抵戏的诏书。值得一提的是，自汉至隋，角抵戏作为百戏的形式历经三百多年没有发生任何变化，一直历久弥新地活跃在历史舞台上，可以看出角抵与百戏结合后被赋予的顽强生命力。

---

〔1〕（唐）魏征撰《百衲本二十四史·隋书》，商务印书馆，1935。
〔2〕（唐）魏征撰《百衲本二十四史·隋书》，商务印书馆，1935。

唐代的君王，大多对相扑之类的徒手搏斗有着浓厚的兴趣。统治者的爱好对摔跤运动的广泛开展起着重要的作用。但与之前历朝历代不同的是，唐代的君王既热爱以杂技、戏剧、舞蹈等为主要表演形式的角抵戏，又喜爱以徒手搏斗为形式的相扑，且唐代的君王常常将相扑作为宴会或百戏的最后一个大轴节目登场。此外，唐代还出现了最早以强身健体为目的具有体育性质的相扑。除了练兵、娱乐、表演之外，当时的人们还认识到了角抵活动的健身功能。《角力记》引《吴兴杂录》记载了唐时“七月中元节，俗好角力相扑，云秋瘴气也”[1]，说明那时的古人认为秋有“瘴气”，如果在这时多参加角力和相扑能够达到强身健体的目的，从而抵御这种“瘴气”的侵害。

唐代的皇帝大都喜爱观看角抵，唐玄宗时期批准设立“千秋节”，规定全国放假三天并举办盛大的庆祝活动。《新唐书·礼乐十二》记载过庆祝“千秋节”的盛况：

每千秋节，舞于勤政楼下，后赐宴设酺，亦会勤政楼。其日未明，金吾引驾骑，北衙四军陈仗，列旗帜，被金甲……[2]

《明皇杂录》又云：

教坊大陈山车、旱船、走索、丸剑、杂技、角抵、百戏，又引上百匹大象、犀牛、舞马隆饰入场为戏。[3]

---

〔1〕（宋）调露子撰《角力记》，转引自翁士勋《〈角力记〉校注》，人民体育出版社，1990，第 58 页。

〔2〕（宋）欧阳修、宋祁撰《新唐书》，中华书局，2000，第 315 页。

〔3〕（唐）郑处诲、裴庭裕撰《明皇杂录·东观奏纪》，田廷柱点校，中华书局，2006，第 25 页。

其中就有角抵的身影。《资治通鉴》记载唐宪宗曾于“乙卯，尊郭贵妃为皇太后。……二月，丁丑，上御丹凤门楼，赦天下。事毕，盛陈倡优杂戏于门内而观之。丁亥，上幸左神策军观手搏杂戏”[1]。《旧唐书·穆宗纪》载：“元和十五年二月癸酉朔。丁丑，御丹凤楼，大赦天下，宣制毕，陈俳优百戏于丹凤门内，上纵观之。丁亥，幸左神策军，观角抵及杂戏，日昃而罢。”并且“自是凡三日一幸左右军及御宸、晖九仙等门，观角抵、杂戏”[2]，每隔三天就要观看一次角抵。唐文宗曾于开成四年（839）二月“戊辰，幸勤政楼观角抵、蹴鞠”[3]。唐懿宗、唐僖宗、唐昭宗都对角抵戏感兴趣。且唐代的相扑表演不只是皇帝观赏的娱乐，也是朝廷大宴的礼乐。《新唐书·田弘正传》曾记载：“悟既平贼，大张饮军中，凡三日，设角抵戏，引魏博使至廷以为欢，悟盱衡攘臂助其决，坐中皆惮悟勇。”[4]这条史料记载了大将刘悟平定了藩镇之乱，唐宪宗设宴欢庆，宴会的节目中就有角抵出场，刘悟看得非常尽兴，可见唐代相扑表演是一种热烈武勇的娱乐[5]。

此外，宫廷里的教坊司和内园是两个专供皇帝娱乐的地方，其中内园就是专门进行体育表演的地方。据史料记载，唐玄宗时期：

每赐宴设酺会，则上御勤政楼。金吾及四军兵士未明陈仗，

[1]（宋）司马光：《资治通鉴》，邬国义校点，上海古籍出版社，2017，第 2723 页。
[2]（后晋）刘昫等撰《旧唐书》，中华书局，2000，第 324 页。
[3]（后晋）刘昫等撰《旧唐书》，中华书局，2000，第 325 页。
[4]（宋）欧阳修、宋祁撰《新唐书》，中华书局，2000，第 3745 页。
[5] 阮哲：《古代相扑渊源考略》，《兰台世界》2013 年第 1 期。

盛列旗帜，皆帔黄金甲，衣短后绣袍。太常陈乐，卫尉张幕后，诸蕃酋长就食。府县教坊，大陈旱船，寻橦走索、丸剑角抵，戏马斗鸡。[1]

从表演的内容看，上述的如旱船、寻橦等都是杂技，从而表明了这一时期的角抵还是基本上与之前的朝代一样属于百戏的范畴。但根据史料可以推断出，唐代的角抵虽作为百戏的一部分，但基本上已经脱离了“戏”的范畴，属于真正的徒手格斗比赛。《乐书》详细记载了当时宴会表演的程序，其中相扑就是作为最后大轴出场的表演——“角力戏，壮士裸防相搏，而角胜负。每群戏既毕，左右军雷（通‘擂’）大鼓而引之，岂亦古者习武之变欤！”[2] 相扑虽是单纯比较力量的竞赛，但也具有极强的观赏性。这段文字可以说明：其一，当时角抵比赛是以擂大鼓开场的；其二，角抵时双方均裸露身体的一部分，这从敦煌藏经洞唐代佛幡绢画上亦可得到证明。这种装束，与今天日本大相扑装束相似[3]。可以根据这段材料尝试还原当时的情景。相扑手们被分为两两一组进行比赛，当一场比赛分出胜负后，左右的军鼓便会鼓声大作，来为下一组出场的相扑手张势助威，如此不断循环，直到比赛结束。这样的比赛形式与汉代角抵戏《东海黄公》的演绎形式大相径庭，可以看出唐代角抵戏虽冠以“戏”名，但实则是原汁原味的徒手格斗比赛。虽然唐代相扑的具体方法缺少记载，

---

〔1〕（唐）郑处诲、裴庭裕撰《明皇杂录·东观奏纪》，田廷柱点校，中华书局，1994，第26页。
〔2〕（宋）陈旸撰《〈乐书〉点校》，张国强点校，中州古籍出版社，2019，第968页。
〔3〕罗帅呈、邓国凤、温园：《唐代角抵运动发展述略》，《兰台世界》2013年第36期。

但是以力取胜则是可以肯定的。据文献记载，相扑技艺高超的人均是“身长八尺，有勇力”“臂力过人”“胸胛博三尺”[1]，即身高力大。此外，可以根据史料进行一些简单的推理，如《旧唐书·敬宗纪》记载了“上御三殿，观两军教坊内园分朋驴鞠角觝。戏酣。有碎首折臂者，一更三点方罢”[2]。以及《新唐书·宦者列传》所记载的：

内籍宣徽院或教坊，然皆出神策隶卒或里闾恶少年，帝与狎息殿中为戏乐。四方闻之，争以趫勇进于帝。尝阅角抵三殿，有碎首断臂，流血廷中，帝欢甚，厚赐之，夜分罢。[3]

由此可见，唐代相扑比赛中，流血断臂甚至把头骨摔碎的情境都曾出现。但相较于魏晋南北朝时期经常致死的相扑，唐代的相扑规则应该是不允许做绞技之类容易置人于死地的动作，更多的则是施展单纯的摔跤以及反关节之类的技术动作。更为重要的是，今天所看到的日本相扑或中国式摔跤不许用拳脚进行攻击的规则很可能始于唐代，毕竟结合史料来看，通过拳打脚踢使对手“碎首断臂”，从逻辑上来说也不太合理。于是随着时间的推移，拳脚之用便逐渐消失在了相扑比赛的规则之中。有学者认为，“相扑”原为一种乐舞表演形式。在古代汉语中，“相”是一种击打的乐器，“扑”是铸击、扑打之意，“相扑”是在音乐伴奏和规

---

〔1〕（宋）调露子：《角力记》，转引自翁士勋《〈角力记〉校注》，人民体育出版社，1990，第 87 页。
〔2〕（后晋）刘昫等撰《旧唐书》，中华书局，2000，第 354 页。
〔3〕（宋）欧阳修、宋祁撰《新唐书》，中华书局，2000，第 4492 页。

则的制约下，两人在摔、推、跌、扑的基础上形成的表演活动。《角力记》就曾记载了为一幅摔跤壁画所配的诗，云："愚（黑）汉勾却白汉项，白人捉却愚（黑）人胶。如人莫辨输赢者，直待墙喷始一交。"[1]一人勾颈，一人抱脚，相持不下。《角力记》又载，前蜀相扑高手石彦能，曾与相扑人述比试，结果述为石彦能"伺入腰交而倒"[2]。由此看来，当时角抵应该仍是以摔法为主的。还有一种观点认为，考虑到在真实战场上的士兵是着甲格斗的，仅靠拳打脚踢之类的徒手技击动作收效甚微，只有"角抵"才能将对方放倒。久而久之，不许用拳脚便成了军队士兵日常训练中默认的比赛规则，并把这种规则传到了民间。

唐代的相扑除了是宫廷宴会的表演节目外，也是民间的节日娱乐。《角力记》曾记载：

荆楚之间，五月盛集，水嬉则竞渡，街坊则相攒为乐。蜀都之风，少年轻薄者，（结伴）为社，慕桥市勇壮者，敛钱备酒食，约至上元，会于学社，山前平原作场。于时新草如苗，（以）侯人交，多至曰晏，方了一对，相决而去。或赢者，社出物赏之，采马拥之而去。观者如堵，巷无居人。从正月上元，至五月方罢。[3]

---

〔1〕（宋）调露子：《角力记》，转引自翁士勋《〈角力记〉校注》，人民体育出版社，1990，第99页。
〔2〕（宋）调露子：《角力记》，转引自翁士勋《〈角力记〉校注》，人民体育出版社，1990，第90页。
〔3〕（宋）调露子：《角力记》，转引自翁士勋《〈角力记〉校注》，人民体育出版社，1990，第95页。

上述材料记载了每至正月上元节，百姓们就会举办相扑比赛以自娱。荆楚之地在五月竞渡之时，也同时举行相扑比赛。蜀地则是在上元（正月十五日）之后，在广场上设立擂台，招募高手守擂，等人来挑战，一天比赛两场，胜者占台为主，以锦彩宝马送回寓所。每逢比赛时，前来观看的人如潮水涌来，竟至“巷无居人”，一直到五月中方才结束。由此可见，平民百姓对于角抵的喜爱程度极高，参与的热情极高。根据材料能够得知“蜀都之风”的捽跤比赛是在上元节举行。地点在五陵、鄱阳、荆楚之间。值得一提的是，上述材料记载的“（结伴）为社”“会于学社，山前平原作场”“或赢者，社出物赏之”等。这个“社”很可能就是民间相扑组织。唐代这种民间自发形成的相扑擂台比赛形式，开启了早期商业性质的体育，为宋代城市出现大量职业相扑手奠定了基础。此外，对于民间百姓参与角抵，《酉阳杂俎》记载有“荆州百姓郝惟谅，性粗率，勇于私斗。武宗会昌二年寒食日，与其徒游于郊外，蹴鞠、角力”[1]。

随着相扑行业在隋唐的成熟，除民间相扑组织外，官方也建立了培养相扑手的专业机构。唐玄宗曾于开元二年（714），在蓬莱宫两侧设置了教坊。教坊的主要职责是负责管理诸多体育娱乐项目，如杂技、蹴鞠、相扑、步打球等，并教习俗乐。其中，宦官为艺人的老师即教坊使，且所有艺人被统称为供奉。从《角力记》的一段记载中能够窥见唐代相扑专业机构的形态：

〔1〕（唐）段成式撰《唐宋史科笔记丛刊·酉阳杂俎》，许逸民、许桁点校，中华书局，2018，第877页。

蒙万赢者，自言京兆鄠县人也。唐僖宗咸通中，选隶小儿园蹴踘，步打球子，过驾幸处，拳球弹鸟，以此应奉。寻人相扑朋中，方年十四五，时辈皆惮其拳手轻捷。及长，擅长多胜，受赐丰厚，万赢乎号自此起。[1]

这则史料叙述的是唐僖宗时期，有一个名为蒙万赢的人，被选入“小儿园”机构进行蹴鞠和步打球的专业培训。唐僖宗在日常的巡游中，小儿园的艺人们就会给他表演相扑、蹴鞠、弹弓杂技，以此来迎接他。蒙万赢于十四五岁时被选入“相扑朋”接受专业的相扑培训，他的同行们在日常训练时都畏惧他敏捷的拳术。长大之后，他几乎逢战必胜，获得了朝廷大量丰厚的奖励，从此便有了“万赢”的名号。从上述材料可以得到两个重要信息：一是唐代内园有名为“小儿园”的机构，结合史料推断，“小儿园”应是专门培养从事包括蹴鞠、步打球或其他杂戏人员的机构；二是还有一个名为“相扑朋”的机构，从名字不难推断应该是专门聚集相扑这类人才的地方。由此可见，当时相扑比赛的场次之多、规模之盛。

唐代的相扑除作为贵族和民间的娱乐项目外，还作为中原和西域日常文化交流的重要项目，《唐语林》曾记载了一则故事：

李相绅督大梁日，闻镇海军进健卒四人，一曰富仓龙，二曰沈万石，三曰冯五千，四曰钱子涛，悉能拔橛角觝之戏。翌日，于球场内犒劳，以老牛筋皮为炙状瘤魁之脔（原注：魁，酒缸也，盛一

〔1〕（宋）调露子：《角力记》，转引自翁士勋《〈角力记〉校注》，人民体育出版社，1990，第 77 页。

斗二升。多以樽槐瘤为之，或铜铸也）。坐于地茵大柈，令食之。万石等三人，视炙坚粗，莫敢就食，独五千瞑目张口，两手捧炙，如虎啖肉。丞相曰："真壮士也，可以扑杀西胡丑夷。"又令觝戏，仓龙等亦不利。独五千胜之，十万之众，为之披靡。于是独留五千，仓龙等退还本道。语曰："壮儿过大梁如上龙门也。"[1]

这则历史叙事讲的是唐文宗时，李绅听闻镇海军送来了富仓龙、沈万石、冯五千、钱子涛四位健壮的军卒，且据说这四人都有高超的角抵技术，于是李绅便在马球场上设宴款待四人。宴会上李绅故意用炙烤过的老牛筋皮为食物，结果沈万石、富仓龙、钱子涛三人看着炙烤过的老牛筋皮不堪下嘴，只有冯五千双手捧起老牛筋皮毫不介意地大嚼大吃。李绅看后高兴地说道："此人一定是个壮士，有了此人，一定能够打败西胡的相扑手。"于是即刻命四人进行相扑比赛，果不其然，三人都败在了冯五千的手下。通过这段材料可以得知，李绅作为宰相如此煞费苦心地给四个兵卒出难题，其目的无非就是选拔出优秀的相扑手与西域进行比赛，为本国争光（图 6–7）。

图 6–7　莫高窟第 9 窟摔跤图（晚唐）

---

〔1〕（宋）王谠：《唐语林》，古典文学出版社，1957，第 124 页。

值得一提的是，五代十国时期，只有在少数宫廷和王府中才能见到百戏艺人。关于这一时期百戏艺人的记载也较为匮乏，但还是能够从史书中找到部分记载：

吴越武肃王钱氏，每值八月十八日，浙江潮水大至，谓之看潮。是日，必命僚属登楼而宴，及潮头已过，即斗牛，然后相扑。[1]

历仕后唐、后晋、后汉的诗人和凝曾作诗云："坐定两军呈百戏，乐臣低折贺升平。"[2]后蜀诗人花蕊夫人也曾作诗云："三月金明柳絮飞，岸花堤草弄春时。楼船百戏催宣赐，御辇今年不上池。"[3]前文所提到的蒙万赢在唐亡以后不久便投奔了吴越国君钱镠，据史书记载，钱镠对蒙万赢"待之甚丰"。这时蒙万赢虽已年迈，但"然犹出场累胜，王令指教数人"[4]。史料记载除蒙万赢外，还另有一叫李青州的相扑好手，在角力赛中"凡所出敌，殊无敌者"[5]，后来也被钱镠纳入了麾下。可见钱镠对相扑的喜爱。五代十国的国君中，前蜀后主王衍曾将相扑手作为礼物赠给同为军阀的李茂贞——"为与凤翔李西平茂贞通好，送相扑人述述。"[6]由此可见，李茂贞也是一位极其喜爱相扑

---

〔1〕（宋）调露子：《角力记》，转引自翁士勋《〈角力记〉校注》，人民体育出版社，1990，第101页。
〔2〕中华书局编辑部点校《全唐诗：增订本》第三册，中华书局，1999，第8483页。
〔3〕中华书局编辑部点校《全唐诗：增订本》第十二册，中华书局，1999，第4067页。
〔4〕（宋）调露子：《角力记》，转引自翁士勋《〈角力记〉校注》，人民体育出版社，1990，第78页。
〔5〕（宋）调露子：《角力记》，转引自翁士勋《〈角力记〉校注》，人民体育出版社，1990，第83页。
〔6〕（宋）调露子：《角力记》，转引自翁士勋《〈角力记〉校注》，人民体育出版社，1990，第89页。

的君主。除上述几人外，南唐二主李璟和李煜也都是角抵的爱好者。

五代十国沉迷于角抵的统治者中，最典型的是后唐庄宗李存勖。李存勖本为突厥人，因他的祖父朱邪赤心在唐懿宗时期镇压庞勋兵变有功，被唐懿宗赐李姓。李存勖除爱观看相扑外，还亲自上场参加相扑比赛。《资治通鉴·汉记十三》对此便有记载："帝尝与右武卫上将军李存贤手搏，存贤不尽其技，帝曰：'汝能胜我，我当授藩镇。'存贤乃奉诏，仅仆帝而止。及许存审入觐，帝以存贤为卢龙行军司马，旬日除节度使，曰：'手搏之约，吾不食言矣。'"[1]对此，《旧五代史·李存贤传》也有记载：

李存贤，……少有材力，善角抵。初，庄宗在藩邸，每宴，私与王郁角抵斗胜，郁频不胜。庄宗自矜其能，谓存贤曰："与尔一博，如胜，赏尔一郡。"即时角抵，存贤胜，得蔚州刺史。[2]

仅凭一场相扑比赛的胜负，就授予了一个藩镇节度使的高级职务，这虽看似荒唐，但也能够从侧面反映出李存勖对相扑的喜爱程度。

敦煌莫高窟第61窟五代十国时期的"南壁佛传"壁画中也有反映相扑比赛的图画（图6-8），色彩艳丽，惟妙惟肖。此外，藏经洞出土的白描画和绢幡画中，也有角抵图像，其中一幅唐代绢幡画中描绘在庭院大树下，有两名角抵手袒露上身，腰系兜裆，

〔1〕（宋）司马光编撰《资治通鉴》，邬国义校点，上海古籍出版社，2017，第221页。
〔2〕（宋）薛居正等撰《旧五代史》，中华书局，2015，第835页。

跣足，体胖，各自伺机向对方进攻。出土的另一幅白描画现藏于法国国家博物馆，也描绘了一场正在举行的角抵比赛，两人近乎赤身裸体，仅腰间系兜裆，头发扎成髻，并饰双角，二人扭抱相搏，都采用角抵技术争胜。敦煌壁画和藏经洞发现的角抵图像，虽说表现的是佛经故事，或说是“佛画”，但画面上角抵手的着装、比赛场地、角逐姿势与方法等都能够与文献记载产生二重资料互证。从白描画的角抵竞赛，到幡画中的相扑，敦煌壁画记录了不同时代的角抵，反映了角抵的演变[1]。除此之外，还可根据敦煌壁画按图索骥，推理出角抵、相扑与摔跤技术之间存在的谱系关系。

图 6-8 莫高窟第 61 窟相扑（五代）

第四节 城市国家诞育的武侠文化与武术游艺

隋唐两代发达的两都——洛阳与长安聚集了大量人口，发达的社会经济与文化塑造了辉煌灿烂的文明，武术文化也在隋唐达

〔1〕李金梅、李重申、路志峻：《敦煌古代百戏考述》，《敦煌研究》2001 年第 1 期。

到了第一个高峰。一种文化要开枝散叶、繁茂生长离不开土壤之外的整体环境，而城市场域恰恰为武术的发展、创造与繁荣提供了非常必要的外部环境。哲学家、社会学家芒福德（Mumford）曾精辟地总结出“城市是人类文化的‘产房’”，城市“通过集中物质文化生产的力量，加速了人类的交往，并将它的产品变成可以储存和复制的形式，这扩大了所有人类活动的范围，并使这些活动承上启下，继往开来”，如果没有城市，类似武术等这样“不易抽象化和文字化的身体技艺活动，能否持续繁荣，是值得怀疑的”[1]。隋唐大都市的建设，为习武者结成社团、交流技艺提供了必要的活动空间，为武术文化的创造与传播构建了良好的媒介条件，还聚集了大量的文化受众。这些因素都促使隋唐成为武侠文化与武术游艺大繁荣的时代。

经历了南北朝的战争洗礼，少数民族的尚武精神与汉族的武侠情结却已经深度嵌合在一起。隋唐国力的空前强大，城市的大发展，使得国民生活富足，民族精神空前高涨，这让市民生活变得非常丰富。东周时期诞生的武侠精神在丰富多彩的市民生活中得以复兴，每个人都渴望像古代侠客一样仗剑走江湖，留下属于自己的英雄事迹，这也让习剑舞刀成为当时中国人社会文化生活的重要组成元素和流行风尚。此外，为了充实府兵和扩张领土，国家也发布各种政策，鼓励从军。皇帝及其亲贵甚至模仿春秋战国的诸侯王，亲自组建武士团体。《浑元剑经》载：“昔唐太宗养剑士数百人，时或令舞，则诸士身共剑各飞。若此神舞，神威

〔1〕［美］刘易斯·芒福德：《城市发展史：起源、演变和前景》，倪文彦、宋俊岭译，中国建筑工业出版社，2005，第417～419页。

足以胜人者。”[1] 明人茅元仪的《武备志》也载：“古之剑客施于战斗，故唐太宗有剑士千人。”[2] 虽然这两则材料是明人所写，真实性不可考证，但唐代皇亲贵胄豢养剑客侠士却并非无中生有。李世民之所以能成功发动玄武门之变，正是因为手下集合了一批猛士，在其政治斗争的关键时刻一举消灭了他的对手，从而登上皇位，而他的子孙也“继承”了他这一传统。《旧唐书·列传第二十六·太宗诸子》载：“庶人祐，太宗第五子。……其舅尚乘直长阴弘智谓祐曰：‘王兄弟既多，即上百年之后，须得武士自助。’乃引其妻兄燕弘信谒祐，祐接之甚厚，多赐金帛，令潜募剑士。”[3] 尚武精神在全社会的复兴乃至皇族尚武，使得隋唐及至五代，除武士之外，浪漫的文士也参与了习武活动。

隋唐时代有权势的人之所以热衷于招募剑士，一方面是因为他们崇慕汉代及之前武士用剑的风范气度；另一方面则是因为与秦汉相似，隋唐时代秉承了秦汉禁止私自持有兵器的“禁武令”，除了皇帝本人的武装和国家军队之外他人不能持有长兵器。《唐律疏议·卷十六·擅兴》专门记载了哪些属于“私有禁兵器”，载曰：“私有禁兵器，谓甲、弩、矛、槊、具装等，依令私家不合有”，即铠甲、弩、长矛、马槊还有马匹的具装。但是，隋唐法律却禁“兵”不禁“武”，该法律条目又载：“谓非弓、箭、刀、楯、短矛者，此上五家，私家听有。”[4] 也就是说，对于非军

---

〔1〕（明）毕坤撰《浑元剑经内篇》，转引自蒙智扉、黄太茂主编《中国古典文学丛书·射经》，广西民族出版社，2003，第 18 页。

〔2〕（明）茅元仪：《武备志》，明天启元年刻，（清）莲溪草堂修补本，影印本，华东师范大学图书馆藏。

〔3〕（后晋）刘昫等撰《旧唐书》，中华书局，2000，第 795 页 。

〔4〕（唐）长孙无忌等：《唐律疏议》，转引自袁文兴、袁超注译《〈唐律疏议〉注译》，甘肃人民出版社，2017，第 475 ～ 476 页。

人身份的所有人而言，铠甲、长兵器和弩机都是禁止拥有的，即便是皇亲国戚，拥有者皆违法，但是一般的弓和箭私人可以有，刀、剑、短矛这些短兵器可以有，盾牌也可以拥有。因此，以刀、剑为兵器的武士得以生存下来。这些人集中在隋唐的都市中，或者自发形成团体，或者被贵族豪门招募，成为私人武装，形成了以“击剑”“剑舞”为主要技艺的职业群体。

隋唐的剑客与之前时代相比有所不同，剑艺得到了新的发展。剑士们除了在格斗技艺层面上发展了剑术，更为重要的是，在艺术层面发展出了非常具有特点的剑舞。这使得武术在艺术化的道路上突飞猛进。《旧唐书·音乐志二》：“梁有长蹻伎，掷倒伎，跳剑伎，吞剑伎，今并存。”[1]也就是说，剑术不仅有格斗之功用，也有舞台上表现技击意象的剑伎。裴旻的剑舞、公孙大娘的剑舞是其中杰出的代表。据记载，裴旻进行剑舞表演时“走马如飞，左旋右抽，掷剑入云，高数十丈，若电光下射，旻引手执鞘承之，剑透室而入，观者数千百人，无不惊栗”[2]，吴道子甚至因此得到灵感，创作出“穷丹青之妙”的书画作品，文人乔潭观看之后也创作了《裴将军剑舞赋》一首，歌颂裴氏高超的舞剑技艺。大书法家张旭在邺县观看公孙大娘舞“西河剑器”，自此草书长进，如龙蚪腾霄，雄强而不失于清雅；诗圣杜甫观公孙大娘舞剑沉醉不已，进而创作出千古名篇《观公孙大娘弟子舞剑器行》，曰：

---

〔1〕（后晋）刘昫等撰《旧唐书》，中华书局，2000，第724页。
〔2〕（唐）李冗撰《独异志》，中华书局，1983，第43页。

昔有佳人公孙氏，一舞剑器动四方。
观者如山色沮丧，天地为之久低昂。
㸌如羿射九日落，矫如群帝骖龙翔。
来如雷霆收震怒，罢如江海凝清光。
绛唇珠袖两寂寞，晚有弟子传芬芳。
临颍美人在白帝，妙舞此曲神扬扬。
与余问答既有以，感时抚事增惋伤。
先帝侍女八千人，公孙剑器初第一。
五十年间似反掌，风尘澒洞昏王室。
梨园弟子散如烟，女乐余姿映寒日。
金粟堆前木已拱，瞿唐石城草萧瑟。
玳筵急管曲复终，乐极哀来月东出。
老夫不知其所往，足茧荒山转愁疾。[1]

所以，不仅武士爱击剑，文士也能做到剑势如虹。文人好友之间除了友好比试、文明对决之外，也盛行个人的剑术表演，被称为“剑器浑脱”。据说，还有民间的剑器浑脱和军中的剑器浑脱之分。有研究者认为，公孙大娘的剑舞属于民间的剑器浑脱，司空图就有“楼下公孙昔擅场，空教女子爱军装”[2]的诗句。最著名的文人剑侠当属李白，李白喜“击剑”，曾“学剑来山东”。他的剑术与狂狷气象十足的诗歌一样为当时的人所倾慕。唐人刘全白《唐故翰林学士李君碣记》中对李白如此评价道：“少任侠，

[1] 中华书局编辑部点校《全唐诗：增订本》第十册，中华书局，1999，第 2361 页。
[2] 中华书局编辑部点校《全唐诗：增订本》第十册，中华书局，1999，第 7318 页。

不事产业，名闻京师。”[1]魏颢《李翰林集序》甚至说他“少任侠，手刃数人”[2]。李白自己在《与韩荆州书》中曾经说道“十五好剑术，遍干诸侯”[3]，又说“结发未识事，所交尽豪雄。却秦不受赏，击晋宁为功。脱身白刃里，杀人红尘中”[4]。李白“杀人红尘中”“手刃数人”更似是诗意而夸张的描写，而非肆意草菅人命，但也能够从某种意义上反映李白的剑术兼有格斗和表演双重技艺特征。实际上，在唐诗当中，以剑“杀人”的浪漫主义武侠描摹非常多。如梁吴均的诗《结客少年场》描写道：“结客少年归，翩翩骏马肥。报恩杀人竟，贤君赐锦衣。握兰登建礼，拖玉入舍晖。顾看草玄者，功名终自微。”[5]闾里少年侠为了报恩，越过法度杀人，竟得到贤君的赏赐，这显然有些浪漫主义虚构成分，但正如李白“杀人”“手刃数人”的描写，都是文人侠客情结最为重要的表达方式。

类似李白这样不事产业、仗义疏财、轻财好施的任侠之人，却能够不为生活忧虑，自由潇洒地游历。如此，即便家财万贯似乎也难以长久支撑。而实际上，当时著名的游侠行走江湖是有很多倾慕他们的人资助的。李白著名的诗篇《赠汪伦》中提到的汪伦就是个非常有钱的人，李白曾写过《过汪氏别业二首》，而所谓“别业”指的就是有山、有水、有园林的别墅。汪伦听说李白的游侠事迹，非常仰慕他，于是邀请李白来自家别业相聚。李白

[1]（唐）李白撰《李太白集》，杨镰校点，辽宁教育出版社，1997，第312页。
[2]魏颢：《李翰林集序》，转引自董诰编纂《全唐文》叁，山西教育出版社，2002，第2250页。
[3]中华书局编辑部点校《全唐诗：增订本》第三册，中华书局，1999，第1730页。
[4]中华书局编辑部点校《全唐诗：增订本》第三册，中华书局，1999，第1733页。
[5]逯钦立辑校《先秦汉魏晋南北朝诗》，中华书局，1983，第1722页。

要走的那天，汪伦还送给他名马八匹、绸缎十捆。可见李白任侠游历的费用，大多很可能是像汪伦这样的崇拜者提供的。

除此之外，一些游侠出身自豪贵之门，因而常常一副纨绔子弟的做派。唐代诗人王维的《少年行》就描述了一位咸阳的少年游侠，斗剑走马，在酒楼纵情饮酒的情景。从《少年行》的叙事中也可以得见，隋唐武侠的主要生活场景是长安、洛阳、咸阳等当时的大都市。大都市造就了武侠的生存空间和文化空间，催生了发达的游侠文化与武术游艺活动。因为习武之侠客本非农耕务实之士，而是都市多元行业生态的产物，唯有都市才能提供更多、更丰富的冒险机会，提供少年们所渴望的声色欲望的刺激，即所谓“长安炽盛间，街间各有侠”〔1〕。王褒在《游侠篇》中写道：“京洛出名讴，豪侠竞交游。河南朝四姓，关西谒五侯。斗鸡横大道，走马出长楸。桑阴徙将夕，槐路转淹留。”〔2〕可见京城长安与洛阳的武侠文化氛围之浓烈，达到了豪侠“竞交游”的鼎沸状态。他们除了斗剑、舞剑，还有斗鸡、走马、纵博等娱乐活动。另据《酉阳杂俎》载：

仆卿周皓……曰“某少年常结豪族，为花柳之游，竟畜亡命。访城中名姬，如蝇袭膻，无不获者。时靖恭坊有姬，字夜来，稚齿巧笑，歌舞绝伦，贵公子破产迎之。予时数辈富于财，更擅之。会一日，其母白皓曰：‘某日夜来生日，岂可寂寞乎？’皓与往还，竞求珍货，合钱数十万。乐工贺怀智、纪孩孩，皆一时绝手。

---

〔1〕中华书局编辑部点校《全唐诗：增订本》第三册，中华书局，1999，第 1733 页。
〔2〕逯钦立辑校《先秦汉魏晋南北朝诗》，中华书局，1983，第 2333 页。

扃方合，忽觉击门声，皓不许开。良久，折关而入。有少年紫裘，骑从数十，大诟其母。母与夜来泣拜。诸客将散，皓时气方刚，且恃扛鼎，顾从者敌。因前让其怙势，攘臂殴之，踣于拳下，遂突出。时都亭驿所有魏贞，有心义，好养私客，皓以情投之，贞乃藏于妻女间。时有司追捉急切，贞恐踪露，乃夜办装，腰其白金数挺，谓皓曰："汴州周简老，义士也。复与郎君当家，今可依之，且宜谦恭不怠。"周简老，盖太侠也。[1]

虽然《酉阳杂俎》是志怪小说，但对于少年结交豪族，任侠游戏人生的画面描摹却非常能够反映时代特征。在尚武风气颇盛的时代大环境中，这些既纵情声色又义气当头的侠士们的行为方式是人性丰富性的典型表现。

此外，城市中的各种节庆规模更加盛大，人们也更容易聚集在一起分享节日的幸福感和愉悦感，很多武术表演都得以在节日时向市民展示。据《唐诗纪事》载：

千秋御节在八月，会同万国朝华夷，花萼楼南大合乐，八音九奏鸾来仪。都卢寻橦诚龌龊，公孙剑伎方神奇。马知舞彻下床榻，人惜曲终更羽衣。（上始以诞圣日为千秋节，每大酺会，必于勤政楼下使华夷纵观。有公孙大娘舞剑，当时号为雄妙。又设连榻，令马舞其上。马衣纨绮而被铃铎，骧首奋鬣，举趾翘尾，变态动容，皆中音律。）[2]

---

〔1〕张仲裁译注《酉阳杂俎》，中华书局，2018，第 483 ～ 484 页。
〔2〕中华书局编辑部点校《全唐诗：增订本》第九册，中华书局，1999，第 6620 页。

像千秋节这样盛大的节日，市民们聚集在皇宫的花萼相辉楼旁，欣赏包括剑舞在内的各种游艺活动。不仅在盛唐时期如此，在唐德宗时期也有乞丐解如海“善剑舞。……至元和末犹在，长安戏长中集数千人观之”[1]的武术表演之盛况。也正是在长安和洛阳这样的都市，武术丰富的内容与形式得以生成、成长与壮大。

除了尚武崇剑和游艺结社，隋唐时代另外一个推动武术走向空前繁荣的因素是城市中广泛传播与流行的武侠文学。最具代表性的如《太平广记》所载《剑侠传》二卷，共收录武侠小说故事33则；《酉阳杂俎》中的《盗侠卷》，收录志怪故事9则；此外，还有很多诗歌也反映了当时的任侠活动。这些文学作品中的很多武侠叙事虽然看似怪诞不经、神奇怪异，但却烙有非常明显的时代印记，能够从多个侧面反映当时武术作为一种流行的游艺文化在社会上的传播程度和受欢迎程度。更重要的是，其中反映出武侠精神作为当时社会文化的主流价值观而存在。而那些带有武侠文学性质的志怪小说对任侠之气的歌颂，也促使整个社会更加崇尚任侠、习武之风气更盛。

不仅如此，唐代的武侠志怪小说还大量塑造了女性习武者的形象，最具代表性的是刺杀节度使的传奇女侠聂隐娘。除此之外，《剑侠传》还塑造了“车中女子”“荆十三娘”“红线”“纫针女”“贾人妻”“张训妻”等武艺高强的女侠形象。其中红线轻功了得，连身边服侍她的少年都可以飞檐走壁；纫针女与军中的少年士兵踢球，能够将球踢得直飞上天，高达数丈，脚法神妙，必是身负

〔1〕（唐）李冗撰《独异志》，中华书局，1983，第8页。

武功；贾人妻能够轻松跃墙而出，体态轻盈，有若飞鸟……[1]故事中出现的女侠都武艺高超，更重要的是她们的道德品性甚至比男性侠客还要高尚。这些叙事的内容虽然难以确定真实性，但反映的社会文化现象却是不可否认的，因为如果社会上没有一批习练武术的女性，纯粹幻想是无法将故事描写得那么惟妙惟肖的。唐代武侠文学是中国武侠文学的原创时代，其影响力非常深远，后世的武侠小说无不从这里获取灵感，像虬髯客、燕赤霞等甚至为当代武侠小说提供了重要的故事素材。而这也是隋唐独特的城市国家之社会文化结构创造出的独特风景。

第五节　儒释道三教并立诞育的武术思想与文化

隋唐虽然是汉民族为主导建立的王朝，但经历了南北朝的多元文化大融合，原本的汉文化形态与内容变得层次更加丰富，对武术的影响也呈现出融合化的态势。虽然儒家在隋唐式微，但皇权对礼仪的需求却亘古未变，只不过它是以与道家道教文化混合的形态出现的，这使得武术思想与文化中融入了“儒道一体”的内涵；佛教文化的影响力达到第一次高峰，武术也真正与佛教产生了内在之关联。至此，儒释道三教“三足鼎立”的格局开始确立，武术思想与文化中的儒释道三位一体的基因也在此时开始形成。

---

〔1〕佚名：《剑侠图传全集》，河北人民出版社，1987，第10～50页。

一、儒道一体的剑戟文化

剑本是先秦至汉代儒家的“礼器”，两晋南北朝时期逐渐演化为道教的“法器”。隋唐时期，儒道两家进一步融合为以道家和道教为主体的文化形态，剑的文化意涵也随之发生了兼有“礼”“法”之作用的转变。实际上，从南北朝时期开始，冶炼宝剑的师傅很多都有道教背景，因为自六朝时期，道教开始大规模炼丹。丹士对火的温度和金属的状态最为熟悉，道术与工艺技能的结合，在隋唐之前就已经完成了。因此，隋唐时期学练剑术，既有儒家的礼仪要求，也有道教的口诀秘技。在《兰陵老人》的叙事中，京兆尹黎乾想学剑术，老人却说“尹骨相无道气，非可遽授”。这一时期，学道术者随身携带剑成为常态，尤其是在民间，剑发展成了用以降妖辟邪的道教法器。可见，术与道在这一时期已浑然不可分割。

从历史现实看，隋唐时期军队中兵器的标准装备中已无剑制，整体上而言，剑在隋唐时期已退出军事的舞台。在朝堂之上或正式的政治场合，剑的礼仪作用被传承下来，如隋朝舆服制度中就对配剑等级进行了划分，据《通典》载：“其佩及剑，一品，玉具剑，佩山玄玉。二品，金装剑，佩水苍玉。三品及开国子男、五等散品名号侯虽四品、五品，并银装剑，佩水苍玉。侍中以下，通直郎以上，陪位则象剑（木剑也，言其像真剑）。带剑者，入宗庙及升殿，若在仗内，皆解剑。”[1] 从这段描述看，剑已作为一种仪仗与标志，佩剑等级的背后是文武百官身份与地位的象征，这种以佩剑区分百官的等级制度，使剑成了百官身份的象征。

---

〔1〕（唐）杜佑：《通典》上，岳麓书社，1995，第 917 页。

此举赋予了剑神圣的地位与文化的内涵。但以木剑、金剑、玉剑等将真剑取而代之，也说明了剑的实用价值逐渐被抛弃，成为一种彰显等级的象征之物。另外，儒家武舞之礼也被剑舞完全取代，无论是裴旻将军带有技击性武艺的剑舞，还是公孙大娘带有艺术美感的剑舞，儒家原本带有宗教政治意义的武舞已经完全嬗变为艺术表演。周纬在《中国兵器史》中精辟指出："唐剑形式则完全变更，失去周制而独树一型，后人守之，数千百年，无所改变。此可谓剑至唐代即为后世统一模型矣。"〔1〕可知剑在唐代的发展过程中已基本定型，其形状与今无异。

隋朝一统中国之后，对佩剑之礼做出了详细规定，从一品玉具剑，佩山玄玉，到只佩玉不等，唐沿其制，朝堂之上剑佩铿锵，蔚为壮观，有诗为证："金阙晓钟开万户，玉阶仙仗拥千官。花迎剑佩星初落，柳拂旌旗露未干。"〔2〕虽然剑不再作为实战武器活跃于历史舞台，但无论是文人骚客，还是帝王将相，都一直对它情有独钟。辛弃疾"醉里挑灯看剑"，李太白"闲过信陵饮，脱剑膝前横"，一个何等沉郁，一个何等洒脱，都让剑文化的丰富性得到极大拓展。

从隋唐五代的文献记载可以窥见，剑文化中明显体现出"儒道融合"的文化特征。《初学记》载："衔金铁之英，吐银锡之精；寄气托灵，有游出之神。服此剑者，可以折冲伐敌。人君有逆谋则去之他国，允常乃以湛卢献吴。"〔3〕"后阖闾为一女，杀生以送死，湛卢之剑恶其无道，乃去如楚，昭王寐而得之，召

〔1〕周纬：《中国兵器史》，中国友谊出版公司，2015，第 147 页。
〔2〕刘开扬选注《岑参诗选》，四川文艺出版社，1986，第 133 页。
〔3〕（唐）徐坚等辑《初学记》下，韩放主校点，京华出版社，2000，第 213 页 。

风湖子问之，此剑直几何，对曰：赤堇之山已合，若耶之溪，深而不测，群神一。”[1] 这一段话本是阐释《吴越春秋》中越王勾践剑的特征，但所使用的术语既有“寄气”“托灵”这样具有道家和道教意蕴的说法，也包含了“人君有逆谋则去之”这种儒家忠君思想的意涵。另外，还有一些隋唐诗歌也反映了名剑中蕴含的儒道思想。李峤的《宝剑篇》曰：“吴山开，越溪涸，三金合冶成宝锷。淬绿水，鉴红云，五彩晱起光氛氲。背上铭为万年字，胸前点作七星文；龟甲参差白虹色，鹿卢宛转黄金饰。骇犀中断宁方利，骏马群驱未拟直。风霜凛凛匣上清，精气遥遥斗间明；避灾朝穿晋帝屋，逃难夜入楚王城。一朝配偶逢大仙，虎吼龙鸣腾上天；东皇提升紫微座，西王佩下赤城田。承平久息干戈事，侥幸得充文武备；阴灾辟患宜君王，益寿延龄后天地。”[2] 从中可以看到道教的“七星文”“东皇”“紫微座”“避灾”，也可以看到儒家象征王权的龙。另外，郭元振的《古剑歌》：“君不见昆吾铁冶飞炎烟，红光紫气俱赫然；良工锻炼经几年，铸得宝剑名龙泉。龙泉颜色如霜雪，良工咨嗟叹奇绝；琉璃匣里吐莲花，错镂金环映明月。正逢天下无风尘，幸得周防君子身；精光黯黯青蛇色，文章片片绿龟鳞。非直结交游侠子，亦尝亲近英雄人，何言中路遭弃捐，零落漂沦古狱边；虽复沉埋无所用，犹能夜夜气冲天。”[3] 其中既有“君子”“游侠”，也有“紫气”。崔融的《咏剑诗》：“宝剑出昆吾，龟龙夹采珠；五精初献术，十户竟论都。匣气冲牛斗，山形转鹿卢；欲知天下贵，持北问风

〔1〕（唐）欧阳询：《艺文类聚》，转引自纪昀主编《钦定四库全书·子部11·类书类》。
〔2〕中华书局编辑部点校《全唐诗：增订本》第二册，中华书局，1999，第690页。
〔3〕（唐）徐坚等辑《初学记》下，韩放主校点，京华出版社，2000，第217页。

胡。”[1]其中，既有象征道教玄武大帝的“龙龟”，也有象征儒家人格的名剑。

在剑的基础上，隋唐还发展出一种仪刀，用于礼仪活动。仪刀是皇家成员与仪仗队的佩刀，作为唐刀的一种，与横刀在外形上相似，其不同之处在于刀身雕有龙环与凤环，象征了皇家高贵与神圣的地位。据《唐六典》记载：“至隋唐，谓之仪刀，装以金银，羽仪所执。”[2]可以发现，仪刀与横刀在制造工艺上一脉相承，雕以龙凤的是仪刀，没有雕的即为横刀。在唐淮安靖王李寿墓石椁上刻有 8 个侍臣，他们双手拱握仪刀，刀身杵地，立于胸前，肃穆庄严（图 6-9）。同时《唐会要》有载：“今后请各衣锦绣。具巾袜。带仪刀。”[3]可知仪刀并非应用于战场之中，而是作仪仗之用。

图 6-9　唐李寿石椁线刻[4]

〔1〕（唐）徐坚等辑《初学记》下，韩放主校点，京华出版社，2000，第 216 页。
〔2〕（唐）李林甫等撰《唐六典》，陈仲夫点校，中华书局，1992，第 461 页。
〔3〕（宋）王溥撰《唐会要》，上海古籍出版社，2012，第 1520 页。
〔4〕张敏：《“刻”与“画”——唐代石棺椁装饰艺术》，《艺术品鉴》2018 年第 31 期。

除了刀剑退出战场格斗的历史舞台，还有一种从战国至汉代曾经非常重要的战场长兵——戟，也发生了儒家礼仪化的嬗变。作为长兵器的一种，戟在隋唐时期既作为军事战场上的格斗工具，也更多出现在官署门庭之中，具有仪仗的作用。在战场格斗的应用中，唐朝将领薛仁贵就是持戟名将。据《旧唐书·薛仁贵传》记载："仁贵自恃骁勇，欲立奇功，乃异其服色，著白衣，握戟腰鞬，张弓大呼先入，所向无前，贼尽披靡却走，大军乘之，贼乃大溃。"〔1〕经过南北朝的初步礼仪化改进之后，隋唐两代在此基础上创设列戟制度，并将该制度逐步细化。唐墓壁画珍品中就有仪仗队戟的图像（图 6–10）。按唐朝规定，官、阶、勋均在三品以上者方可列戟，不同级别的官员被允许列戟的数目也不同。唐朝有 300 多个州，中央政府根据人数对州进行级别划分，三万户以上者为上州，两万五千户者为中州，两万户以下者为下州。《新唐书·百官志》中详细记载了皇宫和各级官员官署的列戟数量，按照戟的数量分为 24 支、18 支、16 支、14 支、12 支、10 支六个等级，安放时一般分两侧对称排列，其中宗庙、社、宫、殿一类的门前为 24 支，东宫门前为 18 支，一品官员官署前 16 支，二品官员、京兆尹、河南尹、太原尹、大都督、大都护的官署前 14 支，三品官员、上都督、中都督、上都护、上州官署前 12 支，下都督、中州、下州官署前 10 支。戟在唐宋之后虽日趋式微，但或许是因为颇具颜值的缘故，它并未像勾镶那般彻底淡出人们的视野，而是和斧钺一样，逐渐成为一种礼器。

〔1〕（后晋）刘昫等撰《旧唐书》，中华书局，2000，第 1882 页。

图 6-10　唐墓壁画珍品仪仗队戟（藏于陕西历史博物馆）

二、武术与佛教文化的交汇

隋唐五代时期，佛教对社会文化的影响已经非常深刻，一方面很多僧人开始习武，另一方面不少习武者也出家修佛。据《续高僧传》记载，隋朝法通和尚曾用相扑术击败西蕃贡人[1]，表明此时僧人的习武现象已经出现。而少林武术初为人所知正是在这一时期，很多有关少林武术之传说也是以此为蓝本不断衍生出来的。这给人以“禅武一体”的武术思想诞生于隋唐的错觉。但真实的历史情况是，此时既没有形成少林武术体系，武术也没有与佛教思想深度结合。其原因是，此时少林寺僧所演习的武功仍属普通武术，没有形成有特色的武术流派。据裴漼所撰《少林寺碑》载：“大业之末，九服分崩，群盗攻剽，无限真俗。此寺为山贼

〔1〕（唐）道宣撰《续高僧传》，郭绍林点校，中华书局，2014，第 1061 ～ 1062 页。

所劫，僧徒拒之，贼遂纵火焚塔院。院中众宇，倏焉同灭，瞻言灵塔，巍然独存。天龙保持，山只福护，神力所及，昔未曾有。”[1]可知少林僧人为了保护寺庙田产，将乱军拒之门外，说明有一定的战斗力，但并没有描述具体武艺形式。

对少林武术发展起到关键作用的是在秦王李世民与王世充余部的战斗过程中，少林武僧接受了李世民“法师等并能深悟机变，早识妙因”“擒破凶孽，廓兹净土”[2]的参战邀约，僧志操、惠瑒、昙宗等加入了共同对付王仁则的战斗中，这无疑为少林寺在唐代完成统一后获得政府大力支持埋下诸因。也正因为如此，自隋末之后，少林寺演武之风逐渐变得非常兴盛。单从史料记载看，从初唐到盛唐，由于社会比较稳定，加之少林寺为佛门之地，所以这期间，有关少林寺的史册未见记载寺僧习武情况。然而，“安史之乱”后，随着藩镇割据的延续及战端多起的社会环境变化，从少林寺僧习武活动又见于史册的现象看，少林寺僧的习武活动应当从未中断。

除了在正史记载中有僧人习武的证据之外，唐传奇和各类唐代流传的故事也能够说明一二。《剑侠传》载：“韦洵美先辈，开平岁及第，受邺都从事辟焉。及挚所宠素娥行，岁绍威闻其姝丽才藻，便赍二百匹及生饩而露意焉。洵美无所容足，遂令妆束更衣，修缄献之。素娥姓崔氏，亦大梁良家子，善谐谑。洵美乃不受辟，夜渡涧，宿一寺，长吁而寝，曰：‘何处人能报不平事！’寺有行音，排闼而揖曰：‘先辈畜何不平事？’洵美具语之。歘

[1]（清）董诰等编《全唐文》叁，山西教育出版社，2002，第1638页。
[2]（清）董诰等编《全唐文》壹，山西教育出版社，2002，第67页。

然出门而去。至三更，忽掷一皮囊入门，乃贮素娥而至。侵晓，问寺僧，言在寺打钟勤苦三十年，已不知所之。洵美即遁迹他所。”[1] 这其中就描绘了一名武功非常高超又行侠仗义的寺僧。广为人知的唐传奇《聂隐娘》中讲述了聂隐娘十岁时被尼姑趁夜夺走，五年后被传授一身武功送还的故事。从其中的描述可以看出，尼姑的武功非常高超，能够在聂将军府偷走婴儿，还能够传授给聂隐娘极精妙的武术。此外，唐王棨《吞刀吐火赋》所记载的“吞刀之术斯妙，吐火之能又元。咽却锋铓，不患乎洞胸达腋；嘘成赫，俄惊其飞焰浮烟。……骋不测之神变，有非常之妙术”[2] 中，讲的是来自天竺的僧人。小说和故事之描写即使不是真实事件，但也不全是空穴来风。这说明了隋唐五代时期，僧人的武术已经受到世人的关注，因此才被加工成文学作品流传于世。

总体而言，这一时期，寺庙的僧人习练武术已然是蔚然成风，这也意味着武术开始受到佛教的影响，为日后形成“天下功夫出少林”的武林格局和“禅武合一”的思想奠定了重要基础。

---

〔1〕佚名：《剑侠图传全集》，河北人民出版社，1987，第54页。
〔2〕（清）董诰等编《全唐文》贰，山西教育出版社，2002，第4725页。

大事记

约前 4500—前 4000 年

赵宝沟文化出现了石钺、石斧、玉钺、玉斧等新石器兵器。

约前 2500—前 2000 年

龙山文化出现了石刀、石斧、石矛、玉牙璋、玉刀、玉钺、玉斧等新石器兵器。

约前 2600—前 2000 年

黄帝与蚩尤部落发生大规模战争，蚩尤作五兵（戈、殳、戟、酋矛、夷矛）。

约前 2200—前 1600 年

中华各地文明均出现了早期铜制的斧、镰、凿、刀、矛、锥、锤等兵器。

前 1300 年前后

商王盘庚迁都于殷。甲骨文中出现最早的武术文字“鬥”。

约前 1250 年—前 1192 年

商王武丁完成中央军与方国军的军制建设，武丁及妻妇好对外征伐、开疆拓土。

前 1046 年

周人伐商，帝辛自焚，周武王建立周王朝。

约商周之际

戈、矛、殳、短剑（匕首）、刀、斧、钺等青铜兵器发展成熟。

约前 1046—前 771 年

周王朝建立了以“庠”为核心的自中央到地方的武术教育机构，形成了“士”与“众”“戍”共同构成的武装体系。

春秋时期（前 770—前 476 年）

失蜡法、模印法制范、镶嵌工艺和金属表面处理技术成熟，青铜兵器性能达到高峰。生铁块炼法形成，铁质兵器诞生。

前 597 年前后

楚庄王提出“止戈为武”的思想。

前 535 年前后

孙武著《孙子兵法》。

战国早期（前）

《考工记》成书，武术兵器制造流程和标准成型。

《六韬》成书。

前 389 年

魏武卒击败十倍于己的秦军，战国重装步兵军团战法趋于成熟。

前 388 年前后

《墨经》成书，墨家建立钜子制。战国时期的武侠风气大盛。

前 296 年

赵武灵王率兵并吞中山国，战国骑兵军团战法技术趋于成熟。

前 221 年

秦始皇统一中国，收天下之兵。

约前 210—前 207 年

角抵进入秦国宫廷，成为兼具技击与表演的运动。

前 2 世纪末

三十炼及以上的炒钢技术开始应用，“退火”“淬火”技术出现。块炼渗碳钢工艺趋于成熟。

钢制刀、剑出现，剑长可达到汉尺的七尺，甚至更长。

约前 140 年

司马相如作《上林赋》，详细记载手搏技艺。

前 127 年

汉武帝诛杀大侠郭解，夷三族，自此开始用强力的手段清除各地豪侠，民间武侠风气衰弱。

前 129—前 85 年

汉武帝多次发动反击匈奴战争。骑兵长途奔袭战术和马上格斗技术成熟。

前 121 年前后

《剑道》《相宝剑刀》成书。

前 108 年

长安举行大规模角抵戏演出，角抵成为官方与民间共同的娱乐活动。

前 104 年

汉武帝从汉阳、陇西、安定、北地、上郡、西河六郡选拔良家子弟，建立羽林骑。

前 1 世纪

钢刀的制造达到古代第一个高峰，环首刀和马戟成为战场主流兵器。

约 213—219 年

曹丕作《典论》，其中有关击剑的论述成为剑道论文的经典。

231 年

诸葛亮用重装步兵伏击魏国骑兵，射杀大将张郃，重装步兵发展成熟。

约 317 年

葛洪作《抱朴子》，将道教的核心概念“炁”与武术技击建立了联系。

3 世纪

马镫被发明，具装骑兵随之成形。

3—4 世纪

鱼鳞札甲应用于军队。

6 世纪初

出现邺下僧人习武的记载，稠禅师成为少林寺第一位武僧。

约 531—551 年

梁简文帝萧纲编纂《马槊谱》，马槊广泛应用，具装骑兵战斗力大增。

戟开始向礼器转型。

约 534—557 年

綦毋怀文改进灌钢法，制成更为锋利的“宿铁刀”和铤。

陶弘景《古今刀剑录》成书，记载了灌钢技术及历代名刀、名剑。

543 年

宇文泰创立府兵制，保障了兵源，高效地调动了基层军事力量，也培养了民间习武力量和风气。

606 年前后

相扑运动在官方与民间流行发展。

620 年

玄甲军在唐夏虎牢之战中大胜，唐代重装骑兵趋于成熟。唐代明光甲、黑光甲等优质铠甲大量装备军队。

621 年

少林武僧协助李世民击败王世充余部，少林武术登上历史舞台。

636 年

李世民建立“折冲府”制度，基层军事组织进一步加强。

654 年

《擅兴律》颁行天下，禁止民间私有兵器，包括甲、弩、矛、槊、具装。

702 年

武则天创立武举制度。

731 年

唐玄宗针对武举制度设立武庙。

755 年前后

陌刀被用来装备军队。

索　引

参考文献

一、专著

［1］安继民，高昌秀．庄子 [M]．郑州：中州古籍出版社，2008.

［2］班固．汉书 [M]．陈焕良，曾宪礼，标点．长沙：岳麓书社，2007.

［3］班固．汉书 [M]．颜师古，注．长春：吉林人民出版社，2000.

［4］毕坤．浑元剑经内篇 [M]// 蒙智扉，黄太茂．中国古典文学丛书：射经．南宁：广西民族出版社，2003.

［5］毕沅．墨子 [M]．吴旭民，校点．上海：上海古籍出版社，2014.

［6］曹操，等．宋本十一家注孙子・附孙子今译 [M]．北京：中华书局，1961.

［7］曹漫之．唐律疏议译注 [M]．长春：吉林出版集团，2016.

［8］曹胜强，孙卓彩．墨子研究 [M]．北京：中国社会科学出版社，2008.

［9］常璩．《华阳国志》新校注 [M]．刘琳，校注．成都：四川大学出版社，2010.

［10］常璩．华阳国志校注 [M]．刘琳，校注．成都：巴蜀书社，1984.

［11］车吉心．中华野史：先秦至隋朝卷 [M]．济南：泰山出版社，2001.

［12］陈拱．儒墨平议 [M]．台北：商务印书馆，1988.

［13］陈广忠．淮南子译注 [M]．上海：上海古籍出版社，2016.

［14］陈国勇．太平经 [M]．广州：广州出版社，2003.

［15］陈澔．礼记 [M]．金晓东，校点．上海：上海古籍出版社，2016.

［16］陈立．白虎通疏证 [M]．北京：中华书局，1994.

［17］陈寿．二国志 [M]．邹远，等，译．北京：团结出版社，2002.

［18］陈寿．中国史学要籍丛刊：三国志 [M]．裴松之，注．上海：上海古籍出版社，2011.

［19］陈戍国．尚书校注 [M]．长沙：岳麓书社，2004.

[20] 陈戍国 . 周礼 • 仪礼 • 礼记 [M]. 长沙 : 岳麓书社 ,1989.

[21] 陈伟 . 里耶秦简牍校释 [M]. 武汉 : 武汉大学出版社 ,2012.

[22] 陈伟 . 秦简牍校读及所见制度考察 [M]. 武汉 : 武汉大学出版社 ,2017.

[23] 陈祥道 . 礼书 [M]. 北京 : 北京图书馆出版社 ,2006.

[24] 陈旸 . 乐书点校 [M]. 张国强 , 点校 . 郑州 : 中州古籍出版社 ,2019.

[25] 陈赟 . 周礼与"家天下"的王制 : 以《殷周制度论》为中心 [M]. 北京 : 中国人民大学出版社 ,2019.

[26] 陈志坚 . 诸子集成 [M]. 北京 : 北京燕山出版社 ,2008.

[27] 陈柱 , 章太炎 , 梁启超 . 诸子十六讲 [M]. 北京 : 中国友谊出版公司 ,2009.

[28] 陈柱 . 诸子概论 [M]. 长春 : 吉林出版集团 ,2016.

[29] 陈祚明 . 采菽堂古诗选 [M]. 李金松 , 点校 . 上海 : 上海古籍出版社 ,2019.

[30] 程颐 , 程颢 . 周易程氏传 [M]. 北京 : 中华书局，2013.

[31] 程章灿 . 南北朝诗选 [M]. 北京 : 商务印书馆 ,2017.

[32] 道宣 . 四朝高僧传 : 续高僧传 [M]. 北京 : 中国书店 ,2018.

[33] 道宣 . 续高僧传 [M]. 郭绍林 , 点校 . 北京 : 中华书局 ,2014.

[34] 董诰 , 等 . 全唐文 [M]. 太原 : 山西教育出版社 ,2002.

[35] 董珊 . 新见战国兵器七种 [M]// 吉林大学古文字研究室 . 中国古文字研究 : 第 1 辑 . 长春 : 吉林大学出版社 ,1999.

[36] 杜佑 . 通典 [M]. 杭州 : 浙江古籍出版社 ,2007.

[37] 杜佑 . 通典 [M]. 长沙 : 岳麓书社 ,1995.

[38] 杜预 . 春秋左传正义 [M]. 孔颖达 , 等 , 正义 . 上海 , 上海古籍出版社 ,1990.

[39] 段成式 . 唐宋史料笔记丛刊 : 酉阳杂俎 [M]. 许逸民 , 许桁 , 点校 . 北京 : 中华书局 ,2018.

[40] 敦煌研究院 . 敦煌壁画 : 魏晋南北朝 [M]. 南京 : 江苏美术出版社 ,1998.

[41] 范宁 . 春秋谷梁传 [M]. 北京 : 中华书局 ,1985.

[42] 范晔 , 司马彪 . 后汉书 [M]. 陈焕良，李传书，标点 . 长沙 : 岳麓书社 ,1994.

[43] 房玄龄 , 刘绩 . 管子 [M]. 刘晓艺 , 校点 . 上海 : 上海古籍出版社 ,2015.

[44] 房玄龄 . 晋书 [M]. 长春 : 吉林人民出版社 ,1995.

[45] 冯国超 . 中华传统文化读本 : 抱朴子内篇 [M]. 长春 : 吉林人民出版社 ,2005.

[46] 冯梦龙 . 太平广记钞 [M]. 孙大鹏 , 点校 . 北京 : 崇文书局 ,2019.

[47] 冯友兰 . 三松堂学术文集 [M]. 北京 : 北京大学出版社 ,1984.

[48] 甘肃省文物考古研究所 . 居延新简 [M]. 北京 : 文物出版社 ,1990.

[49] 高承 , 李果 . 事物纪原 [M]. 北京 :

中华书局，1989.

［50］高明士．隋唐贡举制度[M]．台北：文津出版社，1999.

［51］高诱，毕沅．吕氏春秋[M]．徐小蛮，标点．上海：上海古籍出版社，2014.

［52］葛洪．抱朴子[M]．上海：上海书店出版社，1995.

［53］顾颉刚．史林杂史初编[M]．北京：中华书局，1963.

［54］关夏．三苏文[M]．武汉：崇文书局，2017.

［55］广州市文物管理委员会．西汉南越王墓：上[M]．北京：文物出版社，1991.

［56］郭宝钧．考古学专刊[M]．北京：科学出版社，1959.

［57］郭建邦．北魏宁懋石室线刻画[M]．北京：人民美术出版社，1987.

［58］郭静云．夏商周：从神话到史实[M]．上海：上海古籍出版社，2013.

［59］郭俊卿．忻州考古论文集[M]．太原：山西科学技术出版社，2008.

［60］郭茂倩．乐府诗集：下[M]．聂世美，仓阳卿，校．上海：上海古籍出版社，2016.

［61］郭沫若．中国古代社会研究[M]．石家庄．河北教育出版社，2004.

［62］郭玉成．中国武术史[M]．北京：高等教育出版社，2019.

［63］国家体委武术研究院．中国武术史[M]．北京：人民体育出版社，1997.

［64］国学整理社．庄子集释[M]．北京：中华书局，1954.

［65］韩非．韩非子[M]．王先慎，集解．姜俊俊，校点．上海：上海古籍出版社，2016.

［66］韩复智．钱穆先生学术年谱[M]．北京：中央编译出版社，2012.

［67］韩欣．中国兵器收藏与鉴赏全书[M]．天津：天津古籍出版社，2008.

［68］汉语大词典编纂处．康熙字典[M]．上海汉语大词典出版社，2002.

［69］胡承珙．毛诗后笺[M]．合肥：黄山书社，1999.

［70］黄能馥，陈娟娟．中国服饰史[M]．上海：上海人民出版社，2004.

［71］慧超，杜环．往五天竺国传笺释；经行记笺注[M]．张毅，笺释．张一纯，笺注．北京：中华书局，2000.

［72］纪昀．四库全书[M]．马松源，主编．北京：线装书局，2014.

［73］季羡林，张岱年．四库家藏[M]．济南：山东画报出版社，2004.

［74］菅野真道．续日本纪[M]．东京：东京经济杂志社，1897.

［75］江淹．铜剑赞[M]．北京：中华书局，1991.

［76］姜国柱．中国军事思想简史[M]．北京：新世界出版社，2006.

［77］姜士彬．中古中国的寡头政治[M]．范兆飞，秦伊，译．上海：中西书局，2016.

［78］金沛霖．四库全书子部精要[M]．天津：天津古籍出版社，1998.

［79］孔丘．诗经[M]．北京：北京出版社，2009.

[80] 李白 . 李太白集 [M]. 杨镰 , 校点 . 沈阳 : 辽宁教育出版社 ,1997.

[81] 李伯勋 . 诸葛亮集笺论 [M]. 西安 : 陕西人民出版社 ,1997.

[82] 李步嘉 . 越绝书校释 [M]. 武汉 : 武汉大学出版社 ,1992.

[83] 李承勋 . 名剑记 [M]. 两浙督学周南李际期宛委山堂 ,1646 (顺治三年) .

[84] 李昉 . 四部丛刊三编 : 太平御览 [M]. 上海 : 上海书店出版社 ,1936.

[85] 李昉 . 太平御览 [M]. 石家庄 : 河北教育出版社 ,1994.

[86] 李贵龙 , 蒲鹏 . 绥德汉画像石 [M]. 西安 : 陕西人民出版社 ,2013.

[87] 李京华 . 冶金考古 [M]. 北京 : 文物出版社 ,2007.

[88] 李珺平 . 春秋战国门客文化与秦汉致用文艺观 [M]. 北京 : 中国社会科学出版社 ,2001.

[89] 李可亭 , 张学勇 . 商丘古都文化研究 [M]. 郑州 : 河南人民出版社 ,2016.

[90] 李林甫 , 等 . 唐六典 [M]. 陈仲夫 , 点校 . 北京 : 中华书局 ,1992.

[91] 李清桓 . 郭璞《方言注》研究 [M]. 武汉 : 崇文书局 ,2006.

[92] 李清伟 . 法理学 [M]. 上海 : 上海人民出版社 ,2013.

[93] 李筌 . 神机制敌太白阴经 [M]. 上海 : 商务印书馆, 1937.

[94] 李冗撰 . 独异志 [M]. 北京 : 中华书局 ,1983.

[95] 李树浪 . 孙子兵法 ; 孙膑兵法 [M]. 长沙 : 岳麓书社 ,2019.

[96] 李祥云 . 祥云轩商周玉器收藏与研究 [M]. 北京 : 文物出版社 ,2003.

[97] 李泽厚 . 中国古代思想史论 [M]. 北京 : 生活・读书・新知三联书店, 2008.

[98] 李琢光 . 文史辞源 [M]. 台北 : 天成出版社 ,1984.

[99] 连云港市博物馆 , 中国文物研究所 . 尹湾汉墓简牍综论 [M]. 北京 : 科学出版社 ,1999.

[100] 林和平 . 盐铁析论与校补 [M]. 台北 : 文史哲出版社 ,2008.

[101] 林振翰 . 盐铁论 [M]. 校释本 . 上海 : 商务印书馆 ,1934.

[102] 刘宝才 , 韩养民 . 黄帝文化志 [M]. 西安 : 陕西人民出版社 ,2008.

[103] 刘开扬 . 岑参诗选 [M]. 成都 : 四川文艺出版社 ,1986.

[104] 刘琴丽 . 唐代武官选任制度初探 [M]. 北京 : 社会科学文献出版社 ,2006.

[105] 刘熙 . 释名疏证补 [M]. 毕沅 , 疏证 . 王先谦 , 补 . 北京 : 中华书局 ,2008.

[106] 刘昫 . 旧唐书 [M]. 北京 : 中华书局 ,2000.

[107] 刘勋 . 春秋左传精读 [M]. 北京 : 新世界出版社 ,2014.

[108] 刘易斯・芒福德 . 城市发展史 : 起源、演变和前景 [M]. 北京 : 中国建筑工业出版社 ,1989.

[109] 卢元骏 . 说苑今注今译 [M]. 天津 :

天津古籍出版社，1977.

［110］鲁迅．文学与出汗［M］．成都：四川人民出版社，2017.

［111］逯钦立．先秦汉魏晋南北朝诗［M］．北京：中华书局，1983.

［112］罗琨．商代战争与军制［M］．北京：中国社会科学出版社，2010.

［113］罗泌．路史［M］．北京：中华书局，1985.

［114］吕思勉．秦汉史［M］．上海：上海古籍出版社，1983.

［115］吕思勉．隋唐五代史［M］．北京：北京理工大学出版社，2016.

［116］马端临．文献通考［M］．杭州：浙江古籍出版社，1988.

［117］茅元仪．武备志［M］．据清莲溪草堂修补本影印．上海：华东科技大学图书馆藏，［出版年不详］.

［118］欧阳修，宋祁．新唐书［M］．北京：中华书局，2000.

［119］欧阳修．新五代史［M］．长春：延边人民出版社，1998.

［120］裴启．裴启语林．［M］．周楞伽，辑注．北京：文化艺术出版社，1988.

［121］裴骃．中国史学要籍丛刊［M］．上海：上海古籍出版社，2016.

［122］钱穆．朱子学提纲［M］．北京：生活·读书·新知三联书店，2002.

［123］屈原，宋玉，等．楚辞［M］．吴广平，注译．长沙：岳麓书社，2001.

［124］商承祚．甲骨文字研究［M］．天津：天津古籍出版社，2003.

［125］尚秉和．历代社会风俗事物考［M］．长沙：岳麓书社，1991.

［126］尚荣．中华经典名著全注全译丛书：洛阳伽蓝记［M］．北京：中华书局，2012.

［127］神木市石茆文化研究会．石茆玉器［M］．北京：文物出版社，2018.

［128］沈融．中国古兵器集成［M］．上海：上海辞书出版社，2017.

［129］尸佼．尸子：汪辑［M］．汪继培，辑．中华书局，1991.

［130］史念海．河山集［M］．西安：陕西师范大学出版社，1991.

［131］司马光．资治通鉴［M］．胡三省，音注．标点资治通鉴小组，校点．北京：中华书局，1956.

［132］司马光．资治通鉴［M］．邬国义，校点．上海：古籍出版社，2017.

［133］司马迁．史记［M］．长沙：岳麓书社，2002.

［134］宋效永，向焱．三曹集［M］．合肥：黄山书社，2019.

［135］宋兆麟．巫与祭祀［M］．北京：商务印书馆，2013.

［136］苏轼．苏文忠公海外集［M］．王时宇，重校．郑行顺，点校．海口：海南出版社，2017.

［137］谭嗣同．谭嗣同集［M］．长沙：岳麓书社，2012.

［138］汤球．二十五史别史（10）九家旧晋书辑本［M］．济南：齐鲁书社，2000.

[139] 汤球．十六国春秋辑补[M]．北京：商务印书馆，1958．

[140] 唐书文．六韬·三略译注[M]．上海：上海古籍出版社，2006．

[141] 陶弘景．古今刀剑录[M]．北京：中华书局，1991．

[142] 汪涌豪．中国游侠史[M]．上海：上海文化出版社，1994．

[143] 王充．论衡[M]．长沙：岳麓书社，1991．

[144] 王谠．唐语林[M]．上海：古典文学出版社，1957．

[145] 王瓘述，等．广黄帝本行记；轩辕黄帝传；韩仙传[M]．北京：中华书局，1991．

[146] 王嘉．拾遗记[M]．肖绮，录．齐治平，校注．北京：中华书局，1981．

[147] 王进玉．敦煌学和科技史[M]．兰州：甘肃教育出版社，2011．

[148] 王克芬．中国舞蹈发展史[M]．上海：上海音乐出版社，2000．

[149] 王明．抱朴子内篇校释[M]．北京：中华书局，1980．

[150] 王鸣盛．十七史商榷[M]．黄曙辉，点校．上海：上海古籍出版社，2013．

[151] 王念孙．广雅疏证[M]．张靖伟，樊波成，马涛，等，点校．上海：上海古籍出版社，2016．

[152] 王溥．唐会要[M]．上海：上海古籍出版社，2012．

[153] 王钦若．册府元龟：校订本[M]．周勋初，等，校订．南京：凤凰出版社，2006．

[154] 王先谦．释名疏证补[M]．上海：上海古籍出版社，1984．

[155] 王晓鹏．甲骨刻辞义位归纳研究[M]．北京：商务印书馆，2018．

[156] 王学理．秦俑专题研究[M]．西安：三秦出版社，1994．

[157] 王招明，王暄．山海经图赞译注[M]．长沙：岳麓书社，2016．

[158] 王宗沂．卫公兵法辑本[M]．北京：中华书局，1985．

[159]《魏晋南北朝文观止》编委会．魏晋南北朝文观止[M]．北京：学林出版社，2015．

[160] 魏收．魏书[M]．长春：吉林人民出版社，1995．

[161] 魏征．隋书[M]．上海：商务印书馆，1935．

[162] 温大雅．大唐创业起居注[M]．上海：上海古籍出版社，1983．

[163] 闻人军．考工记译注[M]．上海：上海古籍出版社，2008．

[164] 翁士勋．《角力记》校注[M]．北京：人民体育出版社，1990．

[165] 吴广孝．集安高句丽壁画[M]．济南：山东画报出版社，2006．

[166] 吴则虞．晏子春秋集释[M]．北京：中华书局，1985．

[167] 萧登福．列子古注今译[M]．台湾：文津出版，1990．

[168] 萧统．文选[M]．杭州：浙江大学出版社，2017．

[169] 萧统．文选[M]. 李善，注．上海：世界书局，1935.

[170] 肖子显．南齐书[M]. 上海：中华书局，1936.

[171] 谢桂华，李均明，朱国炤．居延汉简释文合校[M]. 北京：文物出版社，1987.

[172] 徐光冀．中国出土壁画全集[M]. 北京：科学出版社，2012.

[173] 徐坚．初学记：下[M]. 北京：京华出版社，2000.

[174] 徐坚．初学记[M]. 北京：中华书局，1962.

[175] 徐蕊．汉代服饰的考古学研究[M]. 郑州：大象出版社，2016.

[176] 徐中舒．古器物中的古代文化制度[M]. 北京：商务印书馆，2015.

[177] 徐中舒．甲骨文字典[M]. 成都：四川辞书出版社，2006.

[178] 许嘉璐，安平秋．二十四史全译[M]. 上海：汉语大词典出版社，2004.

[179] 许逊．灵剑子[M]. 上海：商务印书馆，1926.

[180] 薛居正，等．旧五代史[M]. 北京：中华书局，2015.

[181] 荀况．荀子[M]. 杨倞，注．耿芸，标校．上海：上海古籍出版社，2014.

[182] 严可均．全后汉文：上[M]. 北京：商务印书馆，1999.

[183] 严可均．全晋文：上，中[M]. 北京：商务印书馆，1999.

[184] 严可均．全梁文：上[M]. 北京：商务印书馆，1999.

[185] 严可均．全上古三代秦汉三国六朝文：第2卷[M]. 陈延嘉，王同策，左振坤，等，校点．石家庄：河北教育出版社，1997.

[186] 杨泓，李力．中国古兵二十讲[M]. 北京：三联书店出版社，2013.

[187] 杨泓．古代兵器通论[M]. 北京：紫禁城出版社，2005.

[188] 杨天宇．周礼译注[M]. 上海：上海古籍出版社，2016.

[189] 姚蓉．《逸周书》文系年注析[M]. 桂林：广西师范大学出版社，2015.

[190] 叶楚伧．三国晋南北朝文选[M]. 南京：中正书局，1936.

[191] 佚名．春秋繁露集解[M]. 上海：广益书局，1936.

[192] 佚名．剑侠图传全集[M]. 石家庄：河北人民出版社，1987.

[193] 余冠英．汉魏六朝诗选[M]. 北京：五洲传播出版社，2012.

[194] 袁康，吴平．越绝书[M]. 上海：上海古籍出版社，1985.

[195] 袁枢．通鉴纪事本末[M]. 上海：上海古籍出版社，1994.

[196] 袁文兴，袁超．唐律疏议注译[M]. 兰州：甘肃人民出版社，2017.

[197] 战国策[M]. 王华宝，注译．武汉：长江文艺出版社，2019.

[198] 张居正．张居正直解尚书[M]. 北京：中国言实出版社，2017.

[199] 张觉，等．韩非子译注[M]. 上海：

上海古籍出版社，2012.

[200] 张觉．吴越春秋译注[M]．上海：上海三联书店，2018.

[201] 张觉．荀子译注[M]．上海：上海古籍出版社，1995.

[202] 张力伟，等．康熙字典通解[M]．长春：时代文艺出版社，1997.

[203] 张松辉，张景．抱朴子外篇[M]．北京：中华书局，2013.

[204] 张元济．百衲本二十四史[M]．上海：商务印书馆，1934.

[205] 张仲裁．酉阳杂俎[M]．北京：中华书局，2018.

[206] 赵晔．吴越春秋[M]．长春：时代文艺出版社，2008.

[207] 赵翼．廿二史札记[M]．北京：商务印书馆，1987.

[208] 郑处诲，裴庭裕．明皇杂录；东观奏纪[M]．田廷柱，点校．北京：中华书局，2006.

[209] 郑处诲．明皇杂录[M]．北京：中华书局，1994.

[210] 中敕．大唐开元礼[M]．北京：民族出版社，2000.

[211] 中国画像砖全集编集委员会．中国画像砖全集：河南画像砖[M]．成都：四川美术出版社，2006.

[212] 中国社会科学院考古研究所．甲骨文合集[M]．北京：中华书局，1982.

[213] 中国社会科学院考古研究所．商王朝文物存萃[M]．北京：科学出版社，2013.

[214] 中国社会科学院考古研究所．小屯南地甲骨[M]．北京：中华书局，2008.

[215] 中国社科院考古研究所．殷周金文集成[M]．中华书局，2007.

[216] 中华书局编辑部．全唐诗：增订本[M]．北京：中华书局，1999.

[217] 钟少异．中国古代军事工程技术史：上古至五代[M]．太原：山西教育出版社，2008.

[218] 钟惺，谭元春．诗归：上[M]．武汉：湖北人民出版社，1985.

[219] 周天游．八家后汉书辑注[M]．上海：上海古籍出版社，1986.

[220] 周纬．亚洲古兵器图说[M]．北京：中国友谊出版公司，2009.

[221] 周纬．中国兵器史[M]．北京：中国友谊出版公司，2015.

[222] 朱汉民，陈松长．岳麓书院藏秦简[M]．上海：上海辞书出版社，2011.

[223] 朱锡禄．嘉祥汉画像石[M]．济南：山东美术出版社，1992.

[224] 诸葛亮．诸葛亮集[M]．段熙仲，闻旭初，编校．北京：中华书局，2012.

[225] 邹德金．名家注评史记[M]．天津：天津古籍出版社，2010.

[226] 邹德金．裴松之注《三国志》：下[M]．天津：天津古籍出版社，2009.

[227] 左丘明．国语[M]．韦昭，注．上海：上海古籍出版社，2015.

[228]左丘明.左传[M].杨伯峻,前言.蒋冀骋,标点.长沙:岳麓书社,1988.

二、期刊

[1] 陈建立,韩汝玢.徐州狮子山陕西楚王陵出土铁器的金相实验研究[J].文物,1999(07):84-91.

[2] 崔乐泉.原始时代体育文化研究的方法论考察:以中国原始时代体育文化研究为例[J].山东体育学院学报,2004(01):5-7.

[3] 范桂杰,胡昌钰.四川彭县西周窖藏铜器[J].考古,1981(06):496-499,555,581.

[4] 郭沂.从西周德论系统看殷周之变[J].中国社会科学,2020(12):82-98,202.

[5] 郝勤,张济琛.秦始皇帝陵K9901出土角抵俑及铜鼎考:兼论战国秦汉角抵百戏的演变[J].体育科学,2019,39(06):28-35.

[6] 霍巍.从于阗到益州:唐宋时期毗沙门天王图像的流变[J].中国藏学,2016(01):24-43.

[7] 李金梅,李重申,路志峻.敦煌古代百戏考述[J].敦煌研究,2001(01):105-114,189.

[8] 李京华.汉代的铁钩镶与铁鉞戟[J].文物,1965(02):47-48.

[9] 李林.清代武生的管理、训练与考课[J].史学月刊,2015(12):50-60.

[10] 刘克.出土百戏题材汉画中的戏剧表演因子[J].中南民族大学学报(人文社会科学版),2021,41(01):112-122.

[11] 刘世枢.河北易县燕下都44号墓发掘报告[J].考古,1975(04):228-240,243,261-263.

[12] 刘占成,张立莹.秦俑坑铜剑考论[J].文博,2011(06):28-31.

[13] 芦金峰.殷商五兵略考:以青铜兵器为例[J].军事历史研究,2012,26(03):18-23.

[14] 芦金峰.殷墟甲骨文及卜辞所见商代摔跤考[J].成都体育学院学报,2020,46(02):28-33,61.

[15] 陆九皋,刘兴.镇江东晋画像砖墓[J].文物,1973(04):51-58,77.

[16] 罗帅呈,邓国凤,温园.唐代角抵运动发展述略[J].兰台世界,2013(36):152-153.

[17] 阮哲.古代相扑渊源考略[J].兰台世界,2013(01):68-69.

[18] 单月英.东周秦代中国北方地区考古学文化格局:兼论戎、狄、胡与华夏之间的互动[J].考古学报,2015(03):303-344.

[19] 苏建军.临沂汉画像石上的《胡汉战争图》[J].东方收藏,2019(21):105-107.

[20] 田广金.近年来内蒙古地区的匈奴考古[J].考古学报,1983(01):7-24,125-126.

[21] 铜绿山考古发掘队.湖北铜绿山春秋战国古矿井遗址发掘简报[J].文物,1975(02):1-12,98.

[22] 王步毅.安徽宿县褚兰汉画像石墓[J].考古学报,1993(04):515-549,567-570.

[23] 王凤翔．唐朝武庙与太公崇拜 [J]. 管子学刊 ,2014(04):62–67.

[24] 王辉．王家台秦简《归藏》校释（28 则）[J]. 江汉考古 ,2003(01):75–84.

[25] 王伟．进退之际：唐代士族与科举取士制之关系及其影响 [J]. 北方论丛 ,2010(05):70–74.

[26] 吴兰，帮福，康兰英．陕西神木柳巷村汉画像石墓 [J]. 中原文物 ,1986(01):14–16,131.

[27] 吴镇烽．十四年上郡守匽氏钢刀考 [J]. 文博 ,2020(06):72–77,41.

[28] 许鹏飞．钺代表的军权意义的起源与发展 [J]. 考古 ,2018(01):88–97,2.

[29] 杨富学．河西考古学文化与月氏乌孙之关系 [J]. 丝绸之路研究集刊 ,2017(01): 29–45,347.

[30] 叶舒宪．良渚文化葬玉制度“钺不单行”说：四重证据法求解华夏文化基因 [J]. 民族艺术 ,2020(05):85–96.

[31] 佚名．社说：论今日国民宜崇旧有之武术 [J]. 东方杂志 ,1905.

[32] 尹德锦，严桦莎．汉代乐舞文化的多元形态 [J]. 中华文化论坛 ,2019(05):128–136,160.

[33] 于中航．先秦戈戟十七器 [J]. 考古 ,1994(09):858–860.

[34] 张富祥．黄老之学与道法家论略 [J]. 史学月刊 ,2014(03):28–39.

[35] 张敏．“刻”与“画”——唐代石椁装饰艺术 [J]. 艺术品鉴 ,2018(31):68–75.

[36] 张长念，陈兰，伍国忠．孔子武学思想论略 [J]. 北京体育大学学报 ,2015,38(12):33–39,54.

[37] 郑春颖．“角抵”辨 [J]. 社会科学战线 ,2011(07):110–117.

[38] 郑振香．安阳小屯村北的两座殷代墓 [J]. 考古学报 ,1981(04):491–518,559–568.

三、报纸

[1] 佚名．外国新闻·武术大会 [N]. 四川官报 ,1905.

四、硕士、博士论文

[1] 崔乐泉．中国原始时代体育文化研究：原始体育形态的考古学分析 [D]. 成都：成都体育学院，1995.

[2] 胡保华．中国北方出土先秦时期铜矛研究 [D]. 长春：吉林大学 ,2011.

[3] 任艳花．汉代武舞研究 [D]. 福州：福建师范大学 ,2013.

[4] 钟吉娅．汉语外源词：基于语料的研究 [D]. 上海：华东师范大学，2003.

五、其他

[1] 马衡．中国之铜器时代 [C]// 东亚考古学会，东方考古学协会．考古学论丛 ,1928.